視覚障害児・者の歩行指導

特別支援教育からリハビリテーションまで

芝田裕一

北大路書房

はじめに

　視覚障害児・者の歩行（定位と移動）は，アメリカで1940年代に確立されたタッチテクニックという白杖操作法が主体となっています。日本には，アメリカの団体であるAFOB（American Foundation for Overseas Blind，現Helen Keller International，アメリカ海外視覚障害者財団）より1965年から3年間派遣されたコンサルタント，アルフレッド・ジマーマン（Alfred Zimmerman）を中心にして，他の生活訓練とともに歩行指導が伝えられました（芝田，2001）。また，歩行訓練士の養成は，1970年（昭和45，第1期）にAFOBの援助・指導により講習会形式で開始され（1972年の第2期から厚生省委託となり毎年開催），1974年（第4期）まで継続されました。

　このように日本の歩行指導の端緒と普及にはアメリカとAFOBの多大な貢献がありました。その影響で当初日本の歩行指導は，内容・方法，専門用語，カリキュラムなどすべてにおいてアメリカに準拠したものとなっていました。

　筆者は，アメリカ人講師による第3期の養成課程を修了後，アメリカ政府のスカラシップを受け，1974年から1年間ミシガン州南部でシカゴとデトロイトのほぼ中間に位置する小都市カラマズー（Kalamazoo）にあるウエスタンミシガン大学（Western Michigan University）大学院教育学部視覚障害リハビリテーション学科で歩行指導等を学びました。

　その歩行訓練士の養成課程では，歩行指導を含む視覚障害教育・視覚障害リハビリテーションに必要な座学と4ヶ月間に及ぶインターンが行われました。滞米中に感じたのは，歩行環境や社会の障害者に対する意識・対応などにおいて，日本とアメリカの相違点が多いということでした。

　たとえば，アメリカの住宅街の歩道は，幅員1〜1.5mで両側が芝生に囲まれています。車道から数mは離れており，さらに障害物もほとんどない状態なので，通行者には高い安全性が確保されています。このような歩行環境を基に考案された指導内容や方法は，日本へは適用しがたいところがあります。なぜなら，日本では一般には車道と歩道の区別がない道路や駐車・障害物などが目立つ歩道での歩行となり，アメリカと比較して安全性の確保が難しいからです。その他にも，

偏見や無理解などが依然として存在する日本社会の障害者に対する不十分な意識・対応・援助，また社会の障害に対する考え方や心情，さらに一般的なマナー水準の低さにおいてもアメリカとは異なります。

そのため，筆者はアメリカの方法を基礎とし，必要な点は準拠しながらも模倣ではなく，日本に応じた歩行指導の理念，指導内容・方法などの必要性を痛感しました。帰国後，その確立を目的とした研究に取りかかりました。研究には，視覚障害児・者の歩行指導の事例および1976年（第6期）から2002年（第32期）まで筆者が担当した歩行訓練士等の指導者養成課程における疑似障害体験による演習（歩行実技）や実習などの事例，それらを通して得た経験や検証が基軸となりました。

その過程で，日本に適応した歩行指導の定義，指導の理念，指導法，指導カリキュラムの骨格などの基礎的な事項の構築，アメリカでは行われていない日本独自の歩行技術の案出，英語の歩行技術などの専門用語を日本語で使用しやすいように可能な限り移し替える作業を行いました。

これらの研究は，途中経過という形で何度かすでに発表してきました（芝田，1984, 1990, 1994, 1996, 2000, 2003）。その中には博士論文（芝田，2006）も含まれています。その間，筆者や他の多くの歩行訓練士による実践を通して確認と必要な改変がくり返されて今日に至りました。また，研究の最終形に対しては識者から「芝田式の歩行指導」という過分な言葉も頂いています。本書は私が長きにわたって行ってきたこれまでの研究の集大成となります。

本書は第Ⅰ～Ⅲ部で構成されています。第Ⅰ部は歩行指導の基礎的事項，第Ⅱ部は歩行指導の内容と方法を扱います。ここでは，歩行指導における「基本となる標準的な指導内容・方法」を論述します。つまり，最良の歩行の条件（第1章参照）を基盤とするものであり，誤解されがちな全盲用あるいは成人用の指導内容・方法ではなく，すべての視覚障害児・者に適用できるものです。

歩行指導は，全盲（total blind）・弱視（ロービジョン，low vision）・重複といった障害のタイプ，乳幼児・少年・青年・壮年・老年といった年齢のタイプ，学習能力・記憶力・性格・過去経験・居住地域といった個人のタイプ，歩行する道路・利用する交通機関といった歩行環境のタイプ，入所型施設・在宅型施設・視覚特別支援学校（盲学校）といった指導環境のタイプなどの個別で多様な要因に応じて実施されます。

実施に際し，これらの要因に応じて適切に改変される基となるのがこの「基本

となる標準的な指導内容・方法」です。なお，第Ⅱ部では，視覚障害児・者の歩行の主体である白杖による歩行を中心としています。ここでは，歩行能力のうち視覚障害の歩行のコアとなる歩行技術の習得と駆使を中心に論じ，他の4つの能力は必要なところで適宜ふれるという形式となっています。

　第Ⅲ部は，各論として視覚障害児，弱視児・者の歩行指導を論述しています。視覚障害教育は1878（明治11）年から始まり，長い歴史を経てきていますが，教育においても視覚障害児に対する歩行指導は，前述の1970年の歩行訓練士の養成によって体系化が進められ，普及したといっても過言ではありません。ここでは，筆者の視覚障害児に対する指導経験，視覚特別支援学校の歩行訓練士による指導事例・経験，筆者と視覚特別支援学校の歩行訓練士との共同研究などを基にしています。このように，視覚障害児の歩行指導について詳述しているのも本書のひとつの特徴です。

　本書は，専門的には歩行訓練士のスキルアップと歩行訓練士の養成向けとして活用できるものです。また，指導や支援で視覚障害児と接する視覚特別支援学校など特別支援学校の非専門の教職員に必要とされる箇所が本書には数多くあります。それは，視覚障害児の家族にとっても同様です。その他，視覚障害者リハビリテーション施設の非専門の指導員・職員，歩行指導に関心のある学生やボランティアなどにも参考となるでしょう。

　なお，本書の基盤となる視覚障害の理解，特別支援教育を包含する視覚障害者リハビリテーションの総論，各論となる指導・支援の概要は，拙著『視覚障害児・者の理解と支援』（2007年，北大路書房），及び『視覚障害児・者の理解と支援［新版］』（2015年，北大路書房）に掲載しています。その中では，手引きによる歩行，弱視（ロービジョン），ファミリアリゼーションの基本的考え方や概要，さらに歩行環境，歩行補助具，社会の理解と援助なども詳述しています。本書と併せて参照していただければ幸甚です。

　将来，視覚障害教育や視覚障害者リハビリテーションは，その時の理念，制度，社会の障害者観，社会環境などの要因によって変容していくでしょう。その中にあって歩行指導は，これらの要因に視覚障害児・者個人や歩行環境などの要因が付加されて，さらに改良，改善が行われなければなりません。そのためには，歩行訓練士をはじめ関係者の継続的な努力と研鑽が希求されます。

　最後に，本書の出版に際していろいろとご助言をいただき，そしてお世話になっ

た北大路書房編集部の方々に感謝申上げます。

2010年3月　　芝田裕一

【引用・参考文献】

芝田裕一　1984　視覚障害者のためのリハビリテーション1歩行訓練第2版　日本ライトハウス
芝田裕一（編）1990　視覚障害者の社会適応訓練　日本ライトハウス
芝田裕一（編）1994　視覚障害者の社会適応訓練第2版　日本ライトハウス
芝田裕一（編）1996　視覚障害者の社会適応訓練第3版　日本ライトハウス
芝田裕一　2000　視覚障害者のリハビリテーションと生活訓練―指導者養成用テキスト―　日本ライトハウス
芝田裕一　2001　歩行養成30期・リハ養成7期（平成12年度）までの変遷と現状（2）　視覚障害リハビリテーション，**54**，5-46．
芝田裕一　2003　視覚障害者のリハビリテーションと生活訓練第2版―指導者養成用テキスト―　日本ライトハウス（自費出版）
芝田裕一　2006　視覚障害者リハビリテーションにおける歩行訓練の研究―　手引き・白杖による歩行を中心として―（博士論文，学術，関西学院大学）
芝田裕一　2007　視覚障害児・者の理解と支援　北大路書房
芝田裕一　2015　視覚障害児・者の理解と支援［新版］　北大路書房

目　次

はじめに　i
目　次　v

第Ⅰ部　歩行指導の基礎的事項

第1章　歩行指導の基本的概念 ……………………………………………… 2
　1．歩行指導の位置づけ　2
　2．歩行指導の定義　4
　3．歩行の条件　6
　4．基礎的能力　7
　5．歩行能力　9
　6．基礎的能力・歩行能力と自立活動　11

第2章　歩行の指導者とその心得 …………………………………………… 13
　1．歩行の指導者　13
　2．指導者の心得　16

第3章　歩行指導の変遷 ……………………………………………………… 22
　1．1965年以前の歩行指導　22
　2．アメリカにおける歩行指導　23
　3．歩行訓練士の養成　24
　4．初期の歩行訓練士の養成内容　25
　5．歩行指導の定義の改善　27

第4章　歩行の指導法 ………………………………………………………… 31
　1．指導の意味　31
　2．学習心理学を基礎とした指導法　32
　3．歩行における指導法の実際　33

第5章　指導の理念と考え方 ………………………………………………… 40
　1．指導の基本的理念　40
　2．実施における考え方　41
　3．対象児・者心理の考慮　43
　4．歩行の条件の考え方　46

5．安全性の基準と確保　48
6．歩行能力の体系　52

第6章　カリキュラムと実施の留意事項　57

1．カリキュラムと指導地域　57
2．歩行技術の留意点1：手引きによる歩行　64
3．歩行技術の留意点2：その他　66
4．インテークと評価　68
5．指導者のつく位置　71
6．在宅型の指導　73

第Ⅱ部　歩行指導の内容と方法

第7章　補助具を使用しない歩行技術と指導の留意点　80

1．補助具を使用しない歩行技術　80
2．指導の留意点　85
3．補助具を使用しない歩行の成り立ち　86

第8章　白杖　88

1．法令と白杖　88
2．歩行に使用される白杖　90
3．白杖に関する諸事項　93

第9章　白杖操作技術と指導　96

1．白杖携帯時の歩行技術　96
2．白杖による防御　99
3．タッチテクニック　101
4．スライド法　106
5．白杖による伝い歩き　108
6．白杖による階段昇降と既知の段差の発見　116
7．エスカレーターの利用　119
8．エレベーターの利用　120

第10章　道路における歩行技術と指導　122

1．道路における歩行技術について　122
2．障害物回避　124
3．走行中の自転車回避　128
4．走行中の自動車回避　129
5．騒音時の歩行　132
6．歩車道の区別のない交差点横断　133

7．歩道の歩行　136
　8．歩道のある交差点横断　138
　9．一旦入り込む交差点横断（SOC）　143
　10．踏切横断　145
　11．混雑地の歩行　145
　12．信号の利用　147

第11章　道路における歩行指導の留意点 ……………………………… 152
　1．指導の目的と設定　152
　2．身体行動の制御の指導　155
　3．環境認知の指導　157
　4．地図的操作の指導　158
　5．援助依頼の指導　161
　6．ファミリアリゼーションとドロップオフ　162
　7．白杖による伝い歩きを主体とする歩行　163
　8．繁華街における指導　167

第12章　交通機関の利用における歩行技術と指導の留意点 ……… 169
　1．単独での電車の利用　169
　2．電車の利用の必要事項　174
　3．バスの利用　176
　4．交通機関を利用した歩行指導の留意点　177

第13章　つまずきの指導 ……………………………………………… 181
　1．指導のあり方　181
　2．指導の考え方　182
　3．つまずきの防止を主体とする指導法（SH法）　183
　4．つまずきの修正の指導　185
　5．つまずきと心理的課題　187

第14章　歩行における援助依頼とその指導 ………………………… 189
　1．意義と内容　189
　2．援助依頼の要請　190
　3．援助依頼における留意点　191
　4．ハインズブレイク　193
　5．指導における留意点　194

第15章　歩行における地図とその利用 ……………………………… 196
　1．触地図と触覚的地図　196
　2．触地図の種類　197

3．触地図の利用と歩行　198
　　4．触地図の作成　200

第16章　ファミリアリゼーションとその実施 ……………………… 203
　　1．ファミリアリゼーションの体系　203
　　2．歩行指導における位置づけ　204
　　3．室内ファミリアリゼーション　205
　　4．廊下ファミリアリゼーション　208
　　5．ルートファミリアリゼーション　211
　　6．地域ファミリアリゼーション　212
　　7．自動車ファミリアリゼーション　214

第Ⅲ部　視覚障害児，弱視児・者の歩行指導

第17章　視覚障害児に対する指導1 ──基礎的能力の内容・指導項目── ……………………………………………………………… 218
　　1．知識1：左右と方角　219
　　2．知識2：環境　220
　　3．知識3：言葉・用語　226
　　4．感覚・知覚1：聴覚　228
　　5．感覚・知覚2：その他　232
　　6．運動　234
　　7．社会性　235
　　8．心理的課題　236

第18章　視覚障害児に対する指導2 ──基礎的能力の指導── ………… 238
　　1．指導の背景となる概念とその習得過程　238
　　2．指導における基本的考え方　240
　　3．知識に関するつまずき　244
　　4．知識の指導　248
　　5．感覚・知覚の指導　258
　　6．運動の指導　261
　　7．社会性の指導　262
　　8．心理的課題の指導　262
　　9．総合的留意事項　265

第19章　視覚障害児に対する指導3 ──地図の指導── ……………… 270
　　1．歩行指導と触地図　270
　　2．視覚障害児のルート記憶の方略　271
　　3．触地図使用に必要な基礎的能力　271
　　4．地図学習指導の問題点　272
　　5．地図の基礎学習指導プログラム「既知地図化法」　273

6. ファミリアリゼーションの必要性と重要性　276

第20章　視覚障害児に対する指導4 ──歩行指導に関する留意点── ‥‥280

  1. 歩行指導の目標　280
  2. 単独歩行の開始時期とその考え方　280
  3. 歩行の条件，基礎的能力，歩行能力の留意事項　282
  4. 重複障害児の歩行指導　285
  5. 視覚特別支援学校における歩行指導　288
  6. 特別支援学校，通常学校における歩行指導　292

第21章　弱視児・者の歩行指導 ………………………………………… 294

  1. 指導の基礎となる事項　294
  2. 弱視児・者の視覚と個人差　294
  3. 機能的視覚評価　296
  4. 視覚の有効活用　302
  5. 感覚の適切な使い分け　303
  6. 感覚の適切な使い分けの実際　305
  7. 視覚が徐々に低下する弱視児・者の指導　307
  8. 夜間歩行指導　308

歩行技術等に関する専門用語集　312
人名索引　314
事項索引　316

第Ⅰ部

歩行指導の基礎的事項

第1章　歩行指導の基本的概念

歩行指導（定位と移動の指導）は，単なる「歩くための指導」ではない。その背景には，視覚障害教育やリハビリテーションの理念・体系，人としての生活や社会がある。また，歩行指導は，歩行の条件，基礎的能力，歩行能力によって構造化されたものである。

1．歩行指導の位置づけ

視覚障害は，大きな活動制限が歩行（定位と移動）とコミュニケーション（情報）にあると言われる（ICF：International Classification of Functioning, Disability and Health，国際生活機能分類，世界保健機関，2002）。しかし，視覚障害児・者にとって，「歩くこと」は社会生活を営む上で必要不可欠である。

1）歩行指導の意味

視覚障害児・者に対する歩行指導は，視覚障害児・者の日常生活，教育，労働，余暇などにおけるICFでいう「活動」と「参加」の可能性と充実性を高め，総合的に視覚障害児・者のQOL（quality of life）向上の一助として実施されるものである。そのため，歩行指導は，視覚障害児・者の「歩きたい」という意思に基づき，専門の指導者（歩行訓練士という）によって，対象児・者の視覚（視力，視野）など心身の状態，年齢，基礎的能力，生活環境，家族の理解度などを考慮し，個人のニーズやレベルに応じて無理のない状態で最良の方法・内容が検討されて進められる（芝田，2007，2015）。

2）視覚障害児・者の歩行を可能とする要因

視覚障害児・者の歩行（定位と移動）を可能とする要因は次の3点である（芝田，2000，2015）。

①社会の障害理解の向上（芝田，2010，2011，2013b）
②歩行環境など物理的環境・用具の整備・開発

③視覚障害児・者の活動能力の向上

　本書は,「視覚障害児・者の活動能力の向上」にあたる歩行指導について論じている。しかし,視覚障害児・者の歩行は,視覚障害児・者の努力に依存する歩行指導だけでなく,彼らをとり巻く「社会の障害理解の向上」及び「歩行環境など物理的環境・用具の整備・開発」も含めた総合的,広角的な視点に立脚して検討されなければならない。

3）自立活動と歩行指導

　特別支援学校では,教育課程のひとつとして自立活動があり,障害に起因する多様な活動制限・参加制約の低減・克服を目的として指導が行われる。その自立活動は,①健康の保持,②心理的な安定,③人間関係の形成,④環境の把握,⑤身体の動き,⑥コミュニケーションの6分野に大別されている。歩行指導は,視覚特別支援学校（盲学校）などの自立活動の中で実施されるが,自立活動のひとつである「身体の動き」だけでなく,すべての内容を顕在化する大きな手段として,視覚特別支援学校在学中,さらに卒業後の生活の円滑化というQOL向上を目指して行われる。

4）生活訓練と歩行指導

　特別支援教育も教育リハビリテーションとして包含されている視覚障害リハビリテーションのひとつに社会リハビリテーションがある。そこでの主体として,生活訓練（社会適応訓練；social adjustment training）が位置づけられている（芝田,2000,図1-1）。生活訓練には,歩行訓練（視覚障害リハビリテーションでは歩行訓練という）,コミュニケーション訓練,日常生活動作訓練の3つの主要な柱がある。視覚障害教育においても,コミュニケーションや日常生活動作

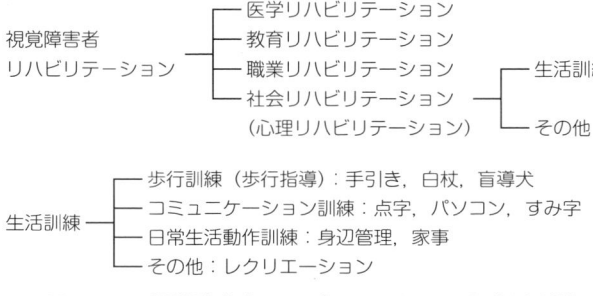

図1-1　視覚障害者リハビリテーションと生活訓練

(activities of daily living) に関する指導が各教科や自立活動において行われる。個々のケースのニーズに基づいて遂行される視覚障害リハビリテーションにおいて，歩行指導は生活訓練の中核となる。さらに，コミュニケーション訓練，日常生活動作訓練との連携の中でひとつの主要な位置を占めるという総合的な視点に立って，視覚障害者リハビリテーション施設などにおいて歩行指導が実施される。

5）社会と歩行指導

歩行は，社会生活を営む上での手段であり，社会の中で遂行されるのが一般であることから，現在の社会で暗黙の内に定められているマナー，常識などの基になされるものである。そのため，歩行指導の中では身なりやマナーという日常生活動作に関する指導や支援が必要となることがある。また，視覚障害児・者とその歩行，および歩行指導に対する社会の理解は現状ではまだまだ十分とは言えず，誤解や偏見も多い。したがって，視覚障害児・者が歩行することは，結果として，視覚障害児・者の歩行を可能とする要因のうち「社会の理解の向上」という社会啓発に繋がる意義もある。

以上のように，歩行指導は，視覚障害教育や視覚障害者リハビリテーションにおいて，個々のケースのニーズを可能な限り達成するために，コミュニケーションや身辺管理などの生活全般にわたる指導・支援との連携を検討しながら，さらに社会啓発をも付加して行われる。

なお，視覚障害児・者の歩行を可能とする要因に関連する社会の理解，および歩行環境と補助具，視覚障害リハビリテーション，生活訓練については，拙著『視覚障害児・者の理解と支援［新版］』(2015)で詳述している。参考にされたい。

2．歩行指導の定義

1）オリエンテーション・アンド・モビリティー

視覚障害児・者の歩行（定位と移動）は，アメリカではオリエンテーション・アンド・モビリティー（orientation and mobility）とよばれる。オリエンテーションは「定位」と訳され，「環境内の自分のいる位置と目的地の位置を他の重要な事物との関連において認知すること」をいう（Western Michigan University, 1974）。また，モビリティーは「移動」と訳されるが，可動性，運動的な機動性であり，「移動できること」を意味している。このように，アメリカでは視覚障害児・者の歩行を「定位と移動」としており，視覚障害の活動制限を踏まえた「定

位」を重要視している。日本の「歩行指導」あるいは「歩行訓練」という名称は，一般には，歩行運動や白杖操作技術の指導，つまり，「移動」だけを連想させ，主要な「定位」を欠落させたものとなってしまうきらいがある点には，注意が必要である（芝田，2012，2013a，2014）。

2）歩行指導の定義

歩行指導は，「定められた条件のもとに視覚障害児・者が基礎的能力及び歩行能力を駆使して歩行できるようにすることを培うものである」と定義される。歩行の条件には，安全性の確保，能率性の検討，社会性の検討，個別性の検討の4つがある。歩行にあたっての基礎的能力には，知識，感覚・知覚，運動，社会性，心理的課題の5つがある。また，歩行能力には，歩行技術の習得と駆使，地図的操作，環境認知，身体行動の制御，情報の利用の5つが定められている（芝田，1996，2000，2007，2015）。歩行の条件とは，歩行のあり方に関するものであり，歩行はこれらの条件を念頭に置いて行われる。また，歩行指導は，基盤となる基礎的能力と，それを踏まえた上での実際の歩行に関する歩行能力の両面に対して行われるものである。

この細分化された14項目（歩行の条件4項目，基礎的能力5項目，歩行能力5項目）の指導対象によって，指導者にとって以下の点が明確となる。それにより，効果的，効率的な指導が可能となり，さらに，視覚障害児・者も自身のための指導であるという意識を持って歩行に臨むことができる。

①指導項目・内容――何を指導すればよいのか

②指導方法――どのように指導すればよいのか

③指導のチェック・評価――指導成果が向上しない場合，どこが問題なのか

なお，図1-1にある生活訓練の中のコミュニケーションや日常生活動作の指導も，歩行指導と同様，必要な条件を念頭に置き，基盤となる基礎的能力と，それを踏まえた上での実際のコミュニケーション能力，日常生活動作能力の両面に対して行われる。コミュニケーション能力，日常生活動作能力の各々は歩行能力とは異なるが，条件は歩行と同様，安全性の確保（コミュニケーションはこれに正確性の確保が付加），能率性の検討，社会性の検討，個別性の検討であり，基礎的能力も歩行と同様，知識，感覚・知覚，運動，社会性，心理的課題である。ちなみに，歩行能力，コミュニケーション能力，日常生活動作能力はまとめて社会適応能力とよばれる（芝田，2007，2015）。

3．歩行の条件

　歩行指導を進めるにあたっての歩行の条件は，①安全性の確保，②能率性の検討，③社会性の検討，④個別性の検討の4つである。一般に，晴眼者はこの条件に即して歩行しており，視覚障害児・者の歩行指導もこれらの条件を満たすことに主眼が置かれる。この条件は，①安全性の確保が最優先であり，②③④は同列で優劣はなく，①の次に位置づけられる。つまり，まず①が確保された状態において，次の②③④はケースの状況に応じてその優先順位が異なることになる。この歩行の条件の考え方は第5章で論じる。

1）安全性の確保

　安全性の確保は，心理的な安心感の確保も含まれるが，歩行指導における最優先の条件であることは論を待たない。歩行指導は，いかにすれば安全性が確保され，事故を回避できるのかという身体的な面に加え，どうすれば安心して歩行ができるのか（視覚障害児・者が安全性を認識できる安心感）という心理的な面をも指導する。安全性が意識的になおざりにされることはありえないが，たとえば，危険性の低い状況で他の条件，特に，能率性や個別性における必要以上の配慮が結果的に危険性の誘因となることのないよう，安全性と他の条件との優劣は常時，念頭に置かれる。歩行指導では，安全な歩行を確保するための考え方や方法に関して，対象児・者および歩行環境に応じて慎重に考慮・検討されて実施される。

2）能率性の検討

　能率性が求められるのは，歩行能力における白杖操作などの歩行技術の方法（歩行技術の習得と駆使），目的地までのルート選定や行動計画（地図的操作），手がかりなどの情報の収集と分析（環境認知），姿勢を含む歩行運動（身体行動の制御），他の通行者などへの援助依頼（情報の利用）などである。歩行速度については，速いと能率的であり，状況や対象児・者によってある程度の速さが必要な場合もあるが，安全性の観点から基本的には要求されるものではない。

3）社会性の検討

　社会性としては見た目に自然な動きや容姿がある。これは日常生活動作訓練と関連があるが，援助依頼時に大変有利であるし，その歩行を目にする社会への視覚障害児・者に対する理解を向上させるためにも大切である。ただ，「見た目に自然な動きや容姿」というものの判断には個人差があり，その基準も厳密には規

定しにくい。したがって，安全性が確保されている範囲内で，慎重かつ客観的，合理的に社会性の検討が行われる。

4）個別性の検討

個別性にはその対象児・者が希望する方法，行いやすい方法がある。歩行指導には基本となる標準的な内容・方法があり，一般的にこの内容・方法は多くのケースに適用でき，そこに大きな個人差が生じるものではない。しかし，歩行指導は個々の視覚障害児・者を主体とし，そのニーズに応えることを目的として実施されるため，その意思・意見は必要範囲内で尊重される。したがって，個別性の対象となるのは，歩行能力における歩行技術の習得と駆使，地図的操作，身体行動の制御などにおいて些少な点の検討となるケースがほとんどである。ただし，この個別性の検討は安全性が考慮され，確保されている範囲内でのものである。

4．基礎的能力

基礎的能力には，知識，感覚・知覚，運動，社会性，心理的課題の5つがある。実際の歩行指導の対象である歩行能力を円滑に習得していくために必要な基礎となる能力である。しかし，歩行に関する視覚障害児・者のニーズには，「非常に広範囲な環境を自分が望む時に」という自由な状況での歩行から，「一定の範囲の環境を定められた時に」という限定的な状況での歩行までさまざまである。そのため，必要な基礎的能力もそれに応じて多様なものとなる。ただ，総合的な応用力を求め，より広範囲に展開する歩行能力を獲得するためには，この基礎的能力を前もって獲得しておくことが不可欠である。

なお，どちらかと言えば，これらの5つの基礎的能力のうち，晴眼時に視覚によって多くの経験を有している中途視覚障害者は知識，運動，社会性において大きな問題がみられない場合が多い。また，視覚障害となってからの年月が長い視覚障害児・者は感覚・知覚に大きな問題がみられない場合が多い。しかし，視覚障害児にとっては，これらの基礎的能力全般の習得が非常に大切で，歩行に大なり小なり影響する。その内容には成人である視覚障害者にも求められるものが多いが，本書の構成上，第Ⅲ部視覚障害児と弱視児・者の歩行指導で詳細な内容を示している（内容は第17章，指導法は第18章参照）。

1）知識

知識は，歩行能力全般の獲得に必要となる非常に広範囲で多くのことがらにお

ける名称，機能，概念などを指している。

（1）左右と方角

この項には，ボディ・イメージとそのうちで歩行に特に重要な左右，そして，方角がある。左右・方角には，自己中心的な水準から環境中心的な水準までがあり，歩行能力の中の主に地図的操作，環境認知の基礎となる。

（2）環境

環境は，視覚障害児・者が歩行し，利活用し，遭遇する際の道路，交通，道路上の事物，交通ルール，ルートなど歩行環境すべてを対象とし，その存在，用語（俗語を含む），機能，概念などを含むもので，歩行能力のほぼすべての基礎となる。これらには，歩行指導中に必要な手がかり・ランドマーク（後述）や障害物となるものもある。内容として，歩行環境に関する事項，歩行環境の形状，歩行環境の概念的な性質と地図がある。

（3）言葉・用語

言葉・用語は，歩行指導において指導者が使用し，対象児・者に語られるものが網羅されている。内容には，歩行（動き），位置・方向・方角，幾何，その他がある。

2）感覚・知覚

視覚が不自由となると，他の感覚で可能な限りその不自由さを補うことが必要となるため，感覚の障害である視覚障害にとって感覚・知覚は不可欠な基礎的能力である。内容として，聴覚，触覚（皮膚感覚），運動感覚，嗅覚，視覚（弱視児・者）がある。感覚・知覚的な情報は，歩行能力の主に環境認知に欠かせない。それは，歩行上の感覚・知覚的な情報が手がかりやランドマークとなるからである。特に，中途視覚障害では障害を負った後に早期に必要となる能力である。ただ，感覚・知覚の指導というと，生活的色彩の薄い音質弁別，音源定位，重量弁別などが対象となりがちであるが，歩行，コミュニケーション，日常生活動作という実際の生活に則した中での習得が大切であり，効果的であることに留意しておきたい。

3）運動

運動は，感覚・知覚の運動感覚と深い関連があるが，歩行能力の中の主に身体行動の制御の基礎となる。運動には，歩行運動と姿勢がある。これらは，基礎的能力としては大切であるが，視覚障害児・者にとってその習得，そして向上は容

易ではなく，実際の歩行能力の習得の中で並行して運動の習得・向上が目指される場合がある．

4）社会性

社会性は，総合的には基礎的能力の知識に含まれるものであるが，表情，マナー・身ぶり，身なりに代表される容姿・身体の動き（身のこなし）や常識といわれるような社会的な諸知識が対象である．これは，歩行能力の主に情報の利用に含まれる援助依頼という対社会との接触時に重要となる．

5）心理的課題

心理的課題は，能力とするには適さないかもしれないが，歩行指導に不可欠なもので，歩行指導において他の4つの基礎的能力や歩行能力の習得に際して基礎となる．内容には，知的活動，意思，生理・性格がある．

5．歩行能力

視覚障害児・者の歩行能力は，歩行技術の習得と駆使，地図的操作，環境認知，身体行動の制御，情報の利用の5つである．歩行能力の体系については第5章で論じる．

1）歩行技術の習得と駆使

視覚障害児・者が歩行の条件を満たすには，歩行技術の習得とそれを適切に駆使する能力が不可欠である．歩行技術には，①手引きによる歩行，②補助具を使用しない歩行，③白杖による歩行，④盲導犬による歩行，⑤その他の補助具による歩行の5つがある．以上の中で，⑤その他の補助具には，視覚障害者誘導用ブロック，音響信号，音声誘導装置などがあるが，これらの補助具は，白杖（white cane）あるいは盲導犬（guide dog）という主要な補助具による歩行の補助として使用する二次的なものである．

2）地図的操作

地図的操作には，ルート作成と行動計画がある．ルート作成は，大きな意味での地図的操作で，出発地から目的地までのルートを作成することである．これは，歩行前に作成しておく場合，歩行中に必要によって作成しなおす場合が考えられる．

行動計画は，小さな意味での地図的操作で，歩行の条件から考えて，その地点，地点での行動（歩き方）の計画のことである．たとえば，道路では，左右，どち

ら側を歩行するのか，交差点は，道路の端を伝っての横断，一旦入り込む交差点横断（SOC，第10章参照）など，どのように横断するのかを意味している。また，交差点では，あらかじめ曲がる方の側に寄っておいて白杖による伝い歩きによって曲がる，SOCのように角の手前で一旦入り込んでその道路を横断し，その後曲がるなど，どのように曲がるのか，つまずきを起こした後の修正法はどのようにするのかなどを指している。行動計画は，歩行前に計画しておく場合と，歩行途中に状況に応じて計画する場合がある。また，つまずきを起こした場合に，環境認知によって現在地の定位後，どのように修正して本来の歩行ルートに戻るのかといった場合にも行動計画は必要となる。

3）環境認知

環境認知は，手がかりやランドマークといった情報の分析・判断により，環境と自己の関係を認知して，それにより道路など歩行環境における自己の位置を定めることで，基礎的能力の知識にも関連する。環境認知の背景には，環境の状態，たとえば，駐車している車があるかどうかなどその時々の環境の状況，時間帯や天候，歩行者本人の基礎的能力や歩行能力の程度など多数の構造的要因がある。

手がかり（clueあるいはcue）とは，環境認知に利用できる音，におい，風，道路状況，事物などの情報を意味する。具体的には以下の5つがある。

①聴覚的情報――自動車・バイク・電車・バスの走行音，通行者の足音，話し声，溝を流れる水音，エアコンの音，音響信号など
②運動感覚的情報――坂道，段差，スロープなど
③触覚的情報――視覚障害者誘導用ブロック，地面の凹凸，溝ふた，交差点付近の風，太陽の熱など
④白杖を通した聴覚的・運動感覚的・触覚的情報――電柱，ポール，看板，駐車，駐輪など
⑤嗅覚的情報――花屋・理髪店・喫茶店のにおいなど

一方，ランドマーク（landmark）とは手がかりの中で，①位置が固定されている，②視覚障害児・者に位置と意味が知られている，③容易に発見できる対象である。

4）身体行動の制御

身体行動の制御は，白杖による歩行時に適切に手首や腕を動かして白杖を操作すること，歩行中に基礎的能力，および歩行能力の環境認知や地図的操作にそっ

て必要に応じて身体や足の進行方向を制御することといった四肢や身体全体の適切な行動と制御を意味している。この能力は，基礎的能力の感覚・知覚（主に運動感覚），運動，および歩行能力の歩行技術の習得と駆使と深く結びついている。白杖操作における身体行動の制御の例としては以下があるが，これらを適切に行うには他の歩行能力である地図的操作や環境認知も重要である。

①直進を維持すること。
②進行方向を斜め前方に変えること。
③90度左あるいは右に曲がること。
④道路端に寄っていくこと。
⑤ビアリング（視覚障害児・者自身の意思とは関係なく，歩行中に自然に進行方向から逸れてしまうこと）した後に修正すること（第11章参照）。

5）情報の利用

情報の利用には，援助依頼による他者からの情報と地図からの情報があり，これらによって有効な情報を得る能力である。他者からの情報には，家族，友人などからの情報，電話・パソコンなどによる関係機関からの情報，歩行中に他の通行者，駅員，店員からの情報がある。地図の代表的なものには触地図がある。

6．基礎的能力・歩行能力と自立活動

基礎的能力・歩行能力の各能力と視覚障害教育の自立活動（健康の保持，心理的な安定，人間関係の形成，環境の把握，身体の動き，コミュニケーション）との関連は以下のようになる。なお，健康の保持は各能力すべてに関連する基礎となる。

（1）基礎的能力
①知識——環境の把握，身体の動き，コミュニケーション
②感覚・知覚——環境の把握
③運動——身体の動き
④社会性——人間関係の形成，コミュニケーション
⑤心理的課題——心理的な安定

（2）歩行能力
①歩行技術の習得と駆使——環境の把握，身体の動き
②地図的操作——環境の把握

③環境認知――環境の把握
④身体行動の制御――身体の動き
⑤情報の利用――人間関係の形成，環境の把握，コミュニケーション

【引用・参考文献】
世界保健機関（WHO）2002　ICF 国際生活機能分類―国際障害分類改定版―　中央法規出版
芝田裕一（編）1996　視覚障害者の社会適応訓練第 3 版　日本ライトハウス
芝田裕一　2000　視覚障害者のリハビリテーションと生活訓練―指導者養成用テキスト―　日本ライトハウス
芝田裕一　2007　視覚障害児・者の理解と支援　北大路書房
芝田裕一　2010　障害理解教育及び社会啓発のための障害に関する考察　兵庫教育大学研究紀要，**37**，25-34.
芝田裕一　2011　障害理解教育及び社会啓発のための障害に関する考察（2）―視覚障害児・者の活動能力と活動制限―　兵庫教育大学研究紀要，**39**，35-46.
芝田裕一　2012　視覚障害児・者の歩行訓練における課題（1）兵庫教育大学研究紀要，**41**，1-13.
芝田裕一　2013a　視覚障害児・者の歩行訓練における課題（2）兵庫教育大学研究紀要，**42**，11-21.
芝田裕一　2013b　人間理解を基礎とする障害理解教育のあり方　兵庫教育大学研究紀要，**43**，25-36.
芝田裕一　2014　視覚障害児・者の歩行訓練における課題（3）―障害者権利条約における orientation and mobility（定位と移動）と habilitation―　兵庫教育大学研究紀要，**45**，31-38.
芝田裕一　2015　視覚障害児・者の理解と支援［新版］　北大路書房
柘植雅義・渡部匡隆・二宮信一・納富恵子（編著）2014　はじめての特別支援教育―教職を目指す大学生のために―［改訂版］　有斐閣
Western Michigan University　1974　*Orientation And Mobility Notebook*. Author, Kalamazoo, Michigan.（講義資料，未発表）

第2章　歩行の指導者とその心得

　歩行の専門的指導技術をもつ指導者は歩行訓練士とよばれ，養成機関修了と継続的な研鑽による高い専門性が必要とされる。また，指導者は，高い専門性とともに根本となる人間性豊かな素養を有し，常に向上する姿勢を保持していることが欠かせない。

1．歩行の指導者

1）専門の指導者（歩行訓練士）と非専門の指導者

　歩行訓練士の養成は，生活訓練の指導者養成の一環として，厚生労働省委託事業である指導者養成課程（日本ライトハウス実施）と国立障害者リハビリテーションセンター学院で実施されている（ともに2年課程）。全国的に，視覚障害児・者の歩行指導はこの歩行訓練士によって行われている。しかし，残念ながら歩行訓練士は資格化されていないため，特に視覚特別支援学校などで非専門の指導者によって実施されている場合もある（第20章参照）。ただ，歩行訓練士が不足している現状では，歩行訓練士と非専門の指導者が連携・協働して歩行指導にあたらなければならない。非専門の指導者が担当する分野には，基礎的能力，歩行技術の中の手引きによる歩行，補助具を使用しない歩行，およびファミリアリゼーションがある。ただし，それには歩行訓練士の指導による短期の講習会受講が必要である。なお，盲導犬による歩行の指導者は基本的に各盲導犬訓練施設によって養成が行われている。

2）歩行訓練士の養成

　歩行訓練士の養成は，アメリカでは主に大学院で12か月間実施されている（芝田，1975，1984）。その受講科目の中で最も重要なのが，教官が学生に1対1で指導するアイマスクによる疑似障害状態での演習（歩行実技，毎日1時間，4か月間）と視覚障害者リハビリテーション施設でのインターン（指導実習，4か月

間）である。その他の科目に，視覚障害児・者の歩行の基礎，視覚障害リハビリテーション，視覚障害教育，弱視児・者の指導，眼科学，心理学，老人学，課題研究（論文）などがある。このように，歩行訓練士の養成は専門性を必要とするため，アメリカをはじめ諸外国では大学院などにおいて先述のような内容による実施が常態化している（Welsh & Blasch, 1987）。日本の歩行訓練士養成も上記の機関において類似の内容で実施されている（第6章参照）。

3）歩行訓練士の専門性

視覚障害教育，視覚障害リハビリテーションの指導者としての理念，知識，指導法，指導者のあり方などの専門性に加えて，歩行訓練士に独特の専門性には次のようなものがある。

①安全性・安心感の確保を最上位に置く4つの歩行の条件に基づき，5つの基礎的能力，5つの歩行能力におけるすべての「基本となる標準的な指導内容・方法」を熟知していること。

②視覚障害児・者の歩行におけるストレスを理解し，指導に配慮できること。

③一般的な歩行指導カリキュラムを理解し，あらゆる歩行環境に応じた標準カリキュラム，長期的個別カリキュラム，短期的個別カリキュラムの作成と対象児・者に対する適切な歩行評価ができること。

④「基本となる標準的な指導内容・方法」をベースとし，それを改変してそのケースに適応させ得ること。その改変・適応のための主要因は，対象である視覚障害児・者と対象となる歩行環境であることを理解し，その個人差・多様性に対応できること。

⑤視覚障害児・者の活動能力・活動制限の実態を理解し，その歩行環境における視覚障害児・者の一般的な歩行・行動の状態が予測できること，同様に，その対象児・者の歩行・行動の状態が予測できること。

⑥環境認知のために，歩行環境と対象児・者に応じた活用可能な手がかり・ランドマークが選択できること。

⑦適切で確実なファミリアリゼーションが実施できること。

⑧歩行に必要な社会の理解，歩行環境の整備，歩行補助具に対して適切な提言ができること。

⑨視覚障害児・者の家族，非専門の指導者に対して基礎的能力，手引きによる歩行，補助具を使用しない歩行，ファミリアリゼーションなどに関する講習

ができること。
　⑩ガイドヘルパーとボランティアに対して手引きによる歩行などに関する講習
　　ができること。

　このような専門性が必要とされるため，歩行訓練士は専門の機関で養成が必要とされるのである。しかし，養成機関を修了しただけでは十分な専門性の習得は難しい。歩行訓練士には，専門性向上のために多くのケースの指導経験，研修会受講などを通した質の高い継続した研鑽が必要とされる。

4）歩行訓練士の資格化―歩行指導の課題

　以前から資格化の必要性が指摘されているが，現在，歩行訓練士は国家的にも，民間でも資格化されていない（芝田，1984，1987，2012，2013，2014，2015；日比野・芝田，1990；坂部ら，2000）。また，これまで歩行指導を含む視覚障害教育，視覚障害者リハビリテーションに関する研究会においても資格化の問題が論議されてきたが，実現には至っていない（芝田，2008，2013）。

　体系的な歩行指導が日本に導入（第3章参照）された1965年以降，この資格化の未整備が，歩行訓練士総数と視覚障害者リハビリテーション施設などの総数の増加，歩行訓練士の専門性の強化と向上，歩行指導の社会的認知の向上，歩行指導の普及，そして視覚障害児・者の歩行指導の充実などに目立った伸展がみられない主たる原因となっている。その結果，視覚障害教育において歩行訓練士でない非専門の教員が試行錯誤の中で歩行指導を実施せざるを得ないという状況や視覚障害者リハビリテーション施設の不足，そして視覚障害者の歩きたいという希望が充足されないという状況を招いている（芝田ら，2006；芝田，2012，2013，2014）。

　視覚障害児・者の歩行指導の課題において最も重要で，確立が急がれるのがこの歩行訓練士の資格化であろう。資格化に伴い，制度的に歩行訓練士を視覚特別支援学校，視覚障害者リハビリテーション施設はもとより地域の福祉センターなどの施設に配置することが義務化されなければならない。それによって，歩行指導の社会的な普及，視覚特別支援学校における歩行指導の充実，視覚障害者リハビリテーション施設の増加と歩行指導の充実が図られ，視覚障害児・者のQOL向上に結びつく。さらに，歩行訓練士の意見が軽視されがちであった行政や工学・環境学・建築学などの学術分野においても，歩行環境の課題や歩行補助具の問題点（芝田，1995，2007，2015）などに対して，欧米のように歩行訓練士の意見が積極的に反映されることで現実的で前進的な向上がみられ，それも視覚障害児・

者のQOL向上に連鎖する。

　また，資格化に伴って歩行訓練士の質の向上のために，養成のあり方も問われなければならない（芝田，2012）。現在，日本では上記の2機関で歩行訓練士の養成が行われているが，アメリカなど海外で行われているように大学か大学院でその養成が実施されることが求められる。それによって，質の高い指導者が養成されるだけでなく，現在日本の大学ではほとんど行われていない歩行指導や視覚障害者リハビリテーションに対する研究にも目が向けられ，取り組まれていくだろう。

　このように，歩行訓練士の資格化は非常に重要であるが，それへ向けて歩行訓練士には，指導者としての心得や専門性におけるさらなる向上が責務として自覚されなければならない。

2．指導者の心得

　指導者は，その指導内容において高い専門性を有しているが，それと同時に人間として優れた素養を有し，常に向上する姿勢が不可欠である。しかし，視覚障害者リハビリテーション施設などの利用者である視覚障害者から，生活訓練全般の施設や指導者に対する苦情，指導に対する不満を耳にすることがある。それは教育の場においても例外ではない。

　視覚障害児の中には，苦情や不満に気づきにくい，それらを伝えられないケースがみられ，それが心理的なストレスとなることがある。そのため，福祉施設では，利用者の権利擁護（アドボカシー）や自己決定，利用者からの苦情に第三者を加えての対応・解決などが進められており，特別支援学校においても自己決定力の育みや児童・生徒による授業評価の試みなどが行われている。

　このように，適正な指導のあり方とともに，教員を含む指導者の適切な心得は従来から高いレベルが求められる事項である（芝田，2000，2007，2015）。一個の人間として，そして専門家として，指導者はどうあるべきか，どのように専門性を向上させていくのか，その心得について論考する。

1）人間・障害者を理解する姿勢

　指導者には，人間性・人柄と頭脳の明晰さという両面が必要であるが，まず，人間を理解する基本的な姿勢を持ち，その上で障害児・者に対する客観的理性的な理解が必要である。したがって，第一義は，人間性・人柄が重要であり，頭脳の明晰さは第二義となる。

以下は障害者を理解する基本的な考え方の主な内容である。
（1）社会について
①社会は，持ちつ持たれつで人の世話にならない人はいない。
②個々の違いを相互に尊重し，受容する。
③障害者を受け入れられない社会自体が不適応・不健全な弱い社会である。
（2）個人について
①人としての存在を尊重し，それに敬意を払う。
②習慣や常識にとらわれずにその人の考えや希望を受容する。
③生きがい（神谷，1980）とは精神的なものであり，物質的なものではない。
④障害者は健常者と同等，対等で身近な存在である。
⑤障害は不自由であるが，不幸ではない。
⑥障害は恥ではない。
⑦補助具を使用するなどの外観や体裁はその人の価値とは無関係である。
⑧障害は因果応報ではない。因果応報の本来の意味は自業自得であるため，障害者を「親の因果が子に報い…」という意味での因果応報と捉えるのは誤りである。

2）視覚障害を理解する姿勢
（1）視覚障害児・者から学ぶ
　多くのケースにふれ，そこから多くのことを学ぶ姿勢が必要である。指導する視覚障害児・者によって，視覚障害に関する多くの知見が得られるということから言えば，指導者が指導する視覚障害児・者は，ある面では，その指導者にとって師ということになる。つまり，結果として，その視覚障害児・者によって，指導者は育まれているのである。

（2）活動能力の理解
　視覚障害におけるICFでいう「活動能力」あるいは「活動制限」の理解は容易なものではない（芝田，2007，2015）。したがって，全体として，視覚障害児・者の活動能力，換言すれば，何ができて，何ができにくいか，あるいは何ができないかを，個別のケースだけでなく，一般的に理解できるように努めることが大切である。視覚障害児・者の活動能力は多様で，疑似障害体験，研修受講，多くの視覚障害児・者にふれるといった経験などによってその理解が深められる。このため，歩行指導では視覚障害児・者の取った行動の意味が理解できない時，指導者として

考察するだけでなく，なぜそのような行動を取ったのかを視覚障害児・者に尋ねるということも有効な手段である。さらに，より多くのつまずきを起こしやすい行動や状況などの観察・学習をすることによって次の指導に役立てるようにする。

また，障害・視覚障害に関する分野（Cutsforth，1951；Carroll，1961；芝田，2007，2015），福祉・リハビリテーションの理念に関する分野（上田，1983；定藤ら，2003），障害の受容に関する分野（南雲，2002；Tuttle & Tuttle，2004；芝田，2007，2015）などについて理解・探求していく姿勢が必要である。

3）社会人としての心得

指導者は，視覚障害児・者の教育における教員，リハビリテーション指導員である前にまず，有能な社会人でなければならない。指導の技能に一面では熟達しているようにみえても，学校・施設などの組織の一職員としての自覚が大切で，これらが未熟では，指導においても視覚障害児・者が満足するような結果に至らないことになる。

① 対人関係——あいさつ，礼儀，その場に応じた服装・容姿，事務的・人事的・協力的などの適切な協調性や規則の順守
② 事務的能力——迅速・正確な事務処理，適切な報連相（報告・連絡・相談），礼儀正しく丁寧で迅速な電話応対，光熱水・事務用具などの節約・節制，正確・丁寧な機器・用品の取り扱いなどの遂行
③ OJT——上司・先輩からの指導だけに留まらず，自己研修の意味で，日々の業務の中で知識を吸収していく姿勢
④ 批判と実践——批判よりも実践を大切にする姿勢

4）専門家としての心得

専門家として，視覚障害児・者の人権尊重とプライバシーの順守は言うまでもないことであるが，以下はそれ以外の重要な事項である。

（1）基礎の重要性

基礎は，現実的な環境・補助具，個別のケースという具体的な内容にはあまりふれられず，ややもすると抽象的なものになりがちである。しかし，それだけの理解では，実際の指導は実施し難い。環境・補助具と個別のケースといった具体的な経験の積み重ねによる応用力がそこに加味されて初めて，より専門性の高い指導者となれる。基礎が確実に習得されていないと各ケースに応じた応用力が発揮されないため，基礎がおろそかにされてはならない。

（2）経験の蓄積とケースに応じた指導

　経験を豊富にするには，単に担当したケース数が多いだけでは十分でない。1ケースごとや1回の指導ごとに，その内容・方法に関する反省点，問題点，課題を明確にしておくことが重要である。そして，次のケースや次の指導にあたる前に前回の反省点，問題点，課題を可能な限り解決，解消，改善しておくことが大切である。そのためには，公的な評価とは別に，指導者の個人用評価表，あるいは，記録を作成して次の指導に役立てるようにする。また，経験の蓄積を基に，個々のケースに応じた，適切な指導を進めていくことを心がける。

（3）視覚障害児・者の現状を知る

　指導者が実施した指導が適切なものであったかどうかの評価は，その指導を終了した視覚障害児・者がその指導の成果をどのように生活に反映しているか，社会の現状に即したものになっているかで判断される。したがって，指導者には，機会を捉えて指導を終了した視覚障害児・者を訪ねたり，社会の現状を正しく把握・理解することによって現在の指導に何が欠けているのか，何が必要かなどを常に分析し，改善していく姿勢が必要である。そこから得た知見を指導にフィードバックさせ，現在の対象である視覚障害児・者の指導に反映させるよう心がける。

（4）自己規制と責任

　公開指導など，一部を除いて，指導者が日々の指導に対して他者から評価されるという場面は少ない。しかし，自分自身を甘やかすことなく，誠実かつ真摯に指導に取り組むのはもちろん，指導者として向上していく努力を怠らないよう常に自己を規制する意識が必要である。また，指導者として，その立場を利用したような態度や不公正な姿勢は，当然，慎まなければならない。また，指導者として無責任になるような妥協を対象児・者に対して行うのは適切ではない。その指導において，対象児・者が何かを学習・習得できるよう責任を持つことが必要である。

5）学校教員・施設職員としての心得

（1）機関と指導者の存在理由

　現在，すでに視覚特別支援学校や視覚障害者リハビリテーション施設などが各地に存在し，そこに教員・指導者が従事している。したがって，その機関・指導者があって，そこへ希望した視覚障害児・者が歩行指導などを受講しに来るとい

うのが，現状の一般的なルートである。しかし，認識されなければならないことは，①まず視覚障害児・者が存在する，②その視覚障害児・者に教育・リハビリテーションにおけるニーズが発生する，③そのニーズを解決するための指導を希望する，④機関・指導者という存在が必要となるという順序が通常のルートだということである。このことを対象である視覚障害児・者ごとに認識しておくことが大切である。

（2）伝統・慣例と変遷の理解

伝統・慣例というだけで，無条件にその方法などを継続・継承していくのでなく，適宜より合理的・能率的に検討・確認をするという姿勢が必要である。

また，先達の努力や業績の延長線上に現在の教育やリハビリテーションがあり，そして，指導者としての自己があることを理解し，それらの黎明，変遷，先達の業績などを知ることが大切である。

（3）参考となる産業界の知見

高い業績を上げている企業などの組織体制，人事構成・人事考課，利潤を得る目的遂行への取り組み，発想の柔軟性・意識改革，社内の情報伝達・社外広報，顧客尊重・接客・苦情処理，社内の人間関係，ストレスコーピング，経費節減，社会人としての心得（先述）などには非常に優れたものが多い。教育やリハビリテーションは利潤を得るのが目的ではないが，これら産業界の組織の理念や体制および職員（社員）の意識や態度の中には学校や施設，そして教員や施設職員が参考とし，取り入れるべき知見が少なくない。

（4）管理者・経営者の心得

養成課程を修了した歩行訓練士の総数に対する実働数（現任率）は6割程度という残念な状態がある。そこには多くの原因が考えられるが，物理的，人的，精神的な労働環境の不十分さもそのひとつである（芝田，2012）。したがって，校長・教頭，理事長・施設長などの学校，施設の管理者・経営者には，組織，人事構成・人事考課，研修・指導，人間関係など職場における労働環境の適正化に対する努力と配慮が求められる。

【引用・参考文献】

Carroll, T. J. 1961 *Blindness: What it is, what it does and how to live with it*. Little, Brown and Company,

Boston.
Cutsforth, T. D. 1951 *The blind in school and society: A psychological study*, American Foundation for the Blind, New York.
日比野清（監）2002 盲導犬・聴導犬・介助犬訓練士まるごとガイド　まるごとガイドシリーズ　pp. 106-109．ミネルヴァ書房
日比野清・芝田裕一　1990 歩行訓練士の養成の歴史と今後の課題　視覚障害，**108**，9-17.
神谷美恵子　1980 生きがいについて　みすず書房
南雲直二　2002 社会受容─障害受容の本質─　荘道社
定藤丈弘・佐藤久夫・北野誠一（編）　2003 現代の障害者福祉改訂版　有斐閣
坂部　司・高柳泰世・川原　恵・原田良實・桑野真木子・岩田美雪・山本英毅・芝田裕一・石光和雅　2000 歩行訓練担当者の資格認定について　第9回視覚障害リハビリテーション研究発表会論文集，113-114.
芝田裕一　1975 西ミシガン大学における歩行訓練指導員の養成　視覚障害研究，**3**，43-46.
芝田裕一　1984 視覚障害者のためのリハビリテーション1歩行訓練第2版　日本ライトハウス．
芝田裕一　1987 社会適応訓練の現状と課題　第1回日本視覚障害リハビリテーション研究会論文集，2-4.
芝田裕一　1995 視覚障害者の歩行とその補助具についての考察　第4回視覚障害リハビリテーション研究発表大会論文集，182-185.
芝田裕一　2000 指導者養成の現状と指導者のあり方　歩行養成30回記念誌（日本ライトハウス歩行養成30回記念実行委員会），19-24.
芝田裕一　2001 学びのフォーカス歩行訓練士　医療福祉学がわかる（AERAMook），**69**，46-47.
芝田裕一　2007 視覚障害児・者の理解と支援　北大路書房
芝田裕一　2008 歩行訓練に関する研究会と指導者（歩行訓練士）─これまでの変遷をふまえて─　第4回視覚障害教育歩行指導研究会資料，1-8.
芝田裕一　2012 視覚障害児・者の歩行訓練における課題（1）兵庫教育大学研究紀要，**41**，1-13.
芝田裕一　2013 視覚障害児・者の歩行訓練における課題（2）兵庫教育大学研究紀要，**42**，11-21.
芝田裕一　2014 視覚障害児・者の歩行訓練における課題（3）─障害者権利条約における orientation and mobility（定位と移動）と habilitation─　兵庫教育大学研究紀要，**45**，31-38.
芝田裕一　2015 視覚障害児・者の理解と支援［新版］　北大路書房
芝田裕一・松下幹夫・正井隆晶　2006 盲学校における歩行指導の課題と視覚障害教育歩行指導研究会の意義　日本特殊教育学会第44回大会発表論文集，321.
Tuttle, D. W., & Tuttle, N. R. 2004 *Self-esteem and adjusting with blindness: The process of responding to life's demands*（3rd ed.）. Charles C Thomas Publisher, Springfield, Illinois.
上田　敏　1983 リハビリテーションを考える─障害者の全人間的復権─　青木書店
Welsh, R. L., & Blasch, B. B. 1987 *Foundations of orientation and mobility*. American Foundation for the Blind, New York.

第3章　歩行指導の変遷

　体系化された歩行指導は，1965（昭和40）年にアメリカより日本に導入されたものである。しかしながら，アメリカ流の方法では日本には適合しにくい点も多く，その後，遅々たる状況はありながらも独自の発展を遂げてきた。

1．1965年以前の歩行指導

　歩行指導は，視覚障害リハビリテーションの分野では，生活訓練のひとつとして，1965年にアメリカより導入された。しかし，視覚障害教育の分野ではそれ以前から重要な課題として取り組まれてきた経緯がある（芝田，2005，2013）。古くは，1880（明治13）年京都府立盲唖院通則によると，履修科目に触感と聴覚があり，古河太四郎考案による直行練習や太陽光線を利用して方向を判断させる練習などがなされていた（文部省，1978，1985）。また，楽善会訓盲院の1886（明治19）年規則では，教科を尋常科と技芸科に分け，尋常科の科目の「講談」には「方角及道路溝渠などニ関スル話」（文部省，1978，p.108）が含まれていた。その後，歩行指導は，盲学校では「体操」の指導の一貫として実施されていく。1912（大正元）年には，東京盲学校が歩行にふれた「失明児を有せられる父母並に盲学校教員の心得」を定めて全国の盲学校に配布している（文部省，1985）。

　1939（昭和14）年になると，自身が視覚障害で，神戸市立盲学校教諭であった木下和三郎が『盲目歩行に就いて』を著し，その体験から現在にも通じる歩行論を展開している（木下，1939）。たとえば，「杖の最初歩的操法」には，現在の歩行技術である白杖による伝い歩きが含まれており，「足許の警戒探索法」にはタッチテクニックにあたる「打叩法」，スライド法にあたる「擦行法」がある。なお，当時，杖は必ずしも白ではなく，赤も使用されていた。さらに，木下は屋内歩行としての「似而非杖」（手による防御），「手の引き方，引かれ方」（手引き），「盲人の介補眼」（社会の理解・援助）にも言及している。この本は，1938（昭

13）年に設置された後の軍事保護院である傷兵保護院から『失明傷痍軍人保護資料（五）』として刊行された。当時，戦傷失明者は，東京牛込の第一陸軍病院第二外科に設置された戦盲病棟に収容されていた。ここでは，心理的な更生指導，点字，カナタイプなどのコミュニケーション指導とともに，内容は定かではないが，歩行指導も実施され，これらは視覚障害リハビリテーションの先駆けとなるものであった（東京教育大学教育学部雑司ヶ谷分校「視覚障害教育百年のあゆみ」編集委員会，1976）。

　1963（昭和38）年には，佐藤親雄が，トーマス・J・キャロル（Carroll, 1961）の「Blindness」を基幹として『PERIPATOLOGY（歩行学）』を発表した（佐藤，1963）。佐藤は，第1部で歩行指導の理論（歩行指導の目標，内容など），第2部で歩行指導の実際（感覚訓練，歩行補助具，状況別歩行指導など），第3部で弱視児の歩行指導（歩行と視力，弱視者と白杖など）について論じ，現在の理念・内容に影響を与えている。ところで，佐藤（1963, p.49）は，この本の中でアメリカにおける歩行指導を紹介し，「盲教育における歩行訓練の地位は，点字の指導とともに，重要でありしかも先にみたように困難を伴うものである。この点アメリカにおいて最近，歩行治療（mobility therapy，筆者注；歩行指導）と歩行治療士の職業的訓練（the professional training of mobility therapists，筆者注；歩行訓練士の養成）が進められているが，わが国でもこのような制度がとられることが望ましい」と述べ，歩行指導とその訓練士養成の必要性を説いている。

2．アメリカにおける歩行指導

　アメリカでは，1943年にペンシルヴァニア州のヴァレー・フォージ陸軍病院（Valley Forge Army Hospital）に配属され，その後，1947年にシカゴ市内ハインズ（Hines）の退役軍人省附属病院（Veterans Administration Hospital）中央視覚障害リハビリテーションセンターに移ったリチャード・E・フーバー（Hoover）とC・ワレン・ブレッドソー（Bledsoe）によって歩行方法が体系化された（Bledsoe, 1969；Hoover, 1950；Malamazian, 1970；Welsh & Blasch, 1987）。彼らは，それまでの木製で短い杖からアルミニウム製で長いロングケーン（long cane）と呼称される杖によるタッチテクニックを主とした歩行方法の開発を進めた。その開発が進むとともにハインズでは，はやくも1948年に指導者養成講習会（歩行訓練士の養成）が実施された（Malamazian, 1970）。ロングケーンやそれを基盤と

する歩行方法には反対や抵抗もみられたが（Bledsoe, 1952；Crouse, 1969），定着，普及が進展し，その後，歩行訓練士の養成は大学院（修士課程）で実施されるようになった。1960年にはキャロル（Carroll）らによってボストン大学大学院に，翌年にはフーバーらの流れを汲むハインズの退役軍人省附属病院中央視覚障害リハビリテーションセンターのスタッフであるドナルド・ブラッシュ（Blasch）やスタンレー・スターコ（Suterko）らによってウエスタンミシガン大学大学院に歩行訓練士養成課程が設置された（Malamazian, 1970）。現在，歩行訓練士養成課程を持つ大学院（大学）は十数校に及んでいる。

現在のアメリカでは，歩行訓練士は，orientation and mobility specialist と呼ばれている。かつて，1960年代には orientator, orientor, foot travel instructor（Malamazian, 1970）や，mobility therapist（Carroll, 1961）と言われていた。また，ペリパトロジー（peripatology）という視覚障害歩行学がキャロルによって造語され，ボストン大学では歩行訓練士がペリパトロジスト（peripatologist）と呼ばれていた（Malamazian, 1970）。佐藤（1963）の『PERIPATOLOGY（歩行学）』はこれを表題としており，日本では，当初，その訳語である「視覚障害歩行学」とともにこの語が使用されていた（世界盲人百科事典編集委員会編，1972）。なお，アメリカでは，ペリパトロジーはボストン大学のみが用い，他の大学ではオリエンテーション・アンド・モビリティーを使用していたが，ボストン大学の歩行訓練士養成課程の廃止に伴い，ペリパトロジーという用語は現在使われなくなっている。なお，歩行以外のコミュニケーションや日常生活動作などの指導者はリハビリテーション・ティーチャーと称され，この養成も歩行と同様，ウエスタンミシガン大学大学院など大学院修士課程で実施されている。

3．歩行訓練士の養成

日本の歩行訓練士の養成（厚生省委託歩行指導者養成課程）は第1回は，1970年（第1期）にAFOBの援助を得て（日本ライトハウスとの共催），当時の厚生省・文部省の後援の基に「歩行指導指導員養成講習会」として，7月6日から9月29日まで12名の受講者を対象に開催された。この養成講習会は1972年度（第2期）から厚生省委託となって毎年開催となる。AFOBの実質的な援助は1974年（第4期）まで継続され，アメリカ人の講師による指導を受けた。1978年度（第8期）からは，期間が4か月間に延長され，それまで実施されていなかった指導実習も

開始された。その後，1992年度（第21期）からは，「歩行指導者養成課程」と名称が変更され，期間を6か月間に，そして内容がさらに充実されたものとなった。1994年には，歩行以外のコミュニケーション，日常生活動作の指導者を養成する「リハビリテーション指導者養成課程」（5か月間）も併置され，厚生省委託として継続される。その後，2001年度（第31期）からは，歩行指導者養成課程およびリハビリテーション指導者養成課程を合同させた2年間の視覚障害生活訓練等指導者養成課程となって現在に至っている。また，国立障害者リハビリテーションセンター学院でも1990（平成2）年から歩行指導を含む生活訓練の指導者養成を実施している。日本の歩行指導者の養成の変遷については，芝田（2000，2001，2002a，2002b）が詳細に論じている。

4．初期の歩行訓練士の養成内容

　歩行訓練士の養成が開始された当時は，視覚障害リハビリテーションそのものも黎明期にあったため，その理念・流れもまだまだ不明瞭で，体系的には視覚障害リハビリテーションよりも，歩行指導がやや先行するという不自然な状態であった。そのため，現在のように視覚障害リハビリテーションのひとつとして社会リハビリテーションがあり，その中に位置づけられている生活訓練の主要なものが歩行指導であるという構成的な認識はまだ未熟なものであった。この考えは養成にあたっての重要な点のひとつであり，ややもすると歩行指導の方法だけを習得すればよいと安易に考えられてしまうため名称は「歩行指導者養成」であるが，実質は「視覚障害リハビリテーション，生活訓練の基礎を学び，その上で歩行指導の指導方法を学ぶ」ということが目的とされていた。

　さらに，当初の養成には，期間的な制限があり，実際に視覚障害者を指導するという指導実習は実施されていなかった。特に，第1期〜第5期では，どちらかと言えば，演習（歩行実技）が主体のものでまさに「アイマスクによる疑似体験歩行の講習会」という状態であった。講義でも，歩行指導については，各歩行技術の内容・指導方法が中心で，カリキュラムの作成，総合的な指導の流れ，指導方法などに関するものは皆無に近いものであった。さらに，視覚障害リハビリテーション・生活訓練との関連についてもほとんど言及がなされていなかった。

　したがって，歩行指導というよりは，各歩行技術，それも日本とは相違点の多いアメリカの方法が主体である歩行技術を習得する講習会と言えた。そのため，

受講生には，歩行技術の指導，それも断片的な技術の指導が歩行指導であり，さらに言えば，それがすなわち，視覚障害リハビリテーションであると捉えられがちであっただろう。

　アメリカには無い障害物回避，走行中の自動車・自転車回避，歩車道の区別のない道路横断，一旦入り込む交差点横断（SOC，第10章参照），騒音時の歩行といった基礎的歩行技術は，この時点では，講義で一つひとつ解説できる段階になっておらず，環境に応じた演習（歩行実技）によって未分化のまま，まとめて習得するというものであった。したがって，手引き，屋内歩行，タッチテクニックなど，アメリカから直接に伝授されたもの以外の歩行技術の一般論（歩行指導を実施する上での基礎）は，経験した演習（歩行実技）を通して，理論的にではなく，体験として受講生に伝えられた。その結果，その受け取り方や捉え方は，各々の受講生によって相違していたと考えられる。

　演習（歩行実技）も実際に歩行指導を実施する上で，なぜ必要で，どうあるべきかが十分に練られていなかったため，たとえば，第3期（1973年度）では，手引きで歩行したルートを演習（歩行実技）終了後に描く，大阪城公園内で大阪城を一周するというような現実の歩行からは乖離した課題も実施された。その結果，養成で実施する演習（歩行実技）と視覚障害児・者の歩行指導は，その方法・内容において基本的に異質のものでありながら，修了後，その両者を混同し，同質のものと捉えて歩行指導（内容は演習（歩行実技）そのもの）を実施したり，カリキュラムも養成で受講した歩行実技の進め方をそのまま歩行指導に当てはめたりした歩行訓練士も多かったに違いない。

　ただし，この演習（歩行実技）は，受講生にとって印象が強いため，その内容と実際の歩行指導を混同してしまうということは初任の歩行訓練士が陥りやすい点である。歩行訓練士の養成において，演習（歩行実技）と歩行指導の差異を明確にしておくことは非常に重要で，留意されなければならない。筆者は，第6期（1975年度）からこの歩行訓練士の養成を担当し，基礎と応用，カリキュラムの流れ，ケースに応じた指導など，歩行指導の考え方，指導方法を視覚障害者リハビリテーションの全容と関連づけて解説をしようと努めてきた。当時はまだ不十分であったが，その後，養成の組織・内容は適宜，改善化・充実化を目指して改編され，現在に至っている。

5．歩行指導の定義の改善

1）黎明期の定義

体系的な歩行指導が導入された1965年以前，佐藤（1963）は，アメリカの文献を基礎としたその著書に「歩行のくせを矯正し，正しく美しい姿勢で歩くようにする」と定義を述べている。導入後には，「盲人の残存諸感覚を訓練し，自己と周囲について十分知った上で，盲人がひとつの場所から他の場所へ，自由に，美しい姿勢で，かつ安全に歩くことのできるようにする技術（art）と科学である」が歩行指導の定義として示されている（世界盲人百科事典編集委員会，1972，p. 594）。アメリカでは，安全性だけでなく，能率性の確保も目的にあげている（Hill & Ponder, 1976；Western Michigan University, 1974）。そのため，これらが統括されて黎明期には「ひとつの場所から他の場所へ安全にかつ能率的にそして美しい姿勢で移動することを培うこと」が歩行指導の定義とされていた（日本ライトハウス，1977；芝田，2006）。

2）現在の定義

初期の定義における「ひとつの場所から他の場所へ」という地図的な定位の一部と「美しい姿勢」という客観的な判断が容易ではない社会性だけでは，視覚障害児・者の歩行とその指導に対する定義としては不十分である。また，アメリカでは，安全性，能率性，美しい姿勢が定義としてあげられているものがあるが（Hill & Ponder, 1976），多くは，安全性と能率性だけが示され，美しい姿勢には言及されていない（Allen et al., 1997；Jacobson, 1993；Welsh & Blasch, 1987）。芝田（2003）は，この点を改善し，歩行に必要な条件を中心に据え，歩行を基礎的能力，歩行能力に大別し，その定義を「歩行指導は，定められた条件のもとに視覚障害児・者が基礎的能力および歩行能力を駆使して歩行できるようにすることを培うものである」とした。

3）現在の定義の改善点とその理由

（1）歩行の条件

改善された点のひとつは歩行の条件である。歩行指導は，その安全性，能率性はもとより，社会における適応性，客観性，そして視覚障害児・者の主体性，個別性を累加してその対象児・者に適した方法と内容によって実施されるという柔軟性が強調される。このことから，歩行の条件は改善の必要が生じ，最初は歩行

の目標として発表された（芝田，1990）。当初の「美しい姿勢」は，それを含めた社会性の検討（見た目に自然な動きや容姿の獲得）となり，それに個別性の検討（その視覚障害児・者のやりやすい方法の獲得）が加えられた（芝田，1996）。この個別性の検討は，筆者の歩行指導での経験からその必要性が生じてきたものである。それは，普段の歩行指導以外の個人的な生活の中で，あるいは，歩行指導がすべて終了した後の指導者のいない状況で，歩行指導で習得した方法以外の自分の行いやすい方法（極端な場合には，危険な方法で歩行する場合）がみられたからである。その背景には，歩行指導の中で習得した方法が，その視覚障害児・者にとって行いにくいもの，あるいは納得できないものという理由があった。

（2）基礎的能力

中途視覚障害者の場合，感覚・知覚については，障害を負う以前の視覚を主体とした状態から，他の保有感覚を主体とする状態に変換して，感覚の再構成を行うための指導が必要となる（芝田，1986，2007，2015）。このために，実施されていたのが感覚訓練である。これは，感覚というよりは知覚の訓練を意味している。本来なら知覚訓練と呼ぶのだが，英語のsensory trainingを訳して感覚訓練といわれている。当時の視覚障害者更生施設などでは伝統的に感覚訓練が重要視され，実施されていた（岩橋，1968；関，1982）。これは，視覚障害者更生施設の対象児・者が，黎明期は中途視覚障害者が中心とされ，その基礎となる主なる課題が感覚・知覚であったためである。

しかし，基礎的能力としての必要なものは，必ずしも感覚・知覚だけには留まらない。そこで，まず，知識，運動，社会性を加えた4つが基礎訓練・指導項目として考えられ（芝田，1986），その後，心理的課題が付加されて現在の5つの基礎的能力となっている。感覚・知覚だけでなく，これら総合的な能力が基礎として必要であるという指摘は多い（佐藤，1991）。さらに，これら5つの基礎的能力に対する指導は特に大切な視覚障害児への指導を中心に実施されている（太幡，2004；保科ら，2004）。

（3）歩行能力

歩行能力は，アメリカの流れから「定位」と「移動」だけとされていたものがより詳細化され，地図的操作，環境認知（以上，定位），歩行技術の習得と駆使，身体行動の制御（以上，移動），それに情報の利用を加えた5つになっている。これらは，当初，指導内容とされていた（芝田，1990）が，その後，歩行能力と

改称された。この中の歩行技術以外の4つは，晴眼者の歩行能力と類似しているが，歩行技術は，視覚に障害のある者が歩行するために必要なもので，①手引きによる歩行，②補助具を使用しない歩行，③白杖を使用しての歩行，④盲導犬を使用しての歩行，⑤その他の補助具を使用しての歩行がある。これらは，歩行手段として説明されたこともある（芝田，1990）が，現在は，歩行能力に組み入れられている。

（4）まとめ

以上のように，当初（黎明期以降の1965年から1985年あたりまで）の定義が改善・是正され，特に歩行の条件が整備されたことにより，歩行指導は，対象児・者である視覚障害児・者を主体としてそのニーズに着目し，指導者側の判断だけでなく，対象児・者のニーズも考慮されることが強調されたものになっている。

当初の歩行指導には，有効な指導が不十分な状態であることから対象児・者を歩行させ，単純なくり返しによって能力を獲得させるという，いわゆる「歩け，歩け」といったイメージが指導者によってはみられた（芝田ら，2001）。しかし，以上のように指導の対象が14項目（歩行の条件4項目，基礎的能力5項目，歩行能力5項目）に細分化されたことによって，指導者にとって効果的，効率的な指導が可能となった。さらに，視覚障害児・者も自分のための自分が希望する指導であるという意識を持って歩行に臨むことができるようになっている。

【引用・参考文献】

Allen, W., Barbier, A. C., Griffith, A., Kern, G., & Shaw, C. 1997 *Orientation and mobility teaching manual* (2nd ed.). CIL Publications and Audiobooks Series of Visions, New York.

Bledsoe, C. W. 1952 Resistance. *The New Outlook for the Blind*, **46** (9), 245-250.

Bledsoe, C. W. 1969 From Valley Forge to Hines: Truth old enough to tell. *Blindness 1969 AAWB Annual*, 95-142.

Carroll, T. J. 1961 *Blindness: What it is, what it does and how to live with it.* Little, Brown and Company, Boston.

Crouse, R. V. 1969 The long cane in Great Britain. *The New Outlook for the Blind*, **63**, 20-21.

保科靖宏・青木隆一・布留川修・鈴木智恵子 2004 教育現場における歩行指導の充実を目指して 視覚障害リハビリテーション, **60**, 7-23.

Hill, E., & Ponder, P. 1976 *Orientation and mobility techniques: A guide for the practitioner.* American Foundation for the Blind, New York.

岩橋英行 1968 有能なる社会人への創造―視力障害者訓練のあり方― 日本ライトハウス

Hoover, R. E. 1950 The cane as a travel aid. In P. A. Zahl (Ed.) *Blindness: Modern approaches to the un-*

seen environment. Princeton University Press, Princeton, New Jersey.
Jacobson, W. H. 1993 *The art and science of teaching orientation and mobility to persons with visual impairments*. American Foundation for the Blind, New York.
木下和三郎 1939 失明傷痍軍人保護資料（五）盲目歩行に就いて 傷兵保護院．
Malamazian, J. D. 1970 The first 15 years at Hines. *Blindness 1970 AAWB Annual*, 59-77. 芝田裕一（訳）1995 アメリカにおける歩行訓練の成立関係資料 ハインズにおける最初の15年間 視覚障害リハビリテーション，**42**，3-34．
文部省 1978 特殊教育百年史 東洋館出版社
文部省 1985 歩行指導の手引 慶應通信
日本ライトハウス 1977 視覚障害者のためのリハビリテーションⅠ歩行訓練 日本ライトハウス
佐藤親юка 1963 PERIPATOLOGY（歩行学） 東京教育大学教育学部特殊教育学科盲教育学研究室
佐藤泰正（編） 1991 視覚障害学入門 学芸図書
世界盲人百科事典編集委員会（編） 1972 世界盲人百科事典 日本ライトハウス
関 宏之 1982 中途視覚障害者と社会参加―リハビリテーションの現場から― 相川書房
芝田裕一 1986 視覚障害児の歩行のための基礎訓練・指導項目―単独歩行をめざして― 視覚障害研究，**23**，7-41．
芝田裕一（編）1990 視覚障害者の社会適応訓練 日本ライトハウス
芝田裕一（編）1996 視覚障害者の社会適応訓練第3版 日本ライトハウス
芝田裕一 2000 歩行養成30期・リハ養成7期（平成12年度）までの変遷と現状（1） 視覚障害リハビリテーション，**52**，31-76．
芝田裕一 2001 歩行養成30期・リハ養成7期（平成12年度）までの変遷と現状（2） 視覚障害リハビリテーション，**54**，5-46．
芝田裕一 2002a 歩行養成30期・リハ養成7期（平成12年度）までの変遷と現状（3） 視覚障害リハビリテーション，**55**，5-45．
芝田裕一 2002b 歩行養成30期・リハ養成7期（平成12年度）までの変遷と現状（4） 視覚障害リハビリテーション，**56**，67-77．
芝田裕一 2003 視覚障害者のリハビリテーションと生活訓練第2版―指導者養成用テキスト― 日本ライトハウス（自費出版）
芝田裕一 2005 わが国の視覚障害児・者に対する歩行指導の理念・内容における変遷と現状―昭和40年代と現代との比較を通して― 特殊教育学研究，**43**（2），93-100．
芝田裕一 2006 視覚障害児・者の歩行訓練における基本的理念の概要 視覚障害リハビリテーション，**63**，43-59．
芝田裕一 2007 視覚障害児・者の理解と支援 北大路書房
芝田裕一 2013 視覚障害児・者の歩行訓練における課題（2）兵庫教育大学研究紀要，**42**，11-21．
芝田裕一 2015 視覚障害児・者の理解と支援［新版］ 北大路書房
芝田裕一・岩橋明子・坂本美磨子・藤原静江・辻内冨美子・面高雅紀・日紫喜均三・三宅康博 2001 日本ライトハウス職業・生活訓練センター設立35年を迎えて（1）視覚障害リハビリテーション，**53**，5-52．
太幡慶治 2004 盲学校における歩行指導と連携 視覚障害リハビリテーション，**59**，35-48．
東京教育大学教育学部雑司ヶ谷分校「視覚障害教育百年のあゆみ」編集委員会 1976 視覚障害教育百年のあゆみ 第一法規
Welsh, R. L., & Blasch, B. B. 1987 *Foundations of orientation and mobility*. American Foundation for the Blind, New York.
Western Michigan University 1974 *Orientation And Mobility Notebook*. Author, Kalamazoo, Michigan.（講義資料，未発表）

第4章　歩行の指導法

　指導はその内容とともに方法が重要である。歩行指導の場合，指導内容が歩行とその関連領域に関して質的にやや難度が高く，量も多いことから指導内容に目が向きがちである。しかし，重要な指導方法が看過されてはならない。

1. 指導の意味

　教えるということは，対象児・者が理解し，その内容を習得できて初めて成立する。指導者がただ単に話しているだけでは指導にはならない。歩行指導では，対象児・者がどう理解したか，どの程度，理解したかに注意が払われず，単なる伝達に終始することのないように留意が必要である（芝田，1994）。

　たとえば，タッチテクニック（第9章参照）は，「白杖の握り方，白杖の構え方，白杖の振り方，白杖を振っての歩き方」に類別して考えられる。その中の「静止しての白杖の振り」を例にとると，白杖の握り方・白杖の構え方・白杖の振り方をまず解説（指導というよりは解説という表現が適切である）する。しかし，この解説は導入であり，これだけではタッチテクニックの獲得は困難である。つまり，この解説だけでは，指導とは言えず，ただ単に伝達しただけである。また，この解説にあたる導入の内容は文献・資料を参考にすれば，専門家でなくても可能である。この内容を習得できるようにするには，どのように進めていけばよいかを検討し，そして，最終的に対象児・者が習得できて初めて，指導が成立したということになる。対象児・者に話す（伝達する）ことと対象児・者が理解する（習得する）ことは異なる。したがって，指導者はその都度，どの程度，理解されたのかを評価しておくことが大切である。また，どのようにすればより理解が容易になるかの工夫も不可欠である。

2．学習心理学を基礎とした指導法

1）賞を主とした強化

　強化には正の強化と負の強化があるが，指導には正の強化が適用されるのが一般的である。また，正の強化の強化子として賞と罰があるが，ひとつのことが確実に学習されたら，賞による評価（誉める）によってその行動を強化することが重要である。この賞は，少しの進歩でも誉めるのだが，その程度にあわせて変化させることが大事で，低いレベルでは，少しのことでも誉め，徐々に，そのレベルを上げていくようにする（武田，1985）。

2）間欠強化と連続強化

　間欠強化による行動は，連続強化による行動より消滅しにくい。常に，誉めてばかりでは不適当で，学習中の課題については，常に賞を与えることによる強化でよいが，すでに学習し終わった課題については時々の強化が適切である。

3）直後強化と状況に応じた強化

　指導の必要な時は，その指導が終了した時にまとめて指導するよりは，その場で，即時に指導する方が効果的である。

　また，強化は，基本的には賞を主としたものが望ましいが，実際に強化の方法，強化子，強化の程度については，対象児・者のパーソナリティーや歩行環境，指導の進度などの状況に応じて異なる。たとえば，誉めるなど賞的なものを主とした強化が適切な状況があれば，小言的な励ましや注意など罰的なものを主として強化する方が効果的な状況も考えられる。

4）シェーピング，全習法，および分習法

　シェーピング（漸次接近法），全習法および分習法の技法は指導の各課題に応じて適用される。たとえば，白杖操作技術の中には，一度にすべてを学習するのは困難で，一つひとつの行動を別々に，また，場合によっては，ひとつの行動を分解して区切り，それを積み上げることで指導されるものがある。その中で非能率的な行動を減じ，必要なものだけを学習できるようにする。また，その区切り方も児童・生徒，重複障害者などの場合には，より細分化するなど，対象児・者に応じたものが必要である。

5）記憶の保持

　多くの研究が示しているように，集中学習より分散学習の方が勝る。記憶にお

いて重要なことは適度な休憩である（今田ら，1991）。このことから指導は速成せず，適当に休憩を挟みながらの方が，記憶面，体力面において効果的である。また，ファミリアリゼーションでは，記憶における逆向干渉を生じさせない配慮が欠かせない。その他，一般的な指導計画・カリキュラムや個別の指導計画では，指導した内容が，即，実際の場面で利用できるようにすることも大切である。

6）その他の留意点

子供の場合，まず，嫌なことや苦手なことをさせた後に，好きなことや上手にできることをさせると能率が上がるとされるプリマックの原理や，指導者の期待効果とされるピグマリオン効果も歩行指導に適用できる考え方である。

3．歩行における指導法の実際

1）言葉・表現と動機づけ

バイオリンの早期教育「鈴木メソッド」で有名な鈴木鎮一が，多くの名バイオリニストを育てることができたのは，その指導法が優れていることのほかに，指導者の人柄が魅力的であったことも大きな役割を果たしていると言われている。このように人間的魅力が指導者には求められるが，その重要な要素のひとつとして言葉・表現がある。特に，指導に好影響を及ぼすような表現が重要である。たとえば，ひとつの課題を遂行していく時，「これがだめだからやりましょう」より「これをもっと上達させましょう」という表現の方が，対象児・者に良い影響を与えるだけでなく，動機づけにもなる。表現の方法によって対象児・者の心理をポジティブにもネガティブにもするし，気持ちを切り換えていくことも可能である。

2）運動学習と習慣化

歩行指導における「運動感覚・運動」（基礎的能力）および「歩行技術の習得と駆使」「身体行動の制御」（歩行能力）は，基礎的能力の「知識」などとは異なり，運動学習である。たとえば，曲がりの認知・距離感（運動感覚），タッチテクニック・白杖による伝い歩き（歩行技術の習得と駆使），ビアリング後の修正（身体行動の制御），障害物回避・走行中の自動車回避（歩行技術の習得と駆使・身体行動の制御）などを指す。これらの運動学習は，少ない回数の指導では習得されにくい。また，一旦，その運動が習得されても安定せず，その習得度が低下することがある。したがって，習慣化（くり返し）による指導が必要で，指導者は

比較的，時間をかけて粘り強く，容易に諦めずにこれらの指導に取り組むことが必要である。

3）運動学習と対比

運動に関する指導の中で，不適切なものがあった場合，それは適切なものへと修正されなければならない。その時，適切な運動だけをくり返し指導するだけでなく，適宜，不適切な運動と対比して行う。対象児・者がその適切な運動を不適切な運動との対比で，明瞭に行動として意識できるよう強調すると，確実かつ容易にその適切な運動が学習されやすい。

4）行動主体指導法

歩行指導は，大別すると指導内容の理論的解説と実践的行動（歩行）で構成されている。この解説には，「なぜ，そうなるのか？」「どうして，こうしないといけないのか？」といった意味づけや行動の根拠がある。また，「こうなるにはどうすればよいか？」「なぜ，間違えたのか？」「間違いを修正するにはどうすればよいか？」といった対象児・者に主体的に行ってもらう理論的思考も包含されている。この理論的解説と実践的行動による一般的な指導法は，対象児・者の理解力に依存している。したがって，これによって理解でき，課題が習得できる対象児・者にはすでに指導に必要な基礎的能力が獲得されていることになる。

しかし，知的障害を伴う重複障害など基礎的能力が低く，学習能力に問題のある対象児・者にとって，理論的解説の実施や理論的思考を要求することは指導的に無意味であることが少なくない。そして，結果的に学習効果が表れ難い。筆者（1987）は，学習能力に障害のある対象児・者に適用できる行動主体指導法を提唱している（発表当時は習慣的指導法と呼んだ）。この指導法は，原則的に理論的解説や理論的思考を伴わず，行動方法に関する説明以外には，実践的行動とそのくり返しだけから成る指導法である。これは，子どもが母国語を自然に学習していく過程やテレビのコマーシャルを自然に記憶していく過程に類似している。

（1）理論的解説主体の指導法

理論的解説と実践的行動で実施される一般的な指導法の過程は次のような段階を踏む。まず，指導内容についての理論的解説がなされる。たとえば，「このようにするのはこういう理由からです」「こういう理由からこのようにすれば能率的です」「こういう理由からこのようにしないで下さい」などである。それから，実践的行動の方法が示される。その行動中に必要に応じて方法に対する補足的説

明がなされ，それに応じて必要な理論的解説がなされる。何度か行動が継続され，指導が完了する。

　つまずき（過誤）が生じた場合は，次のような指導過程になる。つまずきが起きると，つまずきの内容に関する理論的解説がなされる。たとえば，「このように間違えました」「ここで間違えました」などである。あるいは，つまずきについての理論的思考の要求がなされる。つまり，「どのように間違えましたか？」「なぜ，間違えたのですか？」などであり，それについて対象児・者に思考と解答が要求される。次に，つまずきからの修正法についての理論的解説がなされる。たとえば，「このように直します」「ここで直します」などである。また，つまずきに対する防止法やそれからの修正法についての理論的思考の要求が対象児・者になされ，必要に応じて行動方法が示される。ここでは，指導内容にもよるが，数回の指導でひとつのつまずきに対する防止法とその後の修正法が習得されるのが一般的である。

（2）行動主体指導法

　行動主体指導法の過程は次のような段階になっている。指導に先立つ「なぜ，このようにしなければならないか」といった理論的解説は行わず，行動方法が言語的に説明される。そして，実践的行動が要求されるが，この行動はその学習内容が習得されるまでくり返し実施される。その中で必要に応じて行動に関する補足説明がなされ，その学習内容が習得されるまで指導が継続される。

　つまずきの指導課程では，つまずきが起きると修正法の行動についての言語的説明がなされる。たとえば，「そちらへ行くと間違いだから，こちらへ行きましょう」「そうしないで，このようにしましょう」などである。理論的解説主体の指導法でみられた理論的思考の要求はなされない。そして，対象児・者に自力での修正も求められない。間違った箇所で，ただ「左へ行くのは間違っていますので，右へ行きましょう」と解決法や正解が示されるだけである。そして，つまずきが起きなくなるまで同じ行動が何度もくり返される。

　この指導法の場合，内容の質的程度（難しさ）や習得量の程度には限界がある。また，理論的解説主体の指導法よりは時間を必要とするといった制約はある。しかし，行動習得の可能性がある。なお，以下の後述する3事例はこの行動主体指導法で実施したものである。

　①事例9-5（第9章参照）

②事例10-2（第10章参照）
③事例11-5（第11章参照）
5）指導項目主導型・環境主導型指導法
　指導項目主導型・環境主導型指導法とは，カリキュラム作成（第4章参照）や指導の進め方の基礎となる指導法である。歩行指導はこの両者を適宜，組み合わせて実施される（芝田，1994）。
（1）指導項目主導型指導法（直列型カリキュラム）
　指導項目主導型指導法でのカリキュラムは，あらかじめ指導項目がその指導の順に並べられており，対象児・者のニーズや環境の状態に直接関係なく，その準備された指導項目の順に指導していく方法である。したがって，どのような対象児・者に対しても同様の一般的な指導計画・カリキュラムが適用されるため，指導者にとっては指導しやすい方法といえる。
（2）環境主導型指導法（並列型カリキュラム）
　環境主導型指導法でのカリキュラムでは，概略的な指導順序は定められているが，詳細な指導項目は並列的になっており，指導していく中でその指導項目に関することが出てきた時点，あるいは，その指導項目が必要になった時点で，それについて指導が行われる。したがって，この指導法では，指導者にあらゆる環境に即応した指導項目が前もって把握されていることが条件となるため，一定以上の高い指導能力が要求される。また，対象児・者からすれば，この指導法によって指導された方が理解は容易だろう。ただ，この指導法で指導した場合，その指導環境では遭遇しなかった指導項目は未指導となるため，指導者は欠落部分がないように注意しておくことが切要である。

6）その他の指導法
　その他の指導法として以下がある（芝田，1994）。これら以外にも，細分化すればさらに多数の指導法が考えられる。歩行指導では，指導者が単一の指導法のみを常に使用するのでなく，その対象児・者に応じた指導法を用いることが必要である。なお，以下の各指導法もそのどちらかに偏倚して指導するのではなく，そのすべてを適宜，使用することにより能率的な指導が考えられなければならない。また，1人の対象児・者に対しても，いつも同様の方法だけに固執するのでなく，その指導状況，指導内容の難易度，対象児・者の心理状態などを考慮に入れて，その場に応じた指導法を採用することも重要である。

（1）教授型指導法と非教授型指導法

　教授型指導法と非教授型指導法は，指導全般に関する指導法である。教授型指導法（指導者主導型）は，いわゆる，教える指導で，指導者が「ここはこのようにします」「このようにしないで下さい」などと一つひとつ指導していくものである。それに対して，非教授型指導法（対象者主導型）は，いわゆる，教えない指導で，板倉（1984）が提唱する仮説実験授業の考え方に類似したものである。つまり，どのように行ったらいいのかを対象児・者に考える猶予を与え，必要に応じてヒントを出しながら答えを導くことによって理解を進めていく指導法である。非教授型指導法は時間を要するため指導者に忍耐力が要求される時があるが，対象児・者によればこの方が指導が行き届きやすく，効果がある。スポーツ・運動の分野でも比較的この方法を中心に進められることが多い。

（2）指示型指導法と非指示型指導法

　指示型指導法と非指示型指導法は，上記の教授型指導法と非教授型指導法に関連するものである。歩行指導では，その対象児・者が今までの生活経験や生活習慣などによって，その方法や考え方をすでに持っている場合がある。そういう時，指導者は，歩行指導を進めるにあたっての条件から，その対象児・者がすでに持っている方法や考え方を基盤にするのか，変更していくのかを決定しなければならない。これは，その際に関連する指導法である。

　指示型指導法では，たとえば，地図的操作における行動計画（歩行能力），使用するランドマーク，援助依頼をする場所などを最初から逐一指示していく方法である。一方，非指示型指導法は，上記の例などを，最初はその対象児・者の方法や考え方にそって行い，その後，歩行の条件の見地から必要な部分に指導を加えていく指導法である。しかし，実際は，その対象児・者の能力，歩行環境，指導内容などに応じて指示型指導法，非指示型指導法を連合させた形態で指導し，どちらに比重を置くかをその都度検討していくことが大事である。

（3）意図的指導法と非意図的指導法

　意図的指導法と非意図的指導法は主に，つまずきの指導などに関する指導法である。意図的指導法は，駐車場に入り込む，交差点横断前の方向と位置に関する誤りなど，つまずきが起きそうな場面で，指導者が安全などは確保した上で，指導者が対象児・者に意図的につまずきを経験してもらう。つまずきを起こしやすい場所とはどのようなところか，その内容はどのようなものか，つまずきを起こ

さないようにするにはどの点に注意すればよいか（つまずきの防止），さらに，つまずきを起こした場合の対処の方法（つまずき後の修正）を指導するものである。

それに反して，非意図的指導法ではつまずきに関しては特にふれず，その時の指導課題を遂行していく中で対象児・者が実際につまずきを起こした場合，その時点で上記の内容について指導するという方法である。したがって，この方法では，指導者はつまずきに関する事例，内容，種類などを把握しておかなければならず，経験豊かな指導力が求められる。ただし，つまずきが生起しなかった場合，それは偶然なのか，対象児・者の実力なのかの判断が求められる。その上で，もし前者であれば意図的指導法による指導が必要となる。

（4）言語指示優先型指導法と行動指示優先型指導法

言語指示優先型指導法ではまず，その行動の遂行方法について言語的に説明・指示をしてから，実際の行動に移る。また，最初に行動についての目的，それに関する事項などを説明し，対象児・者が理解してから実際に行動に移る方法である。行動指示優先型指導法では，最初にはあまり詳細に言語的指示は行わず，とりあえず行動してから適宜，必要事項を説明・指示していく。また，実際に行動してからその行動の目的，それに関する事項などを説明する方法である。

言語指示優先型指導法が，最初に頭で理解してから行動を起こすのに対して，行動指示優先型指導法ではその行動をとりあえず遂行するため，いわゆる「身体で覚える」学習ができる。ケースによるが，後者の方が比較的理解しやすく，学習しやすいであろう。

（5）直接的指導法と間接的指導法

直接的指導法は，たとえば，動機づけであれば「がんばれ」などと言うことによって，直接的にその意欲を高揚させようとするものである。また，歩行能力における歩行技術の指導であれば，たとえば，「手をもっと上へあげて下さい」「腕を右へ寄せて下さい」などその内容を明確に指示し，直接に指導する。したがって，この指導法はイソップ物語の「北風と太陽」における北風のような指導といえるだろう。

一方，間接的指導法は，動機，意欲を阻害している要因を除外することによって結果的に動機づけをするのである。たとえば，何か悩みがあってそれが意欲を阻害しているのであれば，相談支援やカウンセリングなどによってその阻害要因

を解消してから指導に入る。また，行動面においては，その喚起したい行動にはあまりふれず，他の行動を修正することによって，結果的に最初の行動が獲得できるように指示・指導するものである。この指導法はイソップ物語の「北風と太陽」における太陽のような指導といえる。

（6）順向的指導法と逆向的指導法

　順向的指導法と逆向的指導法は，幼児の指導やしつけなどに活用できる指導法といえる。順向的指導法はひとつの行動をその最初の動きから少しずつ積み上げて，最終的にその目的の行動を学習し，完成していく方法である。それに対して，逆向的指導法ではひとつの完成した行動のうち，最終的な動きから逆に少しずつ学習していき，最終的にその行動を完成し，学習する方法である。

　言い換えると，最初は，完成したある行動のうち大部分を指導者が補助し，最後に残った部分を対象児・者が行う。そして，その補助の量を減じて，つまり，対象児・者が行う部分を増加させていくことによって最終的にひとつの行動を学習する指導法である。

　その他，この2つに比して順序性は無視し，その行動の中で対象児・者自身でできる部分から行い，徐々に対象児・者のできる部分を増やして，最終的にすべてを完成していく，非順序的指導法も考えられる。

【引用・参考文献】

今田　寛・宮田　洋・賀集　寛（編）　1991　心理学の基礎改訂版　培風館
板倉聖宣　1984　仮説実験授業のABC─楽しい授業への招待─　仮説社
芝田裕一　1987　学習的指導法と習慣的指導法　歩行指導研究，2，3-5．
芝田裕一（編）　1994　視覚障害児・者の社会適応訓練第2版　日本ライトハウス
芝田裕一　2007　視覚障害児・者の理解と支援　北大路書房
芝田裕一　2015　視覚障害児・者の理解と支援［新版］　北大路書房
武田　建　1985　コーチング─人を育てる心理学─　誠信書房

第5章 指導の理念と考え方

　指導の基本的理念，歩行指導を実施するにあたっての考え方やあり方，歩行に対する不安などの対象児・者の心理や心情への適切な考慮や配慮は歩行指導の重要な基盤となるものである。さらに，安全性の基準を含む歩行の条件の考え方，歩行能力の体系や考え方も歩行指導を実施する上での大切な基礎となる。

1．指導の基本的理念

1）指導の目標と援助

　指導は，視覚障害児・者の能力が最大限に向上することを目標として実施される。その能力を習得する過程での援助，つまり，視覚障害児・者が行いやすいように環境などの操作や手助けをすることが必要となることはあるが，その援助のために視覚障害児・者の能力が向上しない，あるいは低下するようなことは避けなければならない。一般に，障害児・者には援助が必要な状況はあるが，指導者は，指導・教育・リハビリテーションとしての立場（指導者）と介護・援助・福祉としての立場（介助者），さらにその考え方を混同しないことが切要である（芝田，2007，2015）。

2）ニーズと能力

　指導によって，視覚障害児・者は順次，能力を習得していくが，結果としての能力は必ずしも視覚障害児・者のニーズとは一致しないことがある。つまり，能力がニーズを上回っている場合（ニーズ＜能力）や，その逆という場合（ニーズ＞能力）もある。指導者には，こういう状況を正確に判断し，視覚障害児・者に対しては適切なアドバイスを行うことが必要になる。そのため，歩行指導においては，まず，視覚障害児・者のニーズを考慮しながら指導の内容・進め方などの概要を紹介・説明した後，そのニーズにそって必要な，そして，視覚障害児・者が了解した内容で行う。ただし，ニーズは，指導が進行していく過程で，習得さ

れた能力の状態によって当初とは変化していくケースもあることを考慮する。

3）能力の可能性と限界

　指導者には，指導の目標を達成するために，視覚障害児・者の可能性を最大限に引き出そうとする姿勢は必要であるが，危険な状況や事故に繋がる状況が想定されるような能力の限界を常に見定めることが肝要である。ただし，これは単独歩行（後述）における限界であるため，限界を越えた環境や状況における手引きによる歩行指導などが忘れられてはならない。

4）効率的・効果的な指導

　視覚障害リハビリテーションでは，歩行指導はその視覚障害児・者のニーズを，歩行の条件を満たしながら，カリキュラム・指導内容・指導時間などにおいて無理をしない範囲で，可能な限りはやく達成するということが目指される。そのため，指導者には効率的・効果的な指導を心がける努力が欠かせない。

5）実生活に備えた指導

　指導は実生活に備えたものである。そのため，「指導のための指導」やその場限りの指導とならないよう，機会を捉えて視覚障害児・者が多くのことを経験（指導）できるよう心がける。

6）個々に応じた指導

　対象児・者のニーズを含む歩行指導の目標，対象児・者の生活地域の特性（過疎地域，繁華地域，交通機関の利用可能地域など）・性格・考え方，対象児・者の能力・歩行指導の進度など，および後述する歩行の条件の考え方を基底として，常にその対象児・者に応じた指導が検討され，実践されなければならない。

2．実施における考え方

1）歩行過程の重要性

　歩行指導の場合，評価対象として目的地が発見できるというのは重要である。しかし，それより重要なことはその歩行過程の内容である。評価対象は，まず4つの歩行の条件（第1章参照）がある。すなわち，全体的総合的にみて，その歩行は安全性が確保されたものであるか，さらに，能率性，社会性，個別性は適切であるかである。その他，基礎的能力，歩行能力の各々も評価対象となる。

2）単独歩行と指導者の存在

　単独歩行は，家族，友人，知人などの手引きによらない歩行ではあるが，援助

依頼は欠かせない歩行能力である。つまり，単独歩行とは，「歩行前に必要な情報を得えた上で，歩行途中で環境認知が困難になった場所や未知地域で必要に応じて社会に援助を依頼しての歩行」と定義できる。単独歩行を可能とするためには，指導者が側にいる時だけ歩けるというような状態にならないよう注意する必要がある。そのため，指導者は指導がすべて終了した後は，視覚障害児・者が単独で歩行するという点をしっかり認識しておき，安全性の確保はしながらも，指導者の介在を徐々に減少させていくことを意識して指導を実施する。

3）次の指導内容を考慮に入れた指導

ひとつの歩行技術の指導時には，それ以降の指導内容に関して以下のことに留意しておく。

①次の指導内容習得の可能性はどうか。
②可能性がある場合，その指導内容の習得がより容易になるには，この指導段階で基礎的能力，歩行能力のどの点を改善し，向上させておくか。

つまり，それ以降の指導内容をその対象児・者が習得していくことを念頭に置いて現時点の指導を実施するということである。たとえば，基礎的歩行技術（第9章参照）の指導を実施している時にその指導を通して，歩道のある交差点横断，信号の利用などの歩行技術，道路における歩行指導（第10章参照），交通機関の利用における歩行技術の指導（第11章参照）など次の指導内容において上記の点を考慮しておくのである。

また，一般に非常に難易度の高い交通機関の利用が目標に入っているケースでは，すでに手引きによる歩行技術，タッチテクニックなど白杖操作技術，基礎的歩行技術の初期段階での歩行指導において，指導者には常に終盤に実施される交通機関の利用に関して上記の点が意識されていることが必要である。

4）「どうすれば習得できるか」の指導

歩行指導は，視覚障害児・者の生活，そして自立における教育的ニーズやリハビリテーション的ニーズにそったものであるため，いわゆる「できるか」「できないか」のチェックや評価が目的ではなく，一般的にいう指導とは多少異なり，「どうすれば習得できるか」が目的とされ，常に念頭に置かれる。

5）程度に応じた課題

対象児・者が容易に習得できない場合や対象児・者に誤った行動が起きた場合，指導者がその対象児・者の能力を超える要求が原因となっている時があるため，

その対象児・者に応じた，そして適した課題を設定することが心がけられる。

6）対象児・者の選択能力

選択能力とは，基礎的能力の心理的課題の知的理解に関することである。指導の進め方を左右するのは，その環境や状況に応じてどのような歩行技術を選択・使用するか，地図的操作や身体行動の制御を通してどのような方法で歩行するかなどを適切に選択できるという能力がその視覚障害児・者にあるかどうかである。選択の基準は歩行の条件であるが，一般に，選択能力が高ければより広範囲な地域における歩行の可能性が高くなる。したがって，自分で選択が可能な視覚障害児・者には，その環境や状況に応じてどの歩行技術やどの歩行方法などを選択すれば適切かを指導する。一方，選択が困難な視覚障害児・者の場合は，適切な歩行技術や歩行方法を指導者が定めて指導することになる。

3．対象児・者心理の考慮

対象児・者の心理は，基礎的能力の心理的課題と関連が深い。

1）対象児・者の立場の尊重

歩行指導は，対象児・者の立場を尊重し，人間・障害者を理解する姿勢（第2章参照）の基に実施される。したがって，不要なストレスを与ないことを心がけて障害者の理解に必要な考え方を基盤に行われなければならない。特に，指導者の立場にある者の言葉は一種の暴力ともなることを認識し，丁寧な言動で冷静に指導にあたることが大事である。

また，歩行訓練士の養成ではアイマスクによる疑似障害体験が演習（歩行実技）として実施されるが，その時，問題なく歩けた受講者が理想的な指導者になるとは限らない。その疑似障害体験を通して，視覚障害児・者が歩行する際の困難やストレスなどの心理面の理解，視覚障害児・者への共感などの認識が必要である（芝田，2007，2012，2015）。

2）対象児・者の意欲と自信

歩行指導は，対象児・者が主体的に希望することから開始されるのが前提である。そのため，指導者に強いられて歩かされているといった意識を持たれないよう常に配慮しなければならない。それにはまず，指導の開始に際して，対象児・者が意欲を持って自ら歩行すること，対象児・者が習得しようとする意思を保持・持続させることに対する相互確認が必要である。また，習得した内容，留意

を要する内容，今後の課題などについて行動だけでなく，対象児・者に言語的に確認することで自信や自己効力感（セルフ・エフィカシー；self-efficacy，坂野・前田，2002）につなげる配慮も大切である。

3）歩行における恐怖感・不安感

　晴眼者の場合，歩行というのは恐怖感・不安感を伴うような大変なものではなく，むしろ，散歩や散策というような面を持つ気楽で快適な運動といえる。しかし，視覚障害児・者の場合，歩行は常に危険が伴う。その恐怖感・不安感，さらに緊張感は，視覚によって安全性の確保の可能な晴眼者とは比較にならない。一般的に，視覚障害児・者にとって歩行は，目的地に到達するという主旨のもので，散歩や散策は困難な，非常に大変な行為と言えるだろう。指導では，視覚障害児・者の恐怖感・不安感を念頭に置き，それらの軽減に配慮が不可欠となる。

　恐怖感・不安感は，歩行指導の初期，また，未知の課題や歩行環境に取りくむ際に顕著になることが多い。これを低減させるために，歩行技術の指導においては，手引きによる歩行および屋内歩行という平易で安心感の得られるものから開始される（第6章参照）。その段階で不安感・恐怖感の低減が認められれば，白杖操作を経て道路歩行，交通機関の利用へと進められる。

　また，指導環境では，タッチテクニックの習得の場合，静止しての白杖の振り，屋内や静かな遊歩道などによるリズム歩行や直進歩行，車音の少ない道路というように閑静な環境から繁華な環境へと進められる（第9章参照）。心理的には，全体を通したラポートの形成，指導中の声による誘導および激励的，共感的な声かけなどが行われる。また，少しでも安心してできる課題から始めて，徐々に不安を軽減させていく，失敗や過誤があればすぐに同じことをくり返して不安感の増大や自信喪失に陥らないようにするといった配慮も大切である。

　これらの配慮の結果，不安感・恐怖感が低減し，自信の保持につなげることが大切である。しかし，不安感・恐怖感が低減せず，それが安全性の確保に影響を及ぼすようであれば歩行地域は限定されることになる。また，逆に自信過剰となる結果，安全性の確保に問題がある場合もやはり，歩行地域が限定される。不安感・恐怖感の低減および自信の保持には，歩行指導全般を通した主要な課題である。

　晴眼者にとって，疑似障害体験などを行っても理解の難しいものがこの視覚障害児・者の歩行における恐怖感・不安感，そして緊張感であり，安易に考えないようにしたい。加えて，視覚障害児の指導では楽しく歩行に取り組めるような配

慮も心がける。なお，恐怖感・不安感を持つケースに対応した指導の事例は後述している（第6章事例6-1，第9章事例9-4参照）。

4）ラポート

歩行指導は一対一で進められるのが原則であるため，対象児・者とのラポート（ラポール）は不可欠である。ラポートの形成には，指導以前に，その対象児・者を一個の人間として理解し，その人格を尊重する態度が重要である（第2章参照）。たとえば，注意をする場合など，対象児・者の人格を傷つけるような言動に対しては，信頼関係はある程度保持できるかもしれないが，ラポートに必要な親密性といった心情は生まれてこない。ケースワークにおける面接において，大塚ら（1994）は傾聴，共感的理解，支持，助言などが基本であると指摘し，武井ら（1994）はクライエントの気持ちを汲むことの大切さを述べている。それらを踏まえ，以下にラポートの形成に際して指導者に求められる姿勢を示す。

①心理学の立場から人間行動全般についての知識を有すること。
②対象児・者に共感すること。
　共感に必要な能力には，a. 他者の視点に立つ能力，b. 他者の情動経験の種類や内容を読み取る能力，c. 他者と類似した情動経験をする能力，d. 障害者の表情，言動といった外観的なものだけでなく，その内面を読み取る能力，e. 障害者の心理・心情を読み取るには，短時間では不十分であるため継続して努める能力がある（Feshbach, 1975；芝田, 2007, 2015）。
③よい話し手である前にまずよい聞き手であること。
　傾聴に必要なものとしては，a. 適正な話しやすい，相互にリラックスできる距離をとり，目線を同じ高さとする，b. 当事者の精神的情緒的レベル（リラックス度，緊張感など）に合わせる，c. 真剣で熱心な態度を示す，d. よそ見をせず，当事者に注目する，e. 適切に相づちをうつなどがある（芝田, 2007, 2015）。その他，東山（2000）は，f. 問う（ASK）より聞く（LISTEN）こと，g. 話し手の波に乗ること，h. 評論家にならないことなどもあげている。
④対象児・者に対する偏見や先入観を排除すること。
⑤常に客観的に判断すること。
⑥対象児・者の能力が向上することを念頭において指導にあたること。
⑦一貫性をもって指導にあたること。

⑧対象児・者の疑問や質問には丁寧かつ正確に対応すること。
⑨指導時間外，たとえば休憩中では，対象児・者の好む話題を中心に話を進め，必要に応じて指導者も自己開示をすること。

5）用語・表現

　歩行指導にはカタカナ（英語）を含む専門用語が多数あり，それらは筆者などによって可能な限り意訳した日本語に変更されているが，それでも対象児・者にとっては難しい場合がある。そのため，指導は平易で分かりやすい用語・表現による実施を心がける（芝田，1996）。たとえば，対象児・者によって「タッチテクニック」は「白杖をつく方法」，「スライド法」は「白杖を滑らす方法」，「ファミリアリゼーション」は「説明」，「つまずき」は「誤り」，「SOC」（第10章参照）は「入り込み横断」，「ハインズブレイク」（第14章参照）は「適切な手引きへの変更」などと変えて指導する。

4. 歩行の条件の考え方

　視覚障害児に対する歩行の条件の考え方は第20章でもふれている。

1）条件の基準となる方法

　タッチテクニック，基礎的歩行技術などの「基本となる標準的な指導内容・方法」は，歩行の条件を満たしている基本的で最良のものである。しかし，その他の方法が的確性を欠くという訳ではなく，その対象児・者とその環境に応じた適切な方法が存在する。その方法を見出すこと，さらに，歩行の条件に即してその方法を適切と判断することは容易ではなく，歩行指導に専門性（第2章参照）が必要とされる大きな要因となっている。

　この適切な方法とは，安全性が確保されている範囲内での複数の歩行方法の中で，能率的で，見た目に自然な動きや容姿（社会性）で，その視覚障害児・者が了解・希望する方法（個別性）を意味している。個々に応じた指導や歩行の条件の考え方が等閑視され，「基本となる標準的な指導内容・方法」の習得が困難であるケースに対しても画一的にこれらを強制することは，真の歩行指導とはいえない。

2）安全性と能率性の関連

　能率性の検討・向上は安全性の確保に次ぐ第二義的なものであり，安全性を低下させてまで追求されるものではない。「このルートで行く方が早く目的地に着く」「このように角を曲がった方が簡単だ」「この白杖操作よりこちらの方が楽だ」

など理解しているようでも安全性が軽視され，能率性が追求されがちである。能率性を過度に追究することは安全性の低下を招来させることがあるため，能率性の検討はあくまで安全性が確保されている範囲内において行われる。

3）安全性・能率性・個別性と社会性の関連

社会性は，安全性が確保されている範囲内でどの方法が見た目に自然なものかが能率性や個別性を含めて検討される。視覚障害児・者にとって見た目に自然な動きや容姿は分かりづらいものであるため，その多くは指導者からのアドバイスや指示の元に視覚障害児・者が了解することが基本とされる。

4）安全性・能率性・社会性と個別性の関連

どちらかといえば，成人である視覚障害者に多くみられるが，歩行指導で習得した方法以外の対象児・者独自の方法で歩行する場合がある。普段の歩行指導でその対象児・者の意見に傾聴したり，その行動を観察することによって，少なくとも危険な歩行方法は取らないような指導が行われなければならない。

白杖操作技術，道路横断，信号の利用，交通機関の利用，ルート作成，援助依頼など各項目において，まず，「基本となる標準的な指導内容・方法」を確実に指導することが大切である。つまり，指導者には，各項目の内容・方法について「なぜこのようにするのか」の説明，対象児・者の意見の傾聴，対象児・者の了解，習得のための無理のないアドバイスや継続をおろそかせず，指導責任を果たす努力が求められる。

たとえば，タッチテクニックの指導（第9章参照）が十分行われたにもかかわらず，白杖を持つ右手の手首を身体の中心になるように構えることがなかなか定着せずに右側へ少し偏り，対象児・者自身も「手首を身体の中心になるように構えるのはやりづらい」という意見があるとする。その場合，白杖は対象児・者の希望により身体の中心よりは右側へ少し偏らせるが，両方の肩幅は白杖によってカバーするという安全性の確保が必要なため，白杖を少し長くして左側への振りを多くするように変更するのである。

このように，指導者の指示以外の方法をその対象児・者が希望した場合，歩行の条件である安全性の確保は，個別性の検討に優先するということを念頭に置き，その対象児・者が希望する方法が安全面で妥当なものかどうかが判断・検討される。たとえば，その対象児・者が希望する指導者の指示以外の方法が危険ならばどのように危険なのかが再度説明され，対象児・者が了解することによって，指

導者の指示どおりの方法で実施される。あるいは，その対象児・者が希望する方法に変更が付加されることによって安全性が確保されるならば，その変更されたより安全な方法が採用されるのである。

したがって，極端な場合，個別性としてその対象児・者が希望する方法が，「基本となる標準的な指導内容・方法」から逸脱した非能率的で無駄のある，さらに社会性として見た目に不自然なものであっても安全性が確保されているならば，それがその対象児・者に指導されることになる。しかし，それはあくまで，「基本となる標準的な指導内容・方法」が十分指導されるということが前提である。

5．安全性の基準と確保

1）歩行における事故とその防止

視覚障害児・者の歩行において発生する事故には，ホームからの転落，電車乗降時にホームと電車の間に転落，階段など段差からの転落，自動車・トラック・自転車・バイクなどによる交通事故，障害物との衝突といった視覚障害児・者が被害者となるものとともに，他の通行者を白杖で転倒させるといった視覚障害児・者が加害者となる場合（下重，2003）がある。視覚障害児・者の歩行における事故原因には，研究的な報告（安部ら，2004）や新聞などの報道，それに筆者が直接視覚障害児・者から受けた報告などから総合すると，社会・環境サイドおよび視覚障害児・者サイドに分けられる。

まず，制度を含む社会・環境サイドにおける事故の原因として以下が考えられる。

①制度の不備——総合的な安全対策の不備，道路交通法の不備など

②関係者による安全管理の不備——警察による違反取り締まりの不備，必要なガードマンの未配置，電車・バスの停車位置の通常との相違，積雪・除雪・工事など道路環境における通常との相違など。

③歩行補助設備の不備——必要な視覚障害者誘導用ブロック・音響信号・音声誘導装置・可動式ホーム柵（ホームドア）などの未設置など。

④安全設備の不備——必要な箇所における歩道・横断歩道・信号・ホーム柵などの未設置，段差の適切なコントラスト・表示文字拡大など弱視児・者への配慮の不足など。

⑤視覚障害児・者に対する理解の低さ——適切な援助の不足，視覚障害歩行者

に対する配慮の不足など。
⑥判断の過誤，注意力の不足，意図的な不安全行動，不道徳な行為——違反を含む無謀運転，飲酒運転，駐車違反，不法駐輪，物品・看板・露天などによる道路の不法占拠など。

このような社会・環境サイドが原因となる事故防止のためには，まず，道路交通法の改善（芝田，2007，2015）など①制度と②関係者による安全管理を整備することが重要であり，前提となる。そして，それに基づき，③歩行補助設備と④安全設備の整備が必要とされる。しかし，整備が進んだとしても，⑤視覚障害児・者に対する理解の低さ，および⑥判断の過誤，注意力の不足，意図的な不安全行動，不道徳な行為に起因する事故は防止できない。これらの原因の中の人為的なものには，一般にいわれるヒューマンエラー（意図しないうっかりミス）が含まれる。ノーマン（**Norman**, 1981）はこのヒューマンエラーを行為の意図が誤っていた「ミステイク」と，意図は正しくても意図したように行為することに失敗した「アクション・スリップ」に分類している（三浦・原田，2007）。さらに，人間の素質や精神状態などの内的なもの（安易・慣れ・近道・省略行動）もヒューマンエラーの原因として指摘されている（大山・丸山，2001）。

人為的な事故防止には，まず社会の視覚障害児・者を含む障害児・者全体に対する総合的な理解の高揚，および視覚障害歩行者に対する注意の喚起と関連する啓発が必要である。この啓発には，教育における障害理解教育，個々人を対象とした個人啓発，そして，広く社会を対象とした社会啓発がある。さらに，社会に対する適正な判断と注意，意図的な不安全行動と不道徳な行為の防止が図られなければならない（芝田，2007，2015）。それにはヒューマンエラーの研究成果も期待される。また，これらのためにも，視覚障害児・者の歩行を可能とする要因（第1章参照）の「社会の障害理解の向上」および「歩行環境など物理的環境・用具の整備・開発」は不可欠である。

次に，視覚障害児・者サイドの事故原因であるが，それは以下のような基礎的能力に関するもの（①〜③），歩行能力に関するもの（④〜⑥）に類別できる。
①知識——能力の限界を越えた場所での単独歩行，危険個所における無理な歩行，道路交通法に違反した歩行などの危険に対する知識の不足など。
②感覚・知覚——車音など聴覚的な勘違い，視覚的な勘違い（弱視児・者の場合）など。

③心理的課題
　　a．判断の過誤——走行中の自動車回避，交差点横断，電車乗降，ホームでの歩行など．
　　b．注意力の不足——その地域に習熟しすぎて注意が散漫になる，他の外的刺激に気を取られる，他のことを考えるなど．
　　c．意図的な不安全行動——安全性の確保が困難な状況下における白杖の不携帯，必要な歩行技術の省略，危険箇所において必要な援助依頼を行わない，基礎的能力・歩行能力の駆使が不十分な程度の飲酒など．
④歩行技術の習得と駆使——白杖操作法（基本操作，ホームでの歩行方法など）・道路歩行・交差点横断・信号の利用・電車乗降など安全性の確保に必要な歩行技術の習得不足など．
⑤地図的操作と環境認知——その環境についての情報不足，メンタルマップの過誤・勘違い・忘却など．
⑥情報の利用——援助依頼の能力不足など．

　以上の原因のうち主に③の心理的課題には前述のヒューマンエラーが含まれるが，他の①②④⑤⑥などとともに歩行指導による能力向上によって事故回避の可能性は向上する．しかし，実際の歩行では視覚障害児・者自身の習得した能力駆使における適切で総合的な判断力，注意力，および意図的な不安全行動を取らないことが事故を防止するカギとなる．

　その他，指導者サイドの事故原因も想定できる．それには，専門的養成機関修了者でない指導者による指導，指導者による指導過誤，ファミリアリゼーションの過誤・不足などが考えられる．これらの対応として，歩行訓練士の資格化，歩行訓練士の増加，歩行訓練士の指導力の向上・指導に対する責任の自覚などが希求される（第2章参照）．

2）安全性の基準

　一般的に歩行中の事故は，その歩行者の歩行能力以外に以下のひとつあるいは複数が原因となっている．
①環境に関する安全政策・設備の不備
②加害者の判断の過誤，注意力の不足，意図的な不安全行動
③被害者となる歩行者の判断の過誤，注意力の不足，意図的な不安全行動
　問題のない歩行能力を持つ晴眼者でも以上のような状況となれば安全性の確保

は難しく，それは視覚障害児・者も同様である。したがって，歩行指導における視覚障害児・者の安全性は，晴眼者と同レベルの安全性が確保されるよう歩行能力を習得することが基準となる。

つまり，視覚障害児・者の努力だけでは安全性の総合的な確保は難しく，事故が起きる可能性は否定できないということを社会は認識し，まず，「①環境に関する安全政策・設備の不備」の解消，「②加害者の判断の過誤，注意力の不足，意図的な不安全行動」の防止に努めなければならない。それに加えて，歩行指導によって安全性を確保する方法を習得した視覚障害児・者には，「③被害者となる歩行者の判断の過誤と注意力の不足，意図的な不安全行動」の防止に代表されるように，判断力・注意力を高揚させる，意図的な不安全行動を取らないなどその歩行能力を駆使することによって自己の安全性を確保することが必要となる。

3）安全性確保のための考え方

視覚障害児・者には危険の程度の判断がしづらい状況がある。そのため，歩行指導を通して，安全性を確保するためにはどのように考えれば，そしてどのように行動すればよいのか，危険な場所や状況とはどのようなものかなどに関して以下のような具体的，経験的（体験的）な指導が行われる必要がある。それによって危険性に対する判断力の向上が図られる。

（1）安全性を確保するための考え方と行動

①その状況では危険性はなくても異なった状況では危険な場合がある点の指導
②事故につながるような危険な行動（歩行）を避ける方法の指導
③事故につながるような危険な場所に関する知識の指導

（2）危険な場所における歩行方法

①歩行技術の習得と駆使――白杖による伝い歩き，スライド法など
②地図的操作――危険な場所を避けるなど
③身体行動の制御――歩行速度を遅くする，歩幅を短くするなど
④情報の利用――援助依頼

4）安全性確保の例とまとめ

安全性を確保するための歩行指導の例，およびそのまとめを次に示す。

（1）安全性確保のための例

①障害物回避――その車が軽自動車であってもトラックと同様に回避し，その車のサイドミラーや対向車に注意する。

②道路横断，信号——基礎的歩行技術（第10章参照）の段階では，横断のタイミングに注意を向け「今，横断できるタイミングだ」「この車音量ではあぶない」などと必要に応じてフィードバックを行う。そして，より安全なタイミングを獲得できるようにする。

③交通機関の利用——白杖による確認など，電車乗降の方法を確実に遂行し，その一部を省略をしない。

④駅のホームの歩行——ホームの歩行では，ホームで方向を逸する，あるべきランドマークがない，あるべき階段がないなどつまずいた場合，駐車場へ入り込んだ時などとは違い，白杖で周囲をさがすなどの行為はせず，すみやかに援助依頼をする。

（2）安全性確保のまとめと留意点

①基礎的能力および歩行能力に基づいて安全な歩行方法を習得する。

②事故の誘因となるような危険な行動に関する理解を高め，関連する行動を取らないようにする。

③事故の誘因となるような危険な環境に関する理解を高め，関連する環境での対処方法を習得する。たとえば，同一環境であっても状況に応じて危険性が相違する場合があることを理解する。

④視覚による確認が困難であることに起因する危険性やその程度に関する理解を高める。

6．歩行能力の体系

1）歩行能力の構造

歩行能力は5つあるが，後述するように実際の歩行ではこれらの各能力が短時間に複雑，かつ継時的に駆使される。すでに述べたようにアメリカでは視覚障害児・者の歩行をオリエンテーションとモビリティーと言う（第1章参照）。これに適用するとオリエンテーションは地図的操作および環境認知で成り立ち，モビリティーは歩行技術の習得と駆使および身体行動の制御で成り立っているといえる。これらが相互に連係して歩行を形成している。それには，予測，推論，仮説といった基礎的能力の心理的課題（推理力）が必要とされることがあり，それに応じて認知的，行動的にそれを確認するという動作も必要となる。

なお，これらのうち歩行技術の習得と駆使は，視覚に障害があることからその

必要性が生じるものであるが，それ以外の地図的操作，環境認知，身体行動の制御，情報の利用は晴眼者にも必要な歩行能力であり，その習得・駆使は視覚によって容易である。しかしながら，晴眼者であっても，いわゆる「方向おんち」で歩行中に迷うなどの地図的操作や環境認知におけるつまずき，不注意で歩行時に自身の手，肩，足などを物にぶつけるなどの身体行動の制御におけるつまずき，援助依頼や地図の読み取りがしづらいなどの情報の利用におけるつまずきなどは見られる。

2）歩行技術の意味

白杖による歩行技術は，単に白杖操作だけにとどまらず，障害物の回避，走行中の自動車回避など，歩行技術全般を含んでいる。しかし，その歩行のどこまでが歩行技術で，どこからが身体行動なのかは明確には分化し難いところがある。また，白杖による歩行さらに，歩行技術の中の手引きによる歩行，盲導犬による歩行は，歩行技術以外の視覚障害児・者の歩行能力を程度に応じて補完している。つまり，手引きによる歩行では，環境認知，地図的操作，身体行動の制御は手引者に依存可能であり，また，盲導犬による歩行では，環境認知，地図的操作の一部と身体行動の制御の多くは盲導犬に依存可能である。

3）歩行における各能力

視覚障害児・者の歩行において，基礎的能力（知識，感覚・知覚・運動・社会性・心理的課題）と歩行能力（歩行技術の習得と駆使，地図的操作，環境認知，身体行動の制御，情報の利用）が実際の場面でどのように使用されるかを歩車道の区別のない交差点横断（第10章参照）を例にとって解説する（図5-1）。

以下の一連の動作には，全体を通して知識などの基礎的能力（詳細は第17章参照）が必要である。この例での知識については，その代表的なものだけを記載している。また，この一連の動作の中で環境認知が不可となり，その位置が定位できなくなった場合は情報の利用の援助依頼を行うことに

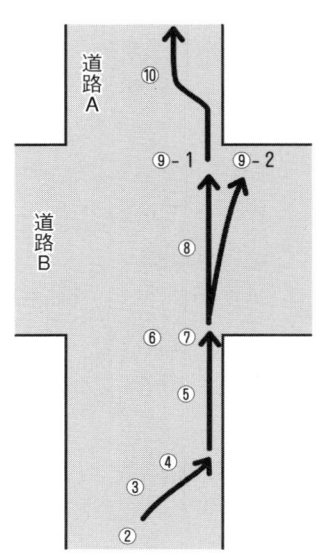

図5-1　**歩車道の区別のない交差点横断における各能力**

なる。
①歩行前に歩車道の区別のない道路（A道路）を北向きに歩行し，それと交差する別の道路（B道路）との交差点を北に横断して目的地に行くという全体的なルートを作成しておき，その交差点の横断前に横断方法（たとえば，A道路の東；右側を白杖による伝い歩きによってSOCを使用せずに従来の横断を行う）を考えておく。これは，地図的操作のルート作成と行動計画にあたる。
②交差点発見のために白杖による伝い歩きを開始する地点に近づく。これは，歩行技術の習得と駆使にあたる。
③交差点発見のために白杖による伝い歩きを開始する地点を特定する。これは，感覚・知覚の聴覚（B道路の車音）とそれを理解するのに必要な知識などを元にした環境認知にあたる。
④交差点発見のために白杖による伝い歩きを開始するため道路端側（A道路の東の建物側）に寄っていく。これは，身体行動の制御・歩行技術の習得と駆使にあたる。
⑤交差点発見のために白杖による伝い歩きを開始する。これは，歩行技術の習得と駆使にあたる。
⑥白杖による伝い歩きにより交差点の横断位置を発見する。これは，歩行技術の習得と駆使を行いながら，感覚・知覚の運動感覚（受動的な曲がりの認知）・聴覚（B道路の車音）とそれを理解するのに必要な知識などを元にした環境認知にあたる。
⑦交差点横断のために方向の維持・修正を行う。これは，感覚・知覚の聴覚（B道路の車音）とそれを理解するのに必要な知識，歩行技術の習得と駆使（歩車道の区別のない横断における方向の維持・修正）にあたる。
⑧交差点を横断する。これは，歩行技術の習得と駆使・身体行動の制御にあたる。
⑨-1 横断し終わったことを理解する。これは，感覚・知覚の運動感覚の傾斜（B道路の水勾配）と距離（B道路の道路幅）それを理解するのに必要な知識，および環境認知にあたる。
⑨-2 横断終了後，少々，東（右）へビアリングをして横断するB道路の北側の道路端（建物側）に着いた場合に適切に対処する。

a．その地点を特定する。これは，知識（道路端の状態，角の形状など）・
　　　感覚・知覚の聴覚（車音）などを元にした環境認知，その後，地図的操作
　　　の行動計画（どのようにA道路へ出るか）にあたる。
　　b．その地点から歩行する。これは，その行動計画を元にした歩行技術の習
　　　得と駆使にあたる。
　　c．A道路へ出たか（北へ曲がったか）を確認する。これは，歩行技術の習
　　　得と駆使と環境認知にあたる。
　⑩ A道路の東側の道路端（建物側）から少し離れてさらに北へ歩行を続ける。
　　これは，歩行技術の習得と駆使と身体行動の制御にあたる。

4）環境認知と地図的操作・身体行動の制御の関連

　歩行中の環境認知と地図的操作の行動計画，および身体行動の制御の関連については次のようになる（芝田，1990）。すなわち，環境認知（情報の分析・判断）によりその情報（手がかりやランドマーク）の意味，取捨選択の必要性など情報についての予測，推理，確認などを行い，行動計画によってどのように行動すればよいかを決定し，必要に応じて歩行技術を駆使しながら身体行動の制御を行う。この情報と行動計画・身体行動の制御の関係では，行動計画が必要となって情報を求めたり，逆に情報によって適切な行動計画を定め，身体行動の制御を行う必要性があったりする。これらをいくつかに分類すると以下のようになるが，さらに細分化することも考えられる。

　①適切な行動計画を定め，身体行動の制御を行うために必要な情報を能動的に
　　収集・探索する。あるいは，逆に必要な情報を能動的に収集・探索して適切
　　な行動計画を定め，身体行動の制御を行う。
　②適切な行動計画を定め，身体行動の制御を行うためにすでに存在している多
　　くの情報の中から必要なものを選択する。あるいは，逆にすでに存在してい
　　る多くの情報の中から必要なものを選択して適切な行動計画を定め，身体行
　　動の制御を行う。
　③継時的に出現する情報を認知してその中から必要な情報を選択し，適切な行
　　動計画を定め，身体行動の制御を行う。
　④対応を必要とする情報が突然，出現した時に適切な行動計画を定め，身体行
　　動の制御を行う。
　⑤時間的に出現の近い情報を予測して適切な行動計画を定め，身体行動の制御

を行う。

⑥情報の出現を予測してそれにそった適切な行動計画を定め，身体行動の制御を行い，その情報を確認する。

⑦一度に複数の情報を認知することによって適切な行動計画を定め，身体行動の制御を行う。

【引用・参考文献】

安部信行・橋本典久・柾谷秀喜　2004　視覚障害者の歩行事故に関する全国調査　第13回視覚障害リハビリテーション研究発表大会論文集，56-59．

Feshbach, N. D.　1975　Empathy in children: Some theoretical and empirical considerations. *Counseling Psychologist*, **5**, 25-30.

東山紘久　2000　プロカウンセラーの聞く技術　創元社

三浦利章・原田悦子（編）2007　事故と安全の心理学　リスクとヒューマンエラー　東京大学出版会

Norman, D. A.　1981　Categorization of action slips. *Psychokogical Review*, **38**, 1-15.

大塚達雄・井垣章二・沢田健次郎・山辺朗子（編）　1994　ソーシャル・ケースワーク論　ミネルヴァ書房

大山　正・丸山康則（編）　2001　ヒューマンエラーの心理学　麗澤大学出版会

坂野雄二・前田基成（編）　2002　セルフ・エフィカシーの臨床心理学　北大路書房

芝田裕一（編）　1990　視覚障害者の社会適応訓練　日本ライトハウス

芝田裕一（編）　1996　視覚障害者の社会適応訓練第3版　日本ライトハウス

芝田裕一　2000　視覚障害者のリハビリテーションと生活訓練―指導者養成用テキスト―　日本ライトハウス

芝田裕一　2003　視覚障害者のリハビリテーションと生活訓練第2版―指導者養成用テキスト―　日本ライトハウス（自費出版）

芝田裕一　2007　視覚障害児・者の理解と支援　北大路書房

芝田裕一　2012　視覚障害の疑似障害体験実施の方法及び留意点（2）―手引きによる歩行の具体的なプログラム―　兵庫教育大学研究紀要，**40**，29-36．

芝田裕一　2015　視覚障害児・者の理解と支援［新版］　北大路書房

下重貞一　2003　視覚障害者に衝突されて転倒し負傷したとして損害賠償を求められた事例　第12回視覚障害リハビリテーション研究発表大会論文集，25-28．

武井麻子・春見静子・深澤里子　1994　ケースワーク・グループワーク　光生館

第6章　カリキュラムと実施の留意事項

　歩行指導は，対象児・者とともに，実施される歩行環境に大きく依存するため，指導地域を基盤としたカリキュラムが必要である。その他，歩行技術の総論的側面，インテークと評価，指導者のつく位置，在宅型の指導を取り上げて実施に際しての留意点にふれる。

1．カリキュラムと指導地域

1）生活地域と指導地域

　歩行指導は実施される地域によって2つのタイプに大別される。ひとつはその対象児・者の生活地域で実施される場合であり，Aタイプとよばれる。もうひとつは生活地域でない地域で実施される場合であり，Bタイプとよばれている（芝田，1984）。各々の指導タイプには特性があり，指導内容・方法において相違がある。

（1）生活地域での指導（Aタイプ）

　Aタイプでは，歩行指導に使用されることで対象児・者が歩行可能となったルートや目的地などがそのまま生活上，有効なものとなる。したがって，重要である歩行過程（第5章参照）だけでなく，目的地発見も指導目標のひとつとなる。基本的に在宅型における指導（後述）ではこのAタイプから開始される。

（2）生活地域でない地域での指導（Bタイプ）

　Bタイプでは，目的地は指導のために便宜上使用されるものとなる。したがって，目的地発見よりは，歩行過程を重要視した応用力（歩行能力）を養うことが主なる指導目標となる。さらに，この指導では，その指導地域で習得した歩行能力が生活地域など他の地域で応用できることが目的であり，応用可能となることが重要である。基本的に，視覚特別支援学校や入所型・通所型の視覚障害者リハビリテーション施設などにおける指導はこのBタイプであるが，学校・施設の

地理的，時間的，経費的条件によってはAタイプも実施される。しかし，在宅型施設であっても，対象児・者の自宅付近以外では，Bタイプでの指導が必要であるため，Bタイプは必ずしも学校，入所型・通所型施設における指導とは限らない。

　（3）Aタイプ・Bタイプの考え方
　状況によっては，Aタイプでは，その生活地域が指導地域としては好適でないことがある。それに反してBタイプでは，あらかじめ，指導に好適な地域の選定が可能である。これらを考慮に入れると，視覚特別支援学校，入所型・通所型施設でBタイプでの基本的な歩行指導を受け，その後，自宅付近でのAタイプでファミリアリゼーションを中心とした歩行指導を受けるというのが理想となる。
　なお，ランドマークについては，その種類，利用方法の指導はどちらのタイプでも実施されるが，Aタイプの場合，ランドマークは指導後も活用できるため，より多くを指導しておくと有効である。しかし，Bタイプの場合は，ランドマークの種類やその活用方法の指導は大切であるが，歩行指導自体が必要以上にランドマークに依存すると応用力の向上が期待できなくなるため，ランドマークの量は必要最小限におさえることになる。

　2）指導地域の選定
　効果的で能率的な指導（第5章参照）を実施するには，適切な指導地域の選定は不可欠である。能率的な指導が実施できる地域とは，歩車道の区別のない道路，歩道のある道路，T字路・四つ角を含む交差点，手がかり・ランドマーク，障害物，走行車，騒音，信号，目的地などの質と量が適切であることを意味している。Bタイプでの指導の場合，指導地域は比較的区画が整理されている一般的環境を選定して実施される。一般的環境とは，五差路，商店街，踏切，スクランブル信号などの特殊地域・環境と言えるものが含まれないものを指す。Aタイプの場合で，これらの特殊地域・環境が生活地域内にあって歩行が必要となれば，ファミリアリゼーションを主体とした指導の実施となる。

　3）カリキュラムの考え方
　一般に，指導内容別では，基本的に「易しいもの」から「難しいもの」へと進められる。地域別では，閑静で通行者や走行車の少ない地域から人通りや車通りが多く，騒音の多い繁華な地域へと進められる。つまり，屋内→住宅街→準繁華街→繁華街の順となるが，これらの指導に使用される各指導地域は一般的に次の

ようなところとなる。

①住宅街（residential area）──歩車道の区別のない道路だけで構成され，車通りが少なく，信号のない比較的静かな地域。

②準繁華街（semi-business area）──住宅街に比較して少々車通りが多く，歩車道の区別のある2車線程度の道路と区別のない道路で構成され，その地域内に信号機つきの交差点，商店街，工場などが含まれている地域。

③繁華街（business area）──交通量がかなり多く，ほとんどが歩車道の区別のある2～6車線あるいはそれ以上の道路で構成された地域。一般的なカリキュラムでは，この繁華街の項に交通機関の利用を含む応用歩行が含まれる。

4）一般的なカリキュラム

以下に，一般的なカリキュラムの単元と歩行技術を中心とする指導内容（歩行技術の習得と駆使を除く地図的操作，環境認知，身体行動の制御，情報の利用の歩行能力や関連する基礎的能力を含む，第Ⅱ部参照）を指導項目主導型（第4章参照）で示す。

①単元Ⅰ：手引きによる歩行──手引きの基本姿勢，狭い所の通過，などの手引きによる歩行の技術，および基礎的能力の判定と評価（芝田，2007）など。なお，手引きは，形態の学習（基礎）は簡易であるが，質の高い手引きの行い方，され方の向上は容易ではなく，時間をかけて習得していくことが必要な技術である（後述）。

歩行指導は手引きの指導から開始されるのが一般的であるが，手引きの指導時だけでなく，その後の白杖操作を中心とした指導中でも並行してくり返し手引きの指導を実施し，手引きのされ方の技術的向上が目指されなければならない（芝田，2007，2015）。したがって，カリキュラムでは，この後の単元でも適宜，手引きによる歩行の指導が継続される。

②単元Ⅱ：屋内歩行──補助具を使用しない歩行技術。

③単元Ⅲ：住宅街歩行──白杖操作技術，基礎的歩行技術など。

④単元Ⅳ：準繁華街歩行──歩道のある交差点横断，信号の利用など。

⑤単元Ⅴ：交通機関の利用──交通機関の利用における歩行技術など。

⑥単元Ⅵ：繁華街歩行──単元Ⅰ，Ⅲ，Ⅳ，Ⅴを含めた応用課題。

なお，一旦入り込む交差点横断（SOC），白杖による段差の発見と階段昇降，踏切横断，混雑地での歩行（以上，第10章参照），つまずきの指導，援助依頼の

指導，ファミリアリゼーションは，それらが必要となった時点で指導が行われる環境主導型指導法（第4章参照）の対象であるため，以上の単元に適宜挿入される。

5）カリキュラムの作成・種類

一般的なカリキュラムを参考に各学校および施設におけるカリキュラムが作成される。それは次の3段階（3種類）に分けて行われる。

（1）標準カリキュラムの作成

学校，施設としての一般的で総合的な標準カリキュラムを作成する。これは，歩行指導に使用する具体的な地域，歩行ルートを定め，基礎的能力，歩行能力の指導内容が記述されたものである。構成は，指導内容あるいは指導地域を主体とする大きな単元と，その単元内に各指導内容とそれを実施する道路（ルート）などの指導地域による小さな課で構成されており，各課には，指導のタイトル，指導目的，指導方法，留意事項が記述されている。

以下はその例である。単元Ⅰ，Ⅴは歩行技術がタイトルとなり，指導内容が主体となった単元で各課に対象となる歩行能力，基礎的能力の指導内容と指導地域が記述されている。単元Ⅱ，Ⅲ，Ⅳ，Ⅵは指導地域がタイトルであり，主体となった単元で各課に歩行技術などの歩行能力，基礎的能力の対象となる指導内容と指導地域が記述されている。

単元Ⅰ：手引きによる歩行
第1課　基本姿勢──本課の中に指導地域が記述されている。
第2課　狭い所の通過──第1課と同様に，本課の中に指導地域が記述されている。
　　　　以降，このように続く。
単元Ⅱ：屋内歩行
単元Ⅲ：住宅街歩行
第1課　タッチテクニック──主体は歩行能力の歩行技術の習得と駆使であり，中に指導地域（場所）が記述されている。
第○課　○○道路歩行──主体は指導地域であり，中に指導内容が記述されている。
第○課　ルート作成──主体は歩行能力の地図的操作であり，中に指導地域（場所）が記述されている。

以降，このように続く。
単元Ⅳ：準繁華街歩行
単元Ⅴ：交通機関の利用
単元Ⅵ：繁華街歩行

　カリキュラムの内容は，その学校，施設の所在地域（過疎地域，繁華地域など）によって歩行技術の指導順，それに伴う歩行ルート，基礎的能力の指導内容・順序・方法などが異なる。したがって，歩行能力とともに基礎的能力の指導が重要視される視覚障害児が対象となる場合と，基礎的能力にそれほど重点化しない視覚障害者が対象となる場合とではカリキュラムは大きく相違する。加えて，視覚特別支援学校間や施設間においてもカリキュラムは異なる。つまり，歩行指導のカリキュラムはその学校，施設に適したものであり，オリジナリティが重要であるため，他の学校，施設のカリキュラムは参考とはなりにくい。

　また，この標準カリキュラムは，以下の個別カリキュラムの基準となる性質のもので，具体的な個人（視覚障害児・者）を特定したものでない。そのため，これと同じ内容で実際の歩行指導が行われるケースは非常に稀である。

（2）長期的個別カリキュラムの作成（個別の教育支援計画）

　インテークなどから得た対象児・者に関する情報を中心に，標準カリキュラムを基礎とし，その視覚障害児・者に応じて各単元，各課の指導順序などが適切に改変して作成された，1年あるいはそれ以上の期間を対象とされるのが長期的個別カリキュラムである。したがって，先述した例にある単元Ⅰから順に指導するケースやそうでないケースがある。同様に第1課から順に指導するケースやそうでないケースもある。教育において個別の教育支援計画は，障害のある児童生徒の一人ひとりのニーズを正確に把握し，教育の視点から適切に対応していくという考えの下，長期的な視点で乳幼児期から学校卒業後までを通じて一貫して的確な教育的支援を行うことが目的とされているが，歩行指導における長期的個別カリキュラムは，この個別の教育支援計画にあたる。

（3）短期的個別カリキュラムの作成（個別の指導計画）

　その視覚障害児・者に応じて作成した長期的個別カリキュラムに基づき，その視覚障害児・者の短期的個別のカリキュラム（あるいは，指導案や授業案のようなその時間の1回の指導計画）が作成される。そのため，短期的個別カリキュラムに基づく指導の進度によっては長期的個別カリキュラムに修正が付加されるこ

とになる。教育において児童生徒一人ひとりのニーズに応じた指導目標や内容，方法などを示した個別の指導計画はこの短期的個別カリキュラムにあたる。

6）学校・施設におけるカリキュラムのあり方

総合的には，学校，施設として標準カリキュラムを作成しておき，それを基礎としてその視覚障害児・者に応じて改変された長期的個別カリキュラムが作成される。それに基づいて作成された短期的個別カリキュラム（あるいは，指導案や授業案のようなその時間の1回の指導計画）によって実際の歩行指導が実践される。その実践結果によっては，長期的個別カリキュラムが修正される。

（1）視覚特別支援学校

視覚特別支援学校における歩行指導は，生活地域でない地域での指導（Bタイプ）である。視覚特別支援学校では，小学部，中学部，高等部を通した一貫したものとして進められなければならないため，各学部において独自の標準カリキュラムを作成するのでなく，視覚特別支援学校としてひとつの標準カリキュラムが作成される（第20章参照）。

（2）視覚障害者リハビリテーション施設

入所型・通所型施設における歩行指導は，視覚特別支援学校と同様生活地域でない地域での指導（Bタイプ）となる。施設独自の標準カリキュラムが作成され，それに基づいた個別カリキュラムによって歩行指導が実施される。

在宅型施設における歩行指導は，生活地域での指導（Aタイプ）となる。そのため，標準カリキュラムは具体的な指導地域が定められていないものとなる（後述）。

7）1回の指導時間

1回の指導やひとつの課題（たとえば，タッチテクニックにおける静止しての白杖の振り）にどれくらいの時間を費やせばよいかについて，具体的な数字をあげれば，指導者を主体とする考え方では利便性があり，カリキュラムとしては効率的ではある。

しかし，1回の指導やひとつの課題にどれくらいの時間でその課題が習得できるかはケース・バイ・ケースであるため，対象児・者を主体とした考え方に立脚する必要性から具体的な数字は記載されない。したがって，指導はその課題が習得できれば次へ進むという考え方で実施する。この考え方で指導に取り組むため，指導者には，「その課題が習得できたか，次へ進むのが適当か」という判断が適切に下せる指導力が必要とされる。

8）未知地域の量と対象児・者の不安感

未知地域の量は，指導初期はあまり多くなく，終了に近づくにつれて増加させていくという考え方を基本とする。これは，未知地域がひとつの大きなストレスとなり，対象児・者に不安感を与えることになるからである（第5章参照）。指導初期に未知地域を増加させないのは，対象児・者がその時点で学習しなければならない歩行技術などに集中できるようにするためでもある。

9）目的地

歩行指導では，目的地発見よりも歩行過程が重要視されなければならないことはすでに述べた（第5章参照）。しかし，その目的地に関しては以下のような留意点がある。

（1）目的地の選定

視覚障害児・者にとって「目的地へ行くことができる」ということは，歩行指導の目的である。しかし，Aタイプの場合は，この目的地が対象児・者にとって指導受講以前に既知となっていることが多い。また，Aタイプに限らず，Bタイプであっても，目的地は，視覚障害児・者が指導に臨むための意欲を高めるのに大きな動機づけとなることから，その視覚障害児・者の希望などを考慮して設定される。

目的地には，発見しやすいもの，発見し難いものがあり，その難易度を考慮してカリキュラムの中に挿入される。また，視覚障害児の場合，目的地はどこでもよいという訳にはいかないことがあり，その年齢に適したものを選定することが必要である（第20章参照）。

（2）目的地と動機づけ

対象児・者の意欲・動機づけのために，目的地への歩行が可能となる課題（SD指導）を以下の理由からカリキュラムの中に適宜，挿入しておく。

①目的地へ行けることを目標にすることは，歩行に対する大きな動機づけとなる。
②ひとつの目的地へ行けるようになることは，その度に視覚障害児・者が達成感を味わうことになり，これがさらに次の指導のための意欲・動機づけにつながる。
③視覚障害児・者にとって，目的地へ行けるということが指導の進度を自身で理解する目安となる場合が多く，歩行における適正な自己評価につながる。

2．歩行技術の留意点1：手引きによる歩行

　手引きによる歩行については，拙著『視覚障害児・者の理解と支援』(2007)や『視覚障害児・者の理解と支援［新版］』(2015)で詳述しているので参照されたい。

1）手引きの考え方

　手引きによる歩行（sighted guide）の基本の形態は，視覚障害児・者が肘を曲げて手引き者より前腕の分だけ後ろに位置し，指導者の肘より少し上を，親指は外側，他の4本の指は内側にして適度な強さでしっかり握るというものである（図6-1）。狭い所は視覚障害児・者は曲げていた肘をまっすぐ伸ばして手引き者の真後ろへ入り，一列になる（図6-2）。この手引きの状態は，視覚障害児・者が誘導されるという受動的なものではあるが，視覚障害児・者自身が手引き者の腕を持つという能動的で積極的な姿勢による方法であり，視覚障害児・者の自立の一手段として利用されるものである。手引きは，手引き者による合図と視覚障害児・者によるそれに即応した行動という一定のきまりが含まれる歩行技術である。

2）手引きの種類

　手引き者側からその方法を考える際，手引きによる歩行はAおよびBの2つに類別される（芝田，1994）。

　Aは，歩行指導としての視覚障害児・者の手引き技術向上のための方法で，教育・リハビリテーションに含まれる。つまり，歩行指導において，一定のきまりを含む手引き技術を視覚障害児・者が習得するための手引きの方法といえる。

　Bは，介助（歩行）としての手引きの方法で，福祉に含まれる。さらに，この方法は手引きのされ方を周知している視覚障害児・者の手引きの方法（B1の方法），および手引きのされ方を周知していない視覚障害児・者の手引きの方法（B2の方法）の2つに分けられる。Aの方法は，手引きの指導として教育・リハビリテーションとして指導者により実施される。Bの方法は，介助として教育・リハビリテーション関係者，ガイドヘルパーなどの視覚障害児・者に関わる者によって行われる。

3）手引きの指導

　手引きは，質の高い手引きの行い方・され方の向上は容易ではないため，長期的に指導する必要のある技術である（芝田，2005）。歩行指導は手引きによる歩行から開始されるのが一般的であるが，白杖操作を中心とした単独歩行の指導時

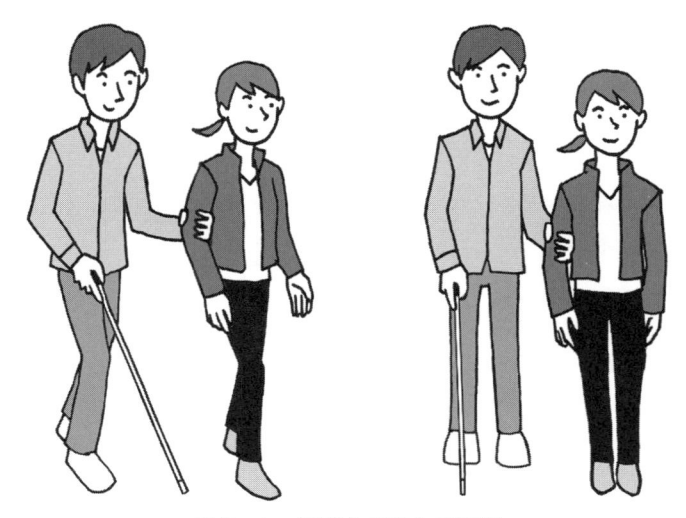

図6-1　手引きの基本の形態

図6-2　狭い所の通過
（視覚障害者の曲げている肘は，通過時にはまっすぐ伸ばす）

においても，並行してくり返し手引きによる歩行が実践され，その技術的向上が希求されることが大切である。

手引きによる歩行の指導では，対象児・者の恐怖感・不安感に留意し，歩行速度が遅い状態から手引きでの歩行を開始する，指導の時間をより長期とするなどの配慮が必要である。恐怖感・不安感の程度は対象児・者が握る腕の強さで判断できる場合がある。以下はこれに関する事例である。

＜事例6-1＞
a．プロフィール：55歳，男性，中途視覚障害者（全盲）
b．状況：原田病（急性ぶどう膜炎）により急激に視力低下をきたし，全盲となる。そのため，歩行することに恐怖感・不安感を訴え，手引き歩行では指導者（手引き者）の腕を強く握る状態である。
c．指導：手引きでの歩行速度を遅くし，最初は道路ではなく，公園内の静かな遊歩道を時間をかけて歩行する。その後，対象者の恐怖感・不安感の低減が見られたため，道路での手引き歩行に入るが，やはり歩行速度は遅くする。その後，対象者と相談しながら徐々に歩行速度を通常の速さに変更する。通常の2〜3倍程度の時間を手引き歩行にかけることによって手引き歩行において恐怖感・不安感がかなり軽減されたため，本人の了解を得て白杖操作などの指導に移行した。

3．歩行技術の留意点2：その他

1）補助具を使用しない歩行

補助具を使用しない歩行技術には，手による伝い歩き，手による防御，方向の取り方がある。補助具を使用しない歩行は，白杖や盲導犬によらなくても安全性が確保されると考えられる環境で行われる方法であるため，その対象は主に屋内となる。しかし，屋内であっても視覚障害児・者がその環境を把握できていないと安全性の確保が難しい場合がある。

2）白杖による歩行

白杖による歩行は多くの視覚障害児・者が行っている方法で，「視覚障害児・者の歩行指導」はこの方法が主体である。したがって，歩行の条件はすべての歩行技術に共通であるが，基礎的能力，歩行能力はこの白杖による歩行が念頭に置かれたものといえる。

3）盲導犬による歩行

　海外では，多様な犬種が盲導犬（guide dog）として使用されているが，日本では，ラブラドール・レトリーバーやゴールデン・レトリーバーが主流である。盲導犬は，繁殖犬に特定された親犬から生まれ，生後2か月から約1歳までパピーウォーカー（ボランティア）の家庭に預けられ，基本的なしつけを受ける。その後，訓練施設において，その適性判定をされながら半年から1年程度，盲導犬となるための訓練，視覚障害者との共同訓練を受け，盲導犬として活動する。

　現在，約1,000頭の盲導犬が全国で活動している。歩行能力のうち，曲がり角・段差などの認知，直進歩行の誘導といった環境認知や身体行動の制御の一部は盲導犬に依存可能であるが，他の地図的操作，環境認知，情報の利用は基本的に視覚障害児・者がその能力を発揮しなければならない（芝田，2007，2015）。なお，盲導犬による歩行においても白杖を携帯するケースがある。

　ところで，盲導犬による歩行と白杖による歩行を比較し，その優劣を考えるのはあまり意味がない。その各々のメリット・デメリットを把握し，その視覚障害児・者にとってどちらが適しているかを検討することが重要である。したがって，歩行訓練士であっても白杖による歩行技術だけでなく，盲導犬による歩行技術の基本的知識は必要で，それがどのようなケースが盲導犬保有に好適であるかの理解に繋がるのである。また，教育，リハビリテーションの関係者は，どのような能力，どういう状況が盲導犬の使用に適しているのかに関する知識を視覚障害児・者に伝えておくことを心がけたい。

　盲導犬による歩行を担当する指導者は，歩行訓練士同様，歩行指導の定義，歩行の条件，基礎的能力，歩行能力についての知識，さらに，視覚障害教育，視覚障害リハビリテーション，生活訓練，障害の理解，社会福祉の理念などについての基本的知識の習得が必要である。

4）その他の補助具による歩行

　白杖，盲導犬以外のその他の補助具には，視覚障害者誘導用ブロック，音響信号機，駅・バス停・交差点・建物の入口などに設置されている誘導チャイムや音声案内装置，携帯電話やGPSなどの情報機器などがあるが，いずれも白杖もしくは盲導犬による歩行の補助として使用される。

　視覚障害者誘導用ブロックは点字ブロックともいわれ，その他の補助具の代表的なもので，その上を歩行するだけでなく，それを白杖による伝い歩きのガイド

ラインとしても使用されることがある。しかし，この視覚障害者誘導用ブロックには意義とともに視覚障害児・者の触覚，敷設状況，社会の意識に関する問題点が指摘されている（芝田，1987，2007，2015）。

さらに，歩行補助具全体についても，残念ながら高い性能を持ちながらも視覚障害児・者の歩行における緊張感，精神的疲労・ストレス，注意におけるフィルター理論（安西ら，1994）への配慮に欠落のあるものが多くみられ，それが機能性の低下に連鎖しているなど，一層の検討・改良が希求される（芝田，1995，2007，2015）。こうした現状について，歩行訓練士も積極的な意見を述べていくことで歩行補助具の発展に貢献することが期待される（第2章参照）。

4．インテークと評価

1）インテーク

指導にあたって，その対象児・者に関する情報を収集しておくことが重要である。特に，視覚障害者リハビリテーション施設などによっては，歩行指導受講の希望者に前もって申請書類などの提出を求めることにより，その情報にふれることができる。しかし，インテーク面接を行って対象児・者自らの言葉でその内容を聞くことも大切である。インテーク面接は，指導者と対象児・者間の信頼関係を基盤として進められ，今後のラポートの形成（第5章参照）に繋がるようにする。

対象児・者の言葉で語られる言語的情報だけでなく，話し方，態度，身振りなどの観察による非言語的情報も参考となる（大塚ら，1994）。また，指導の開始に先立つ，指導の理念や考え方，歩行指導の概略，対象児・者の取り組む姿勢，白杖などに関する説明もこのインテーク面接で実施される。その他，必要に応じて家族からも情報を収集することがあるが，これらの得た情報に関して，フェイスシートを作成して資料としておく。なお，これらの対象児・者に関する情報収集にあたっては，不用意に他に漏洩することのないようプライバシーの保護には細心の注意が必要である。その内容を次に示す。

①年齢
②健康状態――視覚以外の障害の有無
③眼疾患と現在の視覚――視力・視野・色覚
④現在の視覚になるまでの経緯と現在の視覚になった時期
⑤現在の心理状態（障害受容）――障害に対する認識（障害受容など），自己

の能力に対する認識（自己評価），リハビリテーションに対する意欲など
⑥基礎的能力——視覚障害児ではすべてが重要な対象となる。また，心理的課題の中の性格は大切な項目である。
⑦家族の状況と歩行指導，さらには教育，リハビリテーションに対する家族の理解度
⑧学歴，職歴，趣味など
⑨現在までの歩行以外の社会適応能力（コミュニケーション，日常生活動作）に関する受講経験——視覚障害児では他の教科の成績，コミュニケーションの習得程度。
⑩自宅，およびその付近の状況——自宅の形態（一戸建て，マンションなどの集合住宅など），その居住地域の歩行環境など
⑪進路・目標とそれにより考えられる生活環境と歩行地域，コミュニケーション手段（点字，パソコン，すみ字など）
⑫歩行指導に関する説明
　　a．指導についての概略——指導の基本的理念，考え方など
　　b．歩行指導についての概略——歩行指導の内容，その進め方など
　　c．歩行指導に取り組む姿勢——対象児・者の意欲，復習の必要性など
　　d．白杖について——購入先，手入れの方法など

これらの項目の④⑤⑥は，インテーク面接では容易に判断しにくい場合がある。そのため，指導が進み，ラポートが形成されてから尋ねてもよいし，対象児・者の言動から判断できる場合もある。また，その内容が指導の進度と並行して変容してくることも念頭に置く。

2）評価のあり方
（1）確実に指導した後の評価

指導は，対象児・者が1人で遂行できるようになることが目的で実施されるため，指導者は「少しでもはやく多くの課題をマスターしてもらいたい」「指導者が介入して教えることは極力，控えたい」などと考えがちである。その結果，指導が不十分な段階で，単独で遂行できるかどうかを評価しようする場合がある。このような評価は，確実に指導した後に実施されるべきである。

（2）遂行可能という段階での評価

すべての指導が終了した時点で，当初の目的であった内容や課題が習得できて

いることが目標である。だから，あわてずに指導全体の流れを考慮して指導の方法，手順，評価を検討しておきたい。歩行指導における評価は，「できるかどうか分からない」よりも「できるに違いない」という遂行可能の段階で行われるべきである。つまり，確実に指導し，対象児・者が習得してから評価するのである。

（3）指導した内容についての評価

特に，基礎的能力の知識の中には，一般的には常識となっていても，その視覚障害児・者にとっては未知や未経験の内容もある。しかし，それを「このようなことも知らない」「こんなこともできない」というように評価しがちである。これは，歩行能力よりは，基礎的能力にみられることが多いため，まだ指導を行っていない内容の評価は実施せず，改めて指導を行うことが必要となる（第18章参照）。

（4）過去の習得度との比較

その対象児・者の習得度や進度は他の対象児・者と比較されがちであるが，それは適切ではない。個々の対象児・者の過去の習得度や進度と比較されなければならない。

（5）対象児・者への伝達

評価の結果，その歩行技術の遂行が可能，あるいはその地域における歩行が可能ということが判断されると，それが対象児・者に伝えられる。しかし，この伝達は，時期や内容によっては対象児・者の動機づけや意欲に影響することがあるため留意が必要である。

3）評価表と評価内容

評価は，指導者の主観的なものを排除し，常に客観的に実施されなければならない。その方法は，歩行が生活の一部であることから，教育的な優，良，可といった形式ではなく，「問題なし」を最上位に置き，それ以下は，「やや問題あり」「問題あり」などとされるのが適切である（芝田，2000）。

（1）評価表の種類

評価表の種類には以下のようなものが考えられる。

①インテークにおける評価

②1回の指導ごとの評価

公的な評価とは別に指導者の個人用として作成しておく。この個人的な記録は詳細に記述し，反省・改善するところは適切に対応して今後の指導に役立

て る（第 2 章参照）。
③項目別の評価──タッチテクニック，手引き，基礎的歩行技術など
④中間評価──各学期，各月など適当な期間ごとの評価
⑤最終評価
⑥その他

（2）評価の対象（内容）

評価の対象（内容）は，以下のような項目になり，各々について3段階であれば，「問題なし」「やや問題あり」「問題あり」というように評価をする。
①歩行の条件（総論的な評価）──安全性・安心感の確保，能率性，社会性，個別性の検討
②歩行の安定性（総論的な評価）
③基礎的能力（各論的な評価）──知識，感覚・知覚，運動，社会性，心理的課題
④歩行能力（各論的な評価）──歩行技術の習得と駆使，地図的操作，環境認知，身体行動の制御，情報の利用（援助依頼）
⑤問題点
　a．何が問題なのか，b．なぜ問題なのか，c．それをどのように指導すればよいのか，d．対象児・者はどこに注意をし，どのように行えばよいのかの4項目について，具体的，明確的にする。そして，その原因を上記の10項目（基礎的能力の5項目と歩行能力の5項目）に照合して検討し，その解消・改善を目指す。
⑥単独歩行可能地域（場所）
⑦今後の指導における課題
⑧単独歩行の限界
⑨弱視児・者の場合──保有視覚，白杖の利用，夜間歩行，その他

5．指導者のつく位置

歩行指導において指導者のつく位置は，安全性の確保，対象児・者の能力向上などに結びつく重要な事項である（芝田，2000）。

1）つく位置の考え方

歩行指導における指導者のつく位置に関する基本的な考え方は，指導初期は，

対象児・者の不安感・恐怖感への配慮，および安全性の確保の観点から近くに位置し，指導が進めば徐々に離れ，最終的には，指導者がつかない状態を目標とすることである．原則的には，以下のことに留意する．

　①安全性が確保できる位置につく．
　②危険な状況となる前に制止する．
　③特に，走行中の自動車回避，信号の利用の時など，指導者が対象児・者にとってのサウンドシャドウ（第17章参照）にならないようにする．

　このうち，②に関しては，対象児・者が習得した能力の範囲内で自身で回避できる状況であるのか，まだ自身では回避できる能力が習得されていない状況なのかという危険の度合いによって，制止するかしないかを判断する．しかし，あくまで対象児・者が安全な単独歩行が目標であることを念頭に置く．したがって，危険な状況にならないように指導を進めていくことを大目標としながらも，対象児・者自身が安全に歩行する能力を習得していくことが目指される．それを等閑視して，対象児・者がその能力を習得しているにもかかわらず（あるいは，習得しているかどうかの確認を怠って）常に対象児・者の近くに位置し，制止を繰りかえしていては対象児・者が単独で歩行するというニーズに反する．指導者の自己満足となるような指導になってしまうため，注意が必要である．

2）つく位置の留意点

　白杖操作技術や基礎的歩行技術の主に基礎を指導する時期などは，比較的対象児・者の近くに位置する．指導中期・後期では，比較的離れているが，交差点横断，交通機関の利用など，危険が伴う可能性のある場所では必要に応じて対象児・者のそばに位置する．また，対象児・者が危険な状態になるような行動を取ろうとしている時や，通行者・走行車などとの社会的なトラブルがおきそうな時も，まだ指導段階で対象児・者が自身で回避，解決できない状態では対象児・者のそばに位置する（第10章参照）．

　また，交通機関の利用指導時など，混雑している地域で対象児・者を見失うことのないよう細心の注意が必要である．その他，視覚障害児であればその年齢，さらに，その対象児・者の性格，能力，指導の進度，その歩行場面など必要に応じてつく位置を考慮する．

3）対社会への配慮

　工事中の道路，障害物回避，電車・バス交通機関の利用などの時に通行者など

から対象児・者に援助などの申し出がなされることがある。この時，指導者は通行者などが対象児・者に声をかけたり，その歩行を制止してよいのか，あるいは，指導者がいるために，歩行指導の弊害になるような，声をかけたり制止したりする行為をしてはいけないのかといった困惑するような曖昧な位置につかないようにすることが大切である。そのため，次のどちらかの対応が必要である。

①指導者が対象児・者のすぐ側について，指導中であることを明示する。
②指導者は全く離れていて対象児・者自身が通行者などに対応する。

この他，指導者のついている位置が他の通行者，走行者などの迷惑にならないようにすることや，歩行指導に対する理解が低い地域で，必要に応じて歩行指導を実施していることを社会に明示しておくことなども必要である。

6．在宅型の指導

入所型の指導は，視覚障害児・者が入所・通所する視覚障害者リハビリテーション施設（視覚特別支援学校を含む）で実施される。このタイプの指導と対照的なのが，指導者が対象児・者である視覚障害児・者の主に自宅へ赴いて指導を実施する在宅型の指導である。したがって，この在宅型指導は，視覚特別支援学校でも対象となる場合はあるが，多くは視覚障害者リハビリテーション施設などにおけるものが対象となる。ここでは，その在宅型の指導の留意点をまとめる（芝田，1990）。なお，現在，視覚障害者リハビリテーション施設にはこの入所型（通所型を含む）と在宅型の両施設があるが，そのケースのニーズを主体として相互に連携・協働することが重要である。

1）入所型と在宅型の指導
（1）入所型による指導

歩行指導の場合，入所型では比較的，指導に適した地域が施設付近に選定され，作成された一般的カリキュラムを基本として，個々に応じた個別カリキュラムにそって指導が進められる。そのため，対象児・者にとっては基礎から応用まで学習しやすい方法で歩行の実力が養えることになる。ただ，問題となるのは，対象児・者の生活地域かその付近に入所型施設がある場合を除いて，歩行の大切な課題のひとつである生活に必要な現地ファミリアリゼーションが生活地域で実施できないことである。

そのため，対象児・者によれば歩行の実力が習得できても，現実に歩行する生

活地域は依然，未知の状態のままということもありうる。さらに，一般的な実力といっても，多くの地域に般化できる応用力がついたとは断言しにくいケースもある。つまり，その地域をファミリアリゼーションされることによって，その実力が発揮され，さらに，その地域に必要な歩行能力が適宜，付加される場合が多いものである。

（2）在宅型による指導

入所型の指導における問題点がある程度解消され，ファミリアリゼーションを主体とした歩行指導が可能なのが在宅型の指導である。対象児・者にとっては生活地域で指導が受けられるため（生活地域での指導，Ａタイプ），歩行指導の形態としては理想的なものといえる。その長所としては，まず，指導によって歩行可能となった場所・地域がそのまま生活に役立ち，行動範囲の拡大にもつながることがあげられる。２つ目は，対象児・者の希望に則した指導が可能で，ファミリアリゼーションも現実的な場所・地域に対して実施できることである。

（3）歩行以外の指導

歩行以外の指導では，コミュニケーション機器の指導の場合，在宅型では，機器の購入は個人で行わなければならないが，入所型では施設が用意したものを指導に使用できる。指導終了後，個人で必要となれば購入すればよいのである。また，日常生活動作の指導では，在宅型は自宅で実施できるため家事に関する指導など入所型よりも効率のよい指導が可能となろう。その他，心理リハビリテーション的な対応であるカウンセリングやケースワークなどは入所型でなければ適切な実施は望みにくいだろう。

2）カリキュラムと歩行指導地域

カリキュラムと歩行指導地域における問題点には次の２つがある。

①指導地域——対象児・者の自宅付近が，まず必要な指導地域となる。そのため，対象児・者が決まらないと指導地域が定まらない。

②カリキュラムの立案——指導地域が定まらないと，必然的に具体的な指導カリキュラムも作成できない。その結果，指導が進めにくいことになる。一般的に，歩行指導は住宅地域などで基礎的歩行技術の指導を実施し，その後，準繁華街を経て繁華街へと進めていく。対象児・者の自宅が住宅地域にあれば，指導は比較的進めやすい。しかし，そうでない時，以下のような方法が考えられるが，これらは困難な場合もあり，結局はどのような地域（状況）

であれ，自宅付近から指導を開始できる指導者の高い指導力が必要となる。
（1）指導地域の選定

対象児・者の自宅付近，あるいは自宅付近以外で指導地域をその都度，選定するという方法である。前述のように対象児・者の自宅が住宅地域であれば，指導を進めていくのに比較的問題はない。しかし，それが商業地域，準繁華街などであれば，その自宅付近からの開始は難しい。この時は，自宅付近以外の指導に適した地域（住宅地域）から指導を始め，次第に自宅付近へと進めていく方法が考えられる。

しかし，この方法では真に指導に適した地域でない時があり，以下のことがらが問題点となるため実施に際して留意が必要である。

①指導内容が不十分となりがちである。
②計画性に乏しい指導となりがちである。
③地域に基づく個別カリキュラムが早期に作成される必要がある。

（2）基礎となる指導用の地域の選定

カリキュラムと歩行指導地域における問題点を解消する方法として，あらかじめ基礎的歩行技術を主体とする指導用の地域を定めておくという方法が考えられる。具体的には，基礎的歩行技術の指導用の地域を在宅型による指導の対象となる大きな地域の中にいくつか決めておく。

たとえば，A市の北，南，東，西の各方面にひとつずつ計4か所，基礎的歩行技術の指導地域を選定する。そして，その対象児・者の居住地域がこの4つの中の近い地域，たとえば，北方面の地域に近ければ，北方面の地域で実施するのである。ただし，移動など時間的な制約が多いのが課題となる。

3）対象児・者に関する留意点
（1）歩行の希望地域

「○○まで行ければよい」「○○だけの指導をしてほしい」といった，歩行指導についての希望が限定的で，多くを希望しない状態になりがちである。そのため基礎からの指導が進めにくい。

（2）歩行以外の希望

指導だけでなく，指導者を話し相手や相談相手としたいなど，他の目的で在宅型による指導を希望する場合がある。指導にラポートの形成は不可欠であるためこれらも必要であるが，適度なものとしておきたい。

（3）自習

指導が週1回といったケースが多いため，対象児・者による自習が必要である。ただし，入所型の指導であれば，適宜，自習のチェックができるが，在宅型ではそれは難しい。必要な自習を行わない，その方法が不適切である，危険の伴う予習をするなどの場合があり，留意が必要である。

（4）指導者対被指導者の関係

入所型による指導では指導者対被指導者の関係において，定められたシステムの中で指導がなされるのが一般的であるが，在宅型ではそうでない場合も起きる。そうなると，総合的にみて，指導に必要な指導者対被指導者の関係が構築されにくい時がある。指導に支障とならない程度にその関係を保持しておくことが大切である。

（5）高齢者

対象児・者が，在宅での指導を希望するのはさまざまの理由がある。その中のひとつに高齢がある。高齢化への対応が求められる現在，歩行指導もその例外ではなく，指導者は指導の技能とともに高齢者の心理，生理，福祉などに関する知識の習得が必要である。

4）指導に関する留意点

（1）歩行指導

①インテーク――指導の開始にあたってインテークが実施される。
②指導に入る前に，その指導地域がどの程度，指導に適しているかどうかを評価しておく。その内容を以下に示す。
   a．安全性の観点からみて指導に適しているか。危険な場所が多くないか。
   b．歩行能力の指導が可能な地域か。
   c．そのためのランドマーク，手がかり，目的地などの質と量は適切か。
③評価に基づいて適切な道路・ルートを選定する。
④交通機関の利用に対する指導に備える。
⑤その地域の地理を把握するために地図などを準備する。
⑥必要に応じたファミリアリゼーションを実施する。在宅型では，現地ファミリアリゼーションを中心に進めることができる。
⑦地域によっては，視覚障害児・者の歩行指導に対する周知が不充分であることから起きる誤解に対処するため歩行指導中であることの表示が必要となる。

(2) その他

① 支援者としての役割——指導者はケアマネージャー,相談者的な支援者としての役割が要求される。在宅型の場合は入所型以上にその比重が多く,そのための技能や知識が求められる。

② 指導の終了時期——入所型に比較して指導終了時期が不明確になりがちである。対象児・者によれば,さまざまな理由から終了時期が判断・決定しにくいことがある。そのため,施設があらかじめそれを明確にしておくなど,留意しておくことが必要だろう。

③ 家族の理解——指導中も指導終了後も家族の対象児・者に対する理解は欠かせない。

④ 他機関との連携——福祉事務所,医療機関,他の視覚特別支援学校,視覚障害者リハビリテーション施設などとの連携が必要である。

【引用・参考文献】

安西祐一郎・苧阪直行・前田敏博・彦坂興秀　1994　注意と意識（岩波講座認知科学9）　岩波書店

大塚達雄・井垣章二・沢田健次郎・山辺朗子（編）　1994　ソーシャル・ケースワーク論　ミネルヴァ書房

芝田裕一　1984　視覚障害者のためのリハビリテーション1歩行訓練第2版　日本ライトハウス

芝田裕一　1987　視覚障害者用タイルの問題点と指導—いわゆる点字ブロックについて—　視覚障害リハビリテーション,**26**,39-48.

芝田裕一　1990　訪問型の歩行訓練　歩行訓練研究,**5**,13-18.

芝田裕一（編）　1994　視覚障害者の社会適応訓練第2版　日本ライトハウス

芝田裕一　1995　視覚障害者の歩行とその補助具についての考察　第4回視覚障害リハビリテーション研究発表大会論文集,182-185.

芝田裕一　2000　視覚障害者のリハビリテーションと生活訓練—指導者養成用テキスト—　日本ライトハウス

芝田裕一　2003　視覚障害者のリハビリテーションと生活訓練第2版—指導者養成用テキスト—　日本ライトハウス（自費出版）

芝田裕一　2005　視覚障害児・者の歩行における手引き—その考え方・方法及び歩行訓練としての指導法—　視覚障害リハビリテーション,**62**,59-84.

芝田裕一　2007　視覚障害児・者の理解と支援　北大路書房

芝田裕一　2015　視覚障害児・者の理解と支援［新版］　北大路書房

第Ⅱ部

歩行指導の内容と方法

第7章 補助具を使用しない歩行技術と指導の留意点

補助具を使用しない歩行技術は主に屋内歩行に使用されるものであるが,屋内歩行には,本技術だけでなく,ファミリアリゼーション,環境整備など他の要因が不可欠である。また,屋外でも使用されることがある。

1. 補助具を使用しない歩行技術

1）手による伝い歩き
（1）方法

壁など,伝う物から20～25cm程度離れて平行に立ち,壁側の腕を伸ばしたまま手を腰の高さになるように,つまり,身体と腕の角度が約45°程度となるように前方へ出す（肩で屈曲,図7-1）。その手の小指と薬指,場合によっては中指

図7-1　手による伝い歩き1

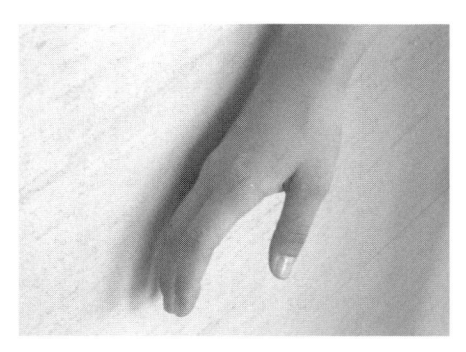

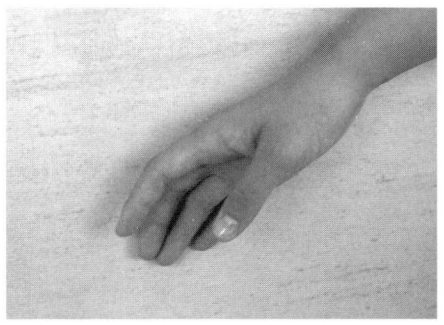

図7-2　手による伝い歩き2（手の形）

を軽く曲げてその甲を壁面に触れ，滑らせるように壁にそって歩行する（図7-2）。

（2）注意事項

①身体が壁など伝うものに近づきすぎないよう，また離れすぎないようにする。

②腕は前方に出すことにより物を確認できるので，身体の横や後ろにならないようにする。

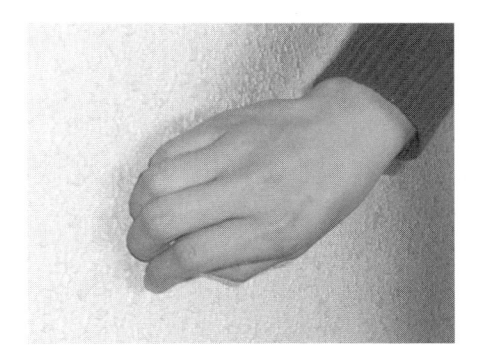

図7-3　ツメによる伝い歩き

③左右どちらの腕でもできるようにする。

④伝う物の表面がザラザラしていて伝いにくい場合は，常時，伝い歩きせず，時々，伝う物に触れるようにするか，ツメを利用して伝ってもよい（図7-3）。

⑤指先や腕が不必要に緊張しないようにする。

⑥不慣れな環境の時，全体的に既知の環境であってもその場面だけ不慣れな時，記憶が曖昧な時，弱視児・者の場合で照明が暗い時やコントラストの不明瞭な時など，いつ，どのような時に必要な歩行技術かを理解する。

⑦状況によって，上部，あるいは下部防御（後述）と併用する，手以外にすねや足によって伝い歩きをする場合がある。

2）手による防御1：上部防御

（1）方法

腕を伸ばしたまま前方へ肩の高さまで上げる（肩で屈曲）。肘の角度を100°〜

120°程度となるように手前へ曲げ（肘で内転），手で反対側の肩まで保護できるようにする（図7-4）。

（2）注意事項

①掌は外向き，内向き，水平などどれでもよいが，触れた物への衝撃が大きすぎないよう弾力性をもたせる。

②腕が下がりすぎたり，手が内側に入って反対側の肩が防御できないことのないようにする。

③左右どちらの腕でもできるようにする。

④不慣れな環境の時，全体的に既知の環境であってもその場面だけ不慣れな時，記憶が曖昧な時，障害物が前面にある時，廊下を横断する時や，弱視児・者の場合で照明が暗い時やコントラストの不明瞭な時など，いつ，どのよう時に必要な歩行技術かを理解する。

⑤必要に応じて，手による伝い歩きや下部防御と併用する。

図7-4　上部防御

3）手による防御2：下部防御

（1）方法

腕を伸ばしたまま10〜15cm程度前方へ出し（肩で屈曲），手の甲を外側（進行方向），手のひらを内側（身体側）に向くようにする（回内）。腕を伸ばしたまま肩で内側へ曲げて手を身体の中央に位置させる（肩で内転）。つまり，腕を伸ばしたまま手を身体の中央に位置させて身体から10〜15cm程度離し，手の甲が進行方向を向くようにする（図7-5）。

図7-5　下部防御

（2）注意事項

①肘を曲げたり，手を突き出したりして防御できないことのないようにする。

②左右どちらの腕でもできるようにする。

③主に，室内で使用するが，その他，上部防御の項で記述した時など，いつ，どのような時に必要な歩行技術かを理解する。

④必要に応じて，手による伝い歩きや上部防御と併用する。

4）防御の応用：落とし物の拾い方

手による防御は，落とし物を拾う場合に応用できる。

（1）方法

落とした物の音を手がかりにしてその物の方を向き，音源の方向，そこまでの距離を判断し，手による防御でその物に近づく。その場でしゃがむが，その方法は次の2つがある。

①上部防御を変形し，手で顔面を防御するようにしてしゃがむ（図7-6）。
②上部防御で上半身を曲げないで，前かがみにならないようにまっすぐしゃがむ。

図7-6　落とし物の拾い方

上部防御，あるいは顔面の防御のまま，もうひとつの手で探す。その探し方は次の通りである。

①らせん（同心円）を描くようにする。
②前後に波形を描くようにする。
③左右に扇形を描くようにする。

見つからない場合は，左右に90°向きを変えて，同様に探す。この時，当初の向きと位置を忘れないようにする。

（2）注意事項

①音を手がかりにするため，落とした物，床の材質，その場所などにより，本技術の使用には限界がある。
②音源定位は左右より前後に対して錯覚しやすく，定位しにくい。

5）方向の取り方1：直角の方向の取り方

ここでいう「直角」とは，「平行」に対するもので，方向を取るものと進行方向の角度が直角となるという意味である。

（1）方法

壁など，方向を取る物に背を向け，両足のかかと，背面を接着させ，それによって直角の方向を取る（図7-7）。

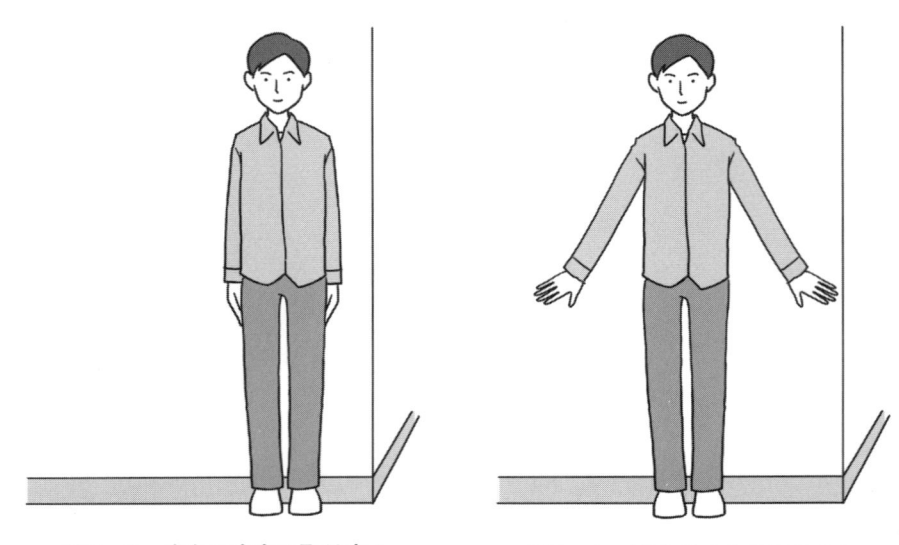

図7-7　直角の方向の取り方1

図7-8　直角の方向の取り方2

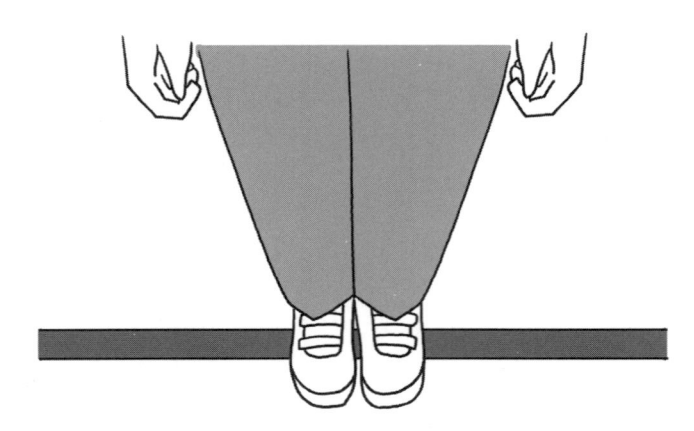

図7-9　直角の方向の取り方3

(2) 注意事項
①屋内で廊下を横断するなど，手による伝い歩きができない時など，いつ，どのような時に必要な歩行技術かを理解する。
②かかと，背面に加えて両手を接着するとより方向が取りやすい（図7-8）。
③ベッドなど背の低いものはかかとやふくらはぎを接着させて方向を取る。

④敷居，階段の縁などはそれを両足底をそろえて踏むことによって方向を取る（図7-9）。
6）方向の取り方2：平行の方向の取り方
（1）方法
　壁など，方向を取る物に手を触れ，それに身体を近づける。その方向を取る物にそって手を前後に動かすことにより平行の方向が理解できるので，必要に応じて身体の向きを修正して方向を取る。
（2）注意事項
　①屋内で廊下を横断するなど，手による伝い歩きができない時などいつ，どのような時に必要な歩行技術かを理解する。

2．指導の留意点

1）歩行技術に関する留意点
（1）屋内歩行における運動学習
　歩行技術の習得と駆使は，身体行動の制御と関連が深い。しかし，補助具を使用しない歩行技術は，より身体行動の制御（主に上肢）との関連が深いものである。身体行動の制御は，基礎的能力における運動感覚（感覚・知覚），および運動に関係しているが，この指導は回数を重ねて実施しなければ定着しにくいため，くり返しによる指導が必要である（第4章参照）。
（2）家屋内の歩行
　わが国の場合，施設，学校，役所，福祉センター，病院などではこれらの歩行技術が有効であるが，靴を脱いでの行動が主流の家屋内における歩行ではそれだけでは十分とは言えない。たとえば，座敷用の机，こたつ，座椅子などは下部防御では対応が困難であるし，タンスなどの家具が壁側に併置されていれば手による伝い歩きは容易ではない。また，畳上やフロアー上に物が乱雑に置いてあれば，補助具を使用せずに歩行するのは非常に困難となる。そのため，環境・状況によって補助具が必要になることがある。事例を以下に示す。
　＜事例7-1＞
　　a．プロフィール：40歳，男性，中途視覚障害者（全盲）
　　b．状況：彼には5歳の男児がおり，部屋内で自動車などのおもちゃなどを置きっぱなしにしておくことがある。そのため，それらが障害物となり，蹴つ

まずく，蹴飛ばす，踏みつけるなどの行動を誘発させる。
　c．指導：白杖は屋外歩行に使用するため石突きが汚れていて不潔であることから使用できない。そこで，スライド式の釣り竿を適当な長さに延長し，それによってタッチテクニックかスライド法により屋内を歩行するよう指導する。屋内であるため，釣り竿は白杖に必要な条件は満たしていなくても不十分ではなく，有効な歩行補助具となっている。ただし，家族には可能であれば障害物となるものは逐一整理整頓すること，ゴミ箱，新聞・雑誌ラック，小机など可動な家具などの置き場を決め，その位置を移動させないこと，ドアは閉めるか全開にして半開きにしないことなどを徹底してもらう。

2）ファミリアリゼーションと環境整備

　屋内歩行においては，本技術だけの歩行は容易ではないため，まずその歩行環境がファミリアリゼーションによって対象児・者に熟知されていることが必要である。また，屋内では，環境整備が必要である。机，椅子，ロッカー，傘立て，家具など置かれている物の配置がファミリアリゼーションによって対象児・者に知らされていることが前提となり，それらの物を対象児・者に知らせずに移動させないようにすること，ドアを半開き状態にしておかないことなどがある。

3）防御の応用：落とし物の拾い方

　防御の応用である落とし物の拾い方は，基礎的能力の評価や指導に利用できる。

3．補助具を使用しない歩行の成り立ち

　補助具を使用しない歩行の内容はアメリカのものと大きな相違はない。用語については，アメリカから導入された当初，直訳が使用されたり，いくつかの名称で呼ばれるなど視覚障害児・者にとって理解し難いところがあった。たとえば，trailing technique は「トレーリング」（日本ライトハウス，1973）， hand and forearm technique は「腕による防御方法」（岩橋，1968），「手と前腕を利用する方法」（岩橋，1974），「前腕使用の技術」（日本ライトハウス，1975）， upper hand and forearm technique は「手を上げ，前腕を利用する屋内単独歩行」，lower hand and forearm technique は「手を下げ，前腕を利用する屋内単独歩行」，squaring off は「身構えをすること」（日本ライトハウス，1973），「スケアリング・オフ」（岩橋，1974；日本ライトハウス，1975）とされていた。そのため，その後，trailing technique は「手による伝い歩き」， hand and forearm technique は「手

による防御」，upper hand and forearm technique は「上部防御」，lower hand and forearm technique は「下部防御」，squaring off は「直角の方向の取り方」と定められた（芝田，1984）。また，アメリカでは direction taking（平行の方向の取り方）と squaring off はそれぞれ独立した歩行技術とされているが（Hill & Ponder，1976），両者は機能的にはともに方向の取り方であるため，日本ではひとつの歩行技術としてまとめられている（芝田，1984）。

【引用・参考文献】
Hill, E., & Ponder, P. 1976 *Orientation and mobility techniques: A guide for the practitioner.* American Foundation for the Blind, New York.
岩橋英行（監）　1974　視覚障害者の歩行および訓練に関する参考資料集（その3）　日本ライトハウス
岩橋英行（監）　1968　失明者歩行訓練指導要領　日本ライトハウス
日本ライトハウス　1973　厚生省委託歩行指導員養成講習会講義資料　日本ライトハウス
日本ライトハウス　1975　視覚障害者のための歩行訓練カリキュラム（Ⅰ）　日本ライトハウス
芝田裕一　1984　視覚障害者のためのリハビリテーション1歩行訓練第2版　日本ライトハウス
芝田裕一　2007　視覚障害児・者の理解と支援　北大路書房
芝田裕一　2015　視覚障害児・者の理解と支援［新版］　北大路書房

第8章　白杖

　白杖は，視覚障害児・者のシンボルといえるものであるが，それだけでなく，歩行に必要な安全性の確保と路面の手がかりやランドマークなどの情報入手のための大切な手段である。歩行にはその視覚障害児・者に適した白杖が定められる。

1．法令と白杖

1）法令による白杖と視覚障害児・者

　道路交通法および道路交通法施行令では，白杖と視覚障害児・者については以下のように定められている。

（1）道路交通法第14条―目が見えない者，幼児などの保護―

　「第14条第1項　目が見えない者（目が見えない者に準ずる者を含む。以下同じ。）は，道路を通行する時は，政令で定めるつえを携え，又は政令で定める盲導犬を連れていなければならない。
第2項　目が見えない者以外の者（耳が聞こえない者および政令で定める程度の身体の障害のある者を除く。）は，政令で定めるつえを携え，又は政令で定める用具を付けた犬を連れて道路を通行してはならない。(略)」

（2）道路交通法第71条―運転者の遵守事項―

　「第71条　車両などの運転者は，次に掲げる事項を守らなければならない。(略)
第2項　身体障害者用の車イスが通行している時，目が見えない者が第14条第1項の規定に基づく政令で定めるつえを携え，若しくは同項の規定に基づく政令で定める盲導犬を連れて通行している時，耳が聞こえない者若しくは同条第2項の規定に基づく政令で定める程度の身体の障害のある者が同項の規定に基づく政令で定めるつえを携えて通行している時，又は監護者が付き添わない児童若しくは幼児が歩行している時は，一時停止し，又は徐行して，その通行又は歩行を妨げないようにすること。(略)」

（3）道路交通法施行令第8条

　道路交通法第14条の政令はこの道路交通法施行令をさすが，その内容は次のようになっている。

　「第8条　法第14条第1項および第2項の政令で定めるつえは白色又は黄色のつえとする。
第2項　法第14条第1項および第2項の政令で定める盲導犬は，（略）社会福祉法人で国家公安委員会が指定したものが盲導犬として必要な訓練をした犬又は盲導犬として必要な訓練を受けていると認めた犬で，内閣府令で定める白色又は黄色の用具を付けたものとする。（略）
第4項　法第14条第2項の政令で定める程度の身体の障害は，道路の通行に著しい支障がある程度の肢体不自由，視覚障害，聴覚障害および平衡機能障害とする。（略）」

2）法令の改善点

　第14条など，道路交通法全体では，視覚障害児・者を「目が見えない者（目が見えない者に準ずる者を含む）」と表記されているが，これでは障害の程度が曖昧であるため，身体障害者福祉法の身体障害程度など級と整合させて「身体障害者福祉法でいう視覚障害児・者」あるいは，「身体障害程度など級〇級から〇級の者」などとするのが妥当だろう。

　第71条では，車両などの運転車は一時停止し，又は徐行するよう定めているが，視覚障害児・者にとって，徐行されると車音が聞こえないためかえって危険な場合があり，一時停止だけとするのが適切である。さらに，視覚障害児・者が誤って車道や道路の中央を歩行するなど危険性が高いと判断される状況では，運転者は下車して視覚障害児・者を安全な場所まで誘導（手引き）するということを付加することが必要であろう。

　道路交通法が視覚障害児・者にふれているのは僅かにこの2条文で，視覚障害児・者の歩行において事故が起きる可能性が高い道路横断については全くふれられていない。しかし，アメリカの道路交通法では，視覚障害児・者の歩行におけるつまずきを考慮して，視覚障害児・者が白杖携帯もしくは盲導犬携行によって赤信号で横断をした場合，運転者は停止しなければならないとされている。

　日本では，歩車道の区別のない道路が主流でアメリカよりも遥かに危険性が高く，この点を条文に挿入することが喫緊の課題である。また，道路交通施行令で

黄色の杖も可としているが，現状ではすでに白杖が普遍化しており，白色だけの表記と改正されることが肝要であろう。

その他，道路交通法などに関する改善点は芝田（2007, 2015）に詳しい。

2．歩行に使用される白杖

1）白杖を携帯する目的

白杖を携帯する目的は，以下の３つである。

①安全性の確保——タッチテクニックなどによる白杖操作によって１～２歩前方を確認していくことで物体の存在や段差の落ち込みの認識など安全性を確保する。

②情報の入手——伝達性に優れた白杖を使用することにより路面の変化における手がかりやランドマークなどに関する情報を入手する。

③視覚障害児・者としてのシンボル——走行する自動車，バイク，自転車や通行者などに対して視覚障害児・者の存在を示すシンボルとなり，社会の注意を喚起し，援助依頼時に有効となる。弱視児・者の中には，白杖ではなく，保有視覚によって安全性の確保，および情報の入手が可能となる場合があるが，この視覚障害児・者としてのシンボルという目的として携帯する意義がある（第21章参照）。

2）歩行に適した白杖の条件

歩行に適した白杖の条件には次の４つがあげられる。

①耐久性——歩行はかなり白杖を酷使するものであるため，丈夫で長時間の使用に耐えられるもの。

②情報の伝達性——情報を入手するために伝達性に優れたもの。一般的にはおりたたみの杖より直杖の方が伝達性は優れている。

③重量——白杖は重すぎると振るのが困難であるが，あまりに軽量であっても不適で150～200gぐらいが適当である。この重量は次のバランスとも関係する。

④バランス——長時間操作してもあまり疲労せず，振り易い白杖としては白杖の重心が通常，グリップの方から１／３くらいのところにあるものが適している。また，重量が重くなればなるほど重心がよりグリップに近い方にあるのが望ましい。

⑤その他——安価であること，購入しやすいこと，石突きの付け替えなど修理が容易であることなどがある。

3）白杖の構造・材質

白杖は，グリップ，シャフト，石突きの部分で構成されている（図8-1）。

（1）グリップ

グリップは握りやすく，しっかり握れるものがよい。通常，その握りやすさ，経済性からゴルフクラブのグリップが活用されている。また，グリップの先にカサの柄のようになったクルック（わん曲部）が付属しているものもある。

（2）シャフト

シャフトは白杖の本体であり，特に，前述の歩行に適した白杖の条件の大部分はこのシャフトに対するものである。材質としては，グラスファイバーやアルミ合金が使用されているが，現在は同じグラスファイバーやアルミ合金でもより軽量で耐久性のあるものが開発され，普及している。非常に大きな力が白杖にかかった場合，グラスファイバーは折れ，アルミ合金では曲がってしまうが，アルミ合金が曲がってしまう程度の力よりもさらに大きな力がかからないとグラスファイバーが折れることは少ない。

また，白杖による伝い歩き（第9章参照）で，ガイドラインのタイプA（側溝のように落ち込んでいるもの）にそって歩行する方法では，側溝の角を白杖でわずかに擦るような操作をする。そのため，常時，白杖による伝い歩きで歩行する

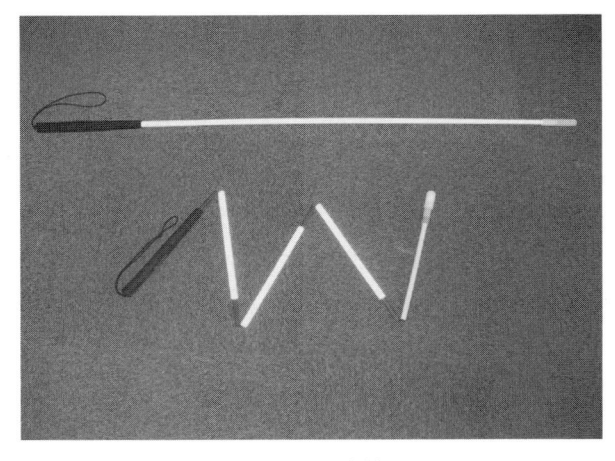

図8-1　白杖

というような特殊な歩行を行えば，グラスファイバーでは，その側溝の角にあたる部分が摩滅してしまうことがある。

（3）石突き

石突きは丈夫で滑り易いことが重要である。通常，ナイロンが材質として使用されている。石突きの形状は，当初はシャフトとほぼ同じものが使用されていたが，対象児・者と歩行環境に応じた直径が大きいもの，ボール状のもの，ローリングするものなどいくつかの種類が開発され，評価・実践が報告されている（関口・久光，1989；米原・芝田，1996）。

石突きは，摩滅するため必要に応じて新しいものと取り替えなければならない。シャフトにかぶせられるよう挿入されているため，取り替えを忘れてシャフトがけずれ，摩滅していくということのないよう留意が必要である。

（4）その他

シャフトには夜間にドライバーなどから白杖が見えるよう反射テープが巻かれていることが多い。

4）白杖の種類

白杖には，直杖とおりたたみ式の2種類がある。

（1）直杖

直杖（one-piece cane）おりたためない杖のことで，歩行に適した白杖の条件を満たしており，特に，耐久性，伝達性ではおりたたみ式よりはるかに優れている。ただ，直杖は歩行しない時，たとえば，喫茶店，レストラン，電車，バスなどで座席に座った場合など，その置き場に困ることが多いというのが欠点となる。

（2）おりたたみ式の杖

おりたたみ式の杖（collapsible cane, folding cane）ハンディーであり，持ち運びに便利な点が長所である。しかし，ジョイント部分に弱点があり，耐久性，伝達性の面で直杖より劣るため単独歩行にはあまり適さない。おりたたみ式は，旅行，手引きによる歩行時に使用し，単独歩行には使用しないのが望ましい。そのため，常に直杖とおりたたみ式の2種類を購入しておき，必要に応じて使い分けるのがよい。

3．白杖に関する諸事項

1）白杖の長さの測定

　白杖の長さは，対象児・者の身長，歩行速度，歩幅などによって変化する。通常，直立して下から，剣状突起（胸骨の下にある突起）より5〜10cmほど上の高さを基準にする。また，身長から40〜45cm程度減じた高さを基準にする方法もある。しかし，これはあくまで基準であり，これに固執せず，その視覚障害児・者の以下の状況などを考慮して適切な長さを測定する。

①体格，腕の長さ，歩幅——大きい場合はより長くする。

②歩行速度——速い場合はより長くする。

③反応時間——遅い場合はより長くする。

④視覚障害児・者の希望——安全性が確保できていてもさらに長めのものを希望するなどがある。

⑤石突きの摩滅——石突きが取り替え時には未使用時からすれば3〜5cm程度は摩滅すること，靴底の厚さの分は身長に加えておくことなどを考慮する。

　以前，白杖の長さは剣状突起より約3cm上の長さを基準とし（日本ライトハウス，1975），これが固守される傾向があった。その後，歩行指導の普及，歩行の条件の確立（安全性の確保に対する認識の向上，個別性の検討における視覚障害児・者の希望の増加）などの理由から現在のような長さに対する考え方となり，さらにそれを一応の基準とするという表現になっている（芝田，1984）。それは歩行の条件における個別性の検討として，ケースに応じて柔軟に判断する姿勢がより重要視されているからである。以下はその事例である。

＜事例8-1＞

a．プロフィール：47歳，男性，中途視覚障害児・者（全盲）

b．状況（相談主訴）：受障（18歳時）後，独自で歩行方法を習得するが，その歩行が適切かどうかの判断を求められる。本人は首までの長さの白杖を使用している。

c．評価・指導：基礎的能力が高く，さらに歩行能力・歩行方法にも大きな問題点はなく，いくつかの必要なアドバイスを実施した。首までの長さの白杖については，これを適切に操作しており，歩行の条件からみて安全性は確保されている。通常，首までの長さの白杖は能率性の低下を招くことがあるが，

これに対しては違和感を訴えていないことからこの白杖の長さの変更をする必要はないと判断する。

2）白杖の作成時期

白杖による歩行指導の開始時には，適切な長さの判断が難しい場合がある。そのため，指導を開始する時には，まだその対象児・者用の白杖を作成せず，学校・施設，あるいは指導者が基準に基づいた適切な長さの白杖を貸し出しておき，ある程度，指導が進んで，その対象児・者に適した長さが確定してから作成するのが望ましい。また，視覚障害児の場合は身長の伸びに伴って白杖を長くしていく必要があるためこのような対応が不可欠である。

3）白杖の手入れとメンテナンス

普段から歩行後，白杖を拭いておくなどの手入れが必要である。また，石突きの摩滅具合を確認して適切な時期に交換をする。特に，石突きが摩滅しすぎると本体であるシャフトを削ってしまうことになるので注意を要する。

4）補助具としての白杖

白杖は今後，より一層の改良がなされ，より直杖に近い形のおりたたみ式のものが，また，前述の歩行に適した白杖の条件の面からみてもより高品質の直杖の開発がなされており，今後もさらに良質のものが期待される。しかし，白杖は補助具であり，白杖になんらかの音響装置や発光体を付属させるだけでは質の向上とは言えない。シャフトに貼付される反射テープはそれがないと安全性が確保できないという程重要なものではない。一般には，視覚障害児・者が有する潜在的能力，つまり指導によって有意に発揮できる能力を過小評価し，反射テープ，さらに視覚障害者誘導用ブロックなどの補助具に偏重し，それらに過度に期待されがちとなることがある。

しかし，補助具よりもそれを使いこなす視覚障害児・者の歩行能力であることが看過されてはならないし，それとともに社会の理解の向上（視覚障害児・者の歩行を可能とする要因，第1章参照）も大切となる。

5）白杖の変遷と現状

棒，杖，犬などの歩行補助具は，聖書が書かれた時代から使用されている。まず，盲導犬については，1916年にドイツのオルデンブルクに世界で初めての訓練施設が設立された（葉上，2009）。アメリカでは，1929年にドロシー・H・ユースティス（Eustis）らによって初めての訓練施設（Seeing Eye：シーイングアイ）

がテネシー州ナッシュビルに創設された。杖については，白杖の概念が第一次世界大戦中からヨーロッパで普及し，最初の白杖に関する法令が1930年アメリカ，イリノイ州ペオリアで成立した後，1931年カナダのトロントでの国際ライオンズクラブ大会で白杖を視覚障害児・者の歩行補助具として使用することが決議されている（Hoover, 1950；Malamazian, 1970）。

この国際ライオンズクラブ大会での決議に対して，歩行に使用される白杖は，それが白杖への依存のシンボルとなり，また，視覚障害児・者をより目立たせるという理由で，多くの視覚障害児・者やその家族からは抵抗が示されたが，結果として定着していくことになる。その後，リチャード・E・フーバー（Hoover）らによって歩行指導の体系が組織化されるに伴って，白杖は当時一般化していた短いものから長いものへ，材質も重く操作しにくい木製から軽い耐久性のある金属管（アルミニウム製）へと改良され，現在使用されている原型が確立された（Hoover, 1950；Malamazian, 1970）。日本でもこの概念を踏襲し，現在に至っている。

日本の白杖については，1939年（昭和14）に傷兵保護院（後の軍事保護院）から刊行された『盲目歩行に就いて』に視覚障害児・者の歩行用の杖は白色もしくは赤色を使用しているという記述がみられる（木下，1939）。

【引用・参考文献】
葉上太郎　2009　日本最初の盲導犬　文藝春秋
Hoover, R. E. 1950 The cane as a travel aid. In P. A. Zahl (Ed.) *Blindness: Modern approaches to the unseen environment*. Princeton University Press, Princeton, New Jersey.
木下和三郎　1939　失明傷痍軍人保護資料（五）盲目歩行に就いて　傷兵保護院
Malamazian, J. D. 1970 The first 15 years at Hines *Blindness 1970 AAWB Annual*, Pp. 59-77. 芝田裕一（訳）1995　アメリカにおける歩行訓練の成立関係資料　ハインズにおける最初の15年間　視覚障害リハビリテーション，**42**, 3-34.
日本ライトハウス　1975　視覚障害者のための歩行訓練カリキュラム（Ⅰ）　日本ライトハウス
関口　誠・久光順子　1989　使用者からみた従来の石突きとマシュマロ型石突きの違い　第13回視覚障害歩行研究会論文集，30-31.
芝田裕一　1984　視覚障害者のためのリハビリテーション１歩行指導第２版　日本ライトハウス
芝田裕一　2007　視覚障害児・者の理解と支援　北大路書房
芝田裕一　2015　視覚障害児・者の理解と支援［新版］　北大路書房
米原孝志・芝田裕一　1996　視覚障害者の雪道歩行について　視覚障害リハビリテーション，**44**, 19-30.

第9章　白杖操作技術と指導

　タッチテクニック，白杖による伝い歩きなどの白杖操作技術は，視覚障害児・者の歩行の基礎となる重要なものである。これを確実に習得することが他の歩行能力の習得につながり，そして視覚障害児・者の歩行が可能となる。

1．白杖携帯時の歩行技術

　白杖携帯時の歩行技術として，手引き時の白杖の持ち方，白杖の置き方，自動車乗降などがある。

1）手引き時の白杖の持ち方
（1）方法
　グリップより下で白杖をやや短めにし，身体に付けるようにして持つ（図9-1），あるいは，白杖による防御の形で持つ。

図9-1　手引き時の白杖の持ち方

（2）注意事項

① 手引き者が不慣れな場合や安全性の確保が難しいと考えられるような環境では，タッチテクニックかスライド法のいずれかで対象児・者自らが前方を確認することも必要である。特に，段差や階段（特に下る場合）のステップの位置確認では白杖の使用は有効である。ただし，白杖が手引き者の歩行や周囲の迷惑にならないように注意する。

② 手引きによる歩行時であっても，溝を渡る，電車乗降などには白杖で確認する方法がある（芝田，2007，2015）。

③ 手引きによる歩行時，荷物などはできるだけ手に持たず，デイパックなど背負えるものが適切である。荷物を持つのに片方の手を使用する場合は，白杖は手引きされている方の手で手引き者の腕と合わせて持つことがある。

④ 手引きによる歩行時においても白杖を持つことが習慣化するよう白杖を携帯する目的，利用方法を理解する。

2）白杖の置き方

（1）方法

周囲の状況を判断し，机やイスなどに対して平行あるいは直角に白杖を床に寝かせて置く。この時，取りやすいようにグリップは自分の近くに置く。

（2）注意事項

① 倒れることがなければイス，コーナーなどに立てかけておくか，傘立てなどに入れてもよい。

② 傘の柄のようなクルックがついている白杖は，帽子かけなどのフックに掛けてもよい。

③ 置いたり，取ったりする時に必要であれば上部防御を用いて安全性を確保する。

3）自動車乗降

（1）方法

他者への安全確保のためドアを開けてもよいか確認してからドアを開ける。その時，もう一方の手で開けたドアを確認し，他の手で屋根，そしてシートを確認する（図9-2）。ドア，もしくは屋根に手を置きながらシートに背を向けるようにして腰から車内に入り，シートに座る。シートに座れば身体を90°回しながら両足を車内へ入れて正しい位置に座り，白杖を車内へ入れる。最後にドアを閉め

図9-2　自動車乗降

てよいか確認して閉める。
（2）注意事項
①ドアの開閉については，他者への安全性確保のため常に周囲の人や運転者に確認する。
②頭をドアや屋根に激突しないよう注意する。
③ドアは乗降に必要な分だけ開け，不用意に大きく開けない。
④白杖の出し入れについては，同乗者の迷惑にならないよう，またドアに挟まれないように注意する。
⑤シートベルトの着脱方法を理解する。
⑥ドアロックや窓の開閉方法，必要に応じてエアコン・オーディオなどの操作方法を理解する。
⑦必要に応じて自動車のファミリアリゼーションによって，数多くの車種を経験する（第16章参照）。
（3）指導の留意点
①視覚障害児には自動車の基本的な概念を学習するためのファミリアリゼーションが必要となる。
②中途視覚障害者で，障害を負ってからの年月の長いケースでは，以前とは異なっている現在の車種の乗降経験が必要である。
4）その他の白杖携帯時の歩行技術
①白杖に触れた物を確認したい場合は，白杖にそって手を下ろすことによって行う（図9-3）。
②ドアのノブなどの突起物を探す時は，白杖をドアに触れさせたまま左右に倒

図9-3　白杖が触れた物の探し方 　　図9-4　白杖によるドアノブの探し方

すことによって確認する（図9-4）。

5）白杖携帯時の歩行技術の成り立ち

以上の白杖携帯時の歩行技術はアメリカでの方法をほぼそのまま踏襲したものである。しかし，日本では当初，岩橋（1968）はこれらにふれておらず，1973年度の厚生省委託歩行指導者養成講習会でも指導はされていない（日本ライトハウス，1973）。このことから，指導対象とはされていなかったことがうかがえる。その後，まず自動車乗降のみが指導対象とされ（日本ライトハウス，1975，1977），1984年にその他も加えた白杖携帯時におけるすべての歩行技術が指導対象とされた（芝田，1984）。

2．白杖による防御

白杖による防御は当初から大きく変化していない。ただ，英語では diagonal technique という用語が，当初は「対角線法」という直訳語となっていた（岩橋，1974；日本ライトハウス，1975）。しかし，この用語では対象児・者にとっては馴染みにくく，分かりづらいことから現在は「白杖による防御」となっている（芝田，1984）。

1）方法

白杖の持ち方には，以下の方法がある。

①手首を内側に捻って親指以外の4本の指で握りこみ，親指を伸ばして親指でコントロールする（図9-5a）。

②タッチテクニック（次節参照）と同様の持ち方で手首を内側に捻る（図9-

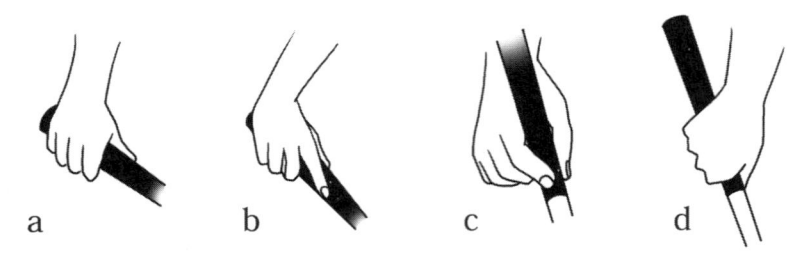

図9−5　白杖による防御の手の形

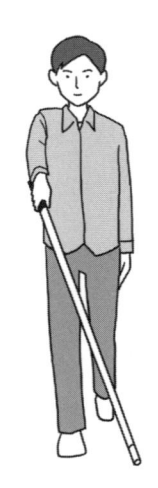

図9−6　白杖による防御

5b)。
③鉛筆を持つように握る（図9−5c）。
④親指や人差し指を伸ばさずに白杖を握る（図9−5d）。

　①〜④のいずれかの方法で白杖を持ち，肩で屈曲させ，白杖を持った腕と身体が30〜45°の角度になるよう腕を前方へまっすぐ伸ばし，白杖を身体の正中線に対して対角線に構える（図9−6）。白杖を右手で持つ場合，グリップの先端は身体の右側より，石突きの先は身体の左側よりそれぞれ少し外側に出るよう白杖の長さを調節する。石突きの位置は，床から3〜5cm程度浮かす，床を滑らせる，時々床につけるなどの方法がある。

　2）注意事項
①白杖が不安定にならないようにする。

②石突きの先が床から離れすぎないように，また，石突きが身体側に近づきすぎないようにする。
③腕を肩で屈曲させず，白杖を斜め前方へ伸ばす方法もある。つまり，白杖を右手で持っている場合，グリップを持つ右手は下に降ろして右体側付近に位置させ，石突きは左肩より少し外側で身体の１～1.5m前下方に位置させる。
④左右どちらの手でも使用できるようにする。
⑤白杖を持っていない手で伝い歩きしたり，また，石突きの先を壁などに付けて石突きによる伝い歩きをしてもよい。
⑥必要に応じて上部防御と併用する。
⑦路面（床面）に付けてスライドさせてもよい。
⑧白杖による防御で白杖の石突きを壁等に触れて伝い歩きする方法もある。

3）指導の留意点

白杖による防御は屋内で使用する場合が多い。白杖による防御の白杖の持ち方や防御には複数の方法があるため，歩行の条件から考慮してその状況に応じた適切な方法を選択決定し，指導する。

3．タッチテクニック

1）方法

（1）白杖の握り方

グリップが掌の中心にくるようにし（図９-７a），人差し指をグリップに当て，シャフトにそってまっすぐ伸ばす（図９-７a）。親指はグリップの上に置き，他の４本の指でグリップを握り込む（図９-７b），あるいは，親指をグリップの横に回して握る。その時，手の甲は外側に向ける。

（2）白杖の構え方

腕を前方に伸ばし，手首を身体の中心になるように構え（図９-８），腕は腰の高さに位置にする（図９-９）。

（3）白杖の振り方（白杖の振り幅）

白杖は，両方の肩幅よりやや広く，手首を支点に左右均等に弧を描くように振り（図９-10），両端は地面に軽く触れるよう

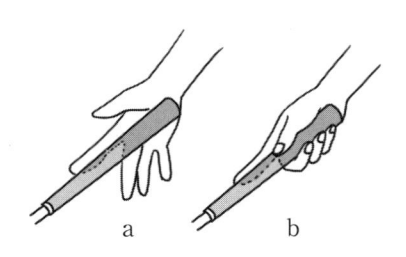

図９-７　タッチテクニックの手の形

図9-8　タッチテクニックの構え方

図9-9　タッチテクニックの構え方

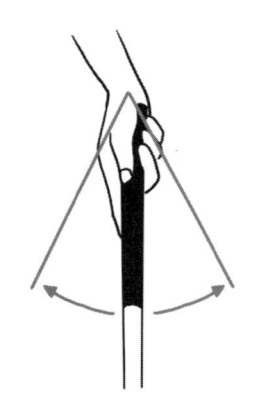

図9-10　タッチテクニックの振り方

にする。弧の中央は地面から3～5cm程度浮かすように振り，あまり高くならないようにする。

（4）白杖を振っての歩き方

　右足を踏み出す時に左へ，左足を踏み出す時に右へ白杖を振り，地面に軽く触れるようにして足の踏み出しと白杖が同時に地面に触れるようにする。

2）注意事項

①タッチテクニックでは，上半身の障害物が探知できないことがある。そのため，場合によっては手による防御（上部防御）を併用するなどの方法が必要である。

②白杖の振り幅が狭すぎたり，広すぎたりしないようにする。狭すぎると障害物が探知できずに安全性が低下して危険であり，広すぎると余分な障害物を探知して歩行の能率性を低下させる。

③上記の方法は一般的なものであるため，この方法を一様なものとして固執せず，歩行の条件の安全性の確保，能率性の検討，社会性の検討だけでなく，個別性の検討も考慮したその視覚障害児・者に応じた方法を指導することが重要である。

④白杖の握り方における親指は，アメリカではグリップの横に回し込む方を主流としている（Hill & Ponder, 1976）が，日本では当初よりグリップの上に置いてもよいし，あるいはグリップの横に回し込んでもよいとなっている（日本ライトハウス，1975）。しかし，指導者の中にはこの親指の位置をどちらか一方に固執する場合がみられる。歩行を総合的にみた場合その握りの安定性はどちらでも大きく変わるものではなく，ケース・バイ・ケースでの判断が大切である。

⑤例外的な事例として，肥満のために手首を身体の中心になるように構えることができないため，右側で白杖を持ち，左に大きく振ることによって両方の肩幅よりやや広い範囲をカバーするようにしたケースもある。他にも，不安から手首を支点に左右均等に弧を描くように2点で地面に軽く触れるよりは身体の中心位置を含めた3点で触れることを希望したため，白杖を右側，中央，左側と3点で地面に触れるようにし，ひとつのストライドで3点，つまり，2拍で3連符というリズムでの歩行となったケースなどがある。

3）指導の留意点

運動感覚や運動が基本となっている歩行技術であるので，くり返しによる安定化が目指されなければならない。また，基礎としての指導時期だけ指導するのでなく，その後の基礎的歩行技術などの指導でも継続しての指導が必要である。指導は，①静止しての白杖の振り（白杖の振り方），②リズム歩行（白杖を振っての歩き方），③直進歩行の順序で実施される。

（1）静止しての白杖の振り

①白杖の振り方に主眼を置いて指導する。
②白杖の振り幅のフィードバックでは，手首の運動感覚も意識する。
③腕・手だけで白杖を保持して操作する。
④白杖を重く感じる場合，肘を身体に接触させて腰付近に腕を乗せて操作しがちであるので注意する。このように操作すると歩行した場合，運動や方向が不安定になることがある。

（2）リズム歩行

①リズム歩行は，まず，基本的にリズムが重要であるタッチテクニックのリズム，つまり，白杖を振りながら歩くことを指導する。その後，白杖の振り方，つまり，「手首の位置」「白杖の振り幅」と歩行が安定するよう指導する。

②廊下などで実施するのが適している。それは，屋外では車音などがあり，それに対する不安を考慮したものである。これに関する事例として，比較的スムーズに指導が進んだため屋外でリズム歩行を実施しようとしたのであるが，不安を訴えたためリズム歩行を屋内での指導から再開したケースがあった。

③リズム歩行は，白杖の振りと歩みをあわせることが目的であるため，この時点では，指導者が対象児・者に声をかけるなどしてビアリング（第11章参照）が起きないようにする。

④指導者が手を叩いてリズムを取るという補助をしてもよい。当初は必ず声を出すか，手を叩いて誘導するというようにされていた（日本ライトハウス，1975）。しかし，そういう補助がなくても習得が進むこともあるため，補助をするかどうかはその対象児・者によって判断することが大切である。また，補助をしたとしても，対象児・者が自身でリズムが取れることが重要であるため，補助はあまり長く続けない方がよい。

⑤リズム歩行は，A白杖と足のリズム（同時に地面に触れる），B白杖と足の運び（踏み出した足と逆方向に白杖が触れる）の2つに分割できる。一般的には，静止しての白杖の振りの段階で習得した白杖操作をしながら，さらに，この2つの動作を行うことがリズム歩行である。このため，タッチテクニックの実施，およびその指導は図9-11のように分類できる（芝田，2000）。

⑥図9-11のA白杖と足のリズムがうまくとれない場合，静止しての白杖の振りで獲得した方法を一時中断し，リズムに合わせて白杖で地面を叩きながら歩行するということを本来のリズム歩行の前段として取り入れてもよい。以下はそれに関する事例である。

＜事例9-1＞
　a．プロフィール：38歳，男性，脳腫瘍により全盲となる中途視覚障害者
　b．状況：脳腫瘍の影響から安定した直進歩行が難しく，リズムも不安定で

```
タッチテクニック ─┬─ ①静止しての白杖の振り
                └─ ②リズム歩行 ─┬─ A白杖と足のリズム
                                └─ B白杖と足の運び
```

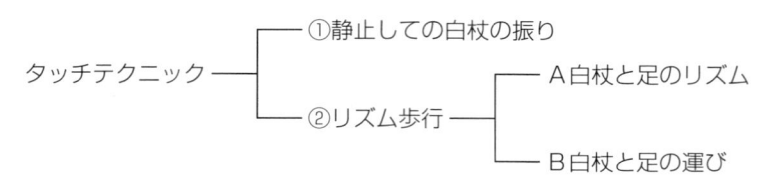

図9-11　タッチテクニックの実施と指導

あった。
　c．指導：静止しての白杖の振りを指導した後，その振りの継続指導を一時中断し，リズムに合わせて白杖を振りながら歩行することを目的として指導する。つまり，右手に持った白杖で前方を足の歩みに適合させて叩きながらの歩行である。これがある程度習得できたので，本来のリズム歩行の指導に戻る。

（3）直進歩行
①直進歩行ではリズム歩行で習得したものを屋外で行い，加えて可能な限り直進できるようにするということに力点を置いて指導する。
②直進歩行に使用する場所は，以下のような条件を満たしている遊歩道などの道路が望ましい。
　a．幅が2m程度。
　b．道路端が，壁，芝生，砂利，砂などの路面の変化が明確になっており，可能ならば，その両端が左右で異なっていること。たとえば，右が砂利で左が芝生など。
　c．比較的，まっすぐで長く続いていること。
　d．静かなこと。
③直進歩行ではタッチテクニックそのものに指導の主眼が置かれるので，ビアリングは必ずしもこの段階で指導せず，この後の道路歩行の段階で指導する。
④タッチテクニックが適正な状態で安定するまでくり返す。

4）総合的な指導の留意点
①一気にタッチテクニックを習得することは難しいために，a．静止しての白杖の振り，b．リズム歩行，c．直進歩行と3段階に分割されている。そのため，各段階が確実に習得されてから次の段階へ進む。
　次の段階では，前段階の内容も意識して指導する。aでは白杖の振りだけ，bではリズムだけ，cでは屋外歩行への慣れだけ，といったようにその段階の課題だけに指導が集中しないようにすることが切要である（芝田，2000）。つまり，指導者の指導する内容（対象児・者が意識し，習得する内容）が各段階ごとに増加していく，つまり，積み上がっていくことに留意する。
②タッチテクニックは白杖による歩行の基礎であるため，確実に習得できるよう，さらにこの後も能力が低下せず，向上していくように指導する。

また，このタッチテクニックの指導で安定性が得られない場合，同じ指導内容が継続されることになり，対象児・者の意欲が低下してしまうことが考えられる。そういう場合，次の基礎的歩行技術の段階で，それらの課題に加えてタッチテクニックの安定化も図るようにしてもよい。
③指導を実施しても，結果として基本から逸脱した方法，つまり，その視覚障害児・者の行いやすい方法になってしまう場合があるが，その時，指導者は，安全性の確保，個別性の検討など歩行の条件に基づいて適切に判断する（第5章参照）。
④タッチテクニックは白杖による歩行の基盤となるものであるが，従来から上述のように同じ指導の継続化に起因した対象児・者の意欲低下を回避しようとして指導者はこの指導の十分な習得化とそれに必要な指導の継続化を断念しがちである。つまり，タッチテクニックがある程度習得された時点で次段階へ進むのはよいが，その段階でタッチテクニックの指導の比重が希薄となり，結果として歩行全体の安定化，安全性の確保などにおいて不十分な事態を招来することになる。タッチテクニックが適正な状態で安定するまでくり返すことについて，指導者は種々の要因に妥協せず，歩行の条件を満たすという姿勢で指導に臨むことを忘れてはならない。

5）タッチテクニックの成り立ち

　タッチテクニック（touch technique）は，1940年代にアメリカのペンシルヴァニア州ヴァレー・フォージ陸軍病院と，その後のシカゴ市内ハインズの退役軍人省附属病院中央視覚障害者リハビリテーションセンターにおいて，リチャード・E・フーバー（Hoover）とC・ワレン・ブレッドソー（Bledsoe）によって体系化された歩行方法の根幹となるものである（Bledsoe, 1969；Hoover, 1950；Malamazian, 1970；Welsh & Blasch, 1987）。そのため，視覚障害児・者の歩行そのものを総称してタッチテクニックとよばれることがあり，フーバーテクニック（あるいはフーバー法）と言われる（山梨，1973）こともあった。

4．スライド法

1）方法

　基本操作はタッチテクニックと同様であるが，白杖の石突きを路面から離さず，常時路面に触れながら左右に振る。

2）注意事項

① タッチテクニックでは石突きが道路端の側溝などを飛び越してしまう場合があるが，スライド法ではそれらを確認できる。
② スライド法では路面の小さい変化を探知してしまい，能率性が低下する場合がある。
③ タッチテクニックとスライド法は，どちらを先に指導するかなどの位置づけと遂行の難易度においては基本的に同列と考えるのが適当であり，その環境や状況に応じて適切に使い分ける。

3）指導の留意点

① 基本操作の指導はタッチテクニックに準ずる。
② タッチテクニックとスライド法のどちらを先に指導するかについては，基本操作を学習がより容易なタッチテクニックから開始するのが一般的である。しかし，その対象児・者によって柔軟に対応する。
③ 歩行の条件とその状況から考えてタッチテクニックとスライド法のどちらの方法で操作するのが適切かを決定する。選択能力がある場合には，対象児・者がその状況に応じて適切な方法を選択する（第5章参照）。

4）スライド法の成り立ち

当初は，基礎白杖操作の基本となる方法はタッチテクニックだけであった。タッチ・アンド・スライド（後述）は存在していたが，スライド法がまだ歩行技術としては確立されていなかった。アメリカでは1974年（Western Michigan University），1976年（Hill & Ponder）まで，日本では1968年（岩橋），1975年（日本ライトハウス）までスライド法は見られない。しかし，タッチテクニックには安全性の確保における限界など問題点が指摘され（日本ライトハウス，1975；山梨，1973），特に，日本の環境には安全性を欠く状況があることは多くの歩行訓練士が認識するところであった。そのため，当初から，個々の視覚障害児・者と個々の環境における必要性からスライド法にあたる方法やそれに類似した方法が開発され，指導がなされていた。それはアメリカでも同様で，筆者は滞米中の1975年に実際に視察している。これに関する事例は数多いが，その中の一事例を以下に示す。

＜事例9-2＞
　a．プロフィール：55歳，女性，中途視覚障害者（全盲）

b．状況：歩行指導を行っていた歩車道の区別のない道路ではその端に側溝があって蓋がされていず，その建物側との間に10〜20cm程度の隙間があった。そのため，タッチテクニックで操作した場合，石突きが側溝を越えてその隙間に着地する場合がみられ，その度に対象児・者は片足を側溝に落ち込ませた。
　　c．指導：タッチテクニックでは不十分であるので，石突きを路面から離さずに同様の操作をすることで，この危険の回避が可能となった。
　スライド法は，厚生労働省委託による歩行指導者養成課程では，それまではタッチテクニックの中で指導されていたが，1984年（第14期）から独立した歩行技術として指導された。また，本技術は，文献として1982年から1984年にかけて顕在し始め（大槻，1982；芝田，1984），今日に至っている。なお，現在，アメリカでは，この歩行技術はconstant-contact technique（Fisk，1986）やconstant-contact cane technique（Jacobson，1993）として紹介されている。その結果，現在ではconstant-contact cane techniqueの訳語がスライド法となっているが，その成り立ちは個々別々である。

5．白杖による伝い歩き

1）方法総論

　白杖による伝い歩きは基本的には，タッチテクニックやスライド法と同様の操作であるが，左右どちらか一方に道路端の側溝や壁などの境界線やガイドラインなど（以下，まとめてガイドラインとする）がある場合，そのガイドライン側に白杖を振った時，常にそのガイドラインに白杖が触れるようにし，ガイドラインから一定の距離を維持して歩行する。また，ガイドライン側に振る時はスライド法で，反対側へ振る時はタッチテクニックでというように必要に応じて白杖の振り方を使い分ける。

2）方法各論

　ガイドラインのタイプは以下のようにAからDまで4つあり，その各々に応じた適切な操作を行う。後述するように，アメリカの方法はこの各タイプにおける操作法を示しているため，その考え方はわが国と相違している（芝田，2000）。
　①ガイドラインのタイプA（側溝のように落ち込んでいるもの）
　②ガイドラインのタイプB（側溝蓋のような路面より少し高いもの）

③ガイドラインのタイプC（建物や壁のように高いもの）
④ガイドラインのタイプD（アスファルトと砂利，アスファルトと芝生のような両方の高さは同じで路面に白杖で認識できる質的な差のあるもの）

（1）ガイドラインのタイプA（側溝のように落ち込んでいるもの）

ガイドラインのタイプAでは，ガイドライン側に振る時はタッチテクニックで，反対側へ振る時はスライド法で操作する方法で行う。

タッチテクニックでガイドラインとなる側溝側に振る時は白杖を反対側（身体側）へ戻すようにして確実に側溝の道路側の角（図9-12）に触れるよう注意する。前進しながら白杖でその側溝の道路側の角をスライド法で少し前方に滑らせるようにして反対側へ振るようにする（図9-13）。手や腕（白杖）を動かして道路側の角（図9-12）を滑らそうとはせずに，手首の位置は固定したまま身体が前方へ移動することによって，結果的に白杖が滑るようにする。この方法は踏切横断時にも使用する。なお，アメリカではこれをタッチ・アンド・ドラッグ（touch and drag）という。

（2）ガイドラインのタイプB（側溝蓋のような路面より少し高いもの）

ガイドラインのタイプBでは，ガイドライン側に振る時はスライド法で，反対側へ振る時はタッチテクニックで操作する方法で行う。

（3）ガイドラインのタイプC（建物や壁のように高いもの）

ガイドラインのタイプCでは，タイプBと同様，ガイドライン側に振る時はスライド法で，反対側へ振る時はタッチテクニックで操作する方法，両方ともスライド法，あるいは両方ともタッチテクニックという方法で行う。

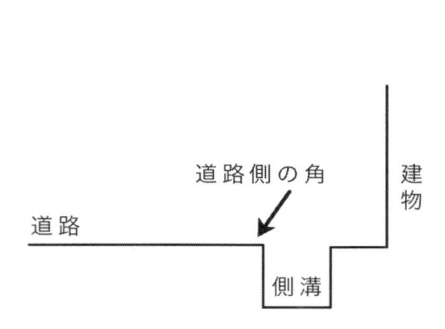

図9-12　側溝の道路側の角（側溝の断面） 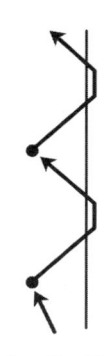　　　図9-13　タッチ・アンド・ドラッグ

（4）ガイドラインのタイプD（アスファルトと砂利，アスファルトと芝生のような路面に両方の高さは同じで白杖で認識できる質的な差のあるもの）

ガイドラインのタイプCと同様の方法で行う。

3）視覚障害者誘導用ブロックの利用

①視覚障害者誘導用ブロックにそって歩行する場合，一般的に視覚障害者誘導用ブロックをガイドラインとする方が能率的である。その時は，ガイドラインのタイプB（側溝蓋のような路面より少し高いもの）と同様の方法で行う。

②視覚障害者誘導用ブロックがT字に交わっている箇所，つまり曲がり角を発見する場合は，曲がる側に位置して視覚障害者誘導用ブロックをガイドラインとして歩くようにすると（たとえば，右へ曲がる場合は左側に視覚障害者誘導用ブロックが位置する），曲がり角が発見しやすい。

4）3点法

つまずきの指導を確実に実施すれば未然に防げるような極端な例だが，図9-14のように歩道のある交差点の横断でビアリングした後の修正時などでは，図9-14，図9-15のようにガイドライン側を2つに分けて振る方法がある。これを3点法という。

しかし，この方法はリズムが取りにくいことがあるため，ある程度習熟していないと操作しづらく，煩わしいことから安全性が低下する場合がある。その時は，能率性の検討よりは安全性の確保が優先することから，リズムにこだわって無理に3点法をする必要はなく，図9-14のような場合では，速く歩道に乗ることが大事であるため，安全・確実に加えてすみやかに2点による操作をして歩道に乗るようにすることを第一に考える。また，図9-14の例では，左手でガードレールを手による伝い歩きで歩道を探す方法も考えられる。

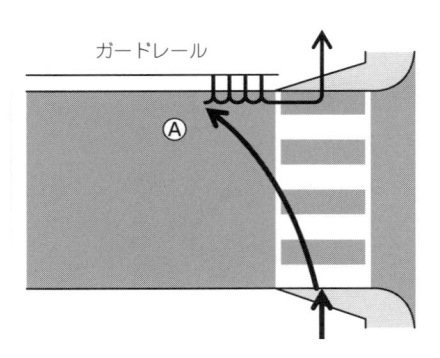

図9-14　Aの地点で3点法を行なう

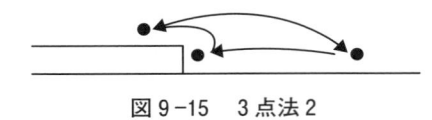

図9-15　3点法2

5）一般的な注意事項

①白杖による伝い歩きは，ガイドラインにそった歩行，交差点・目的地・

ランドマークなどの発見，騒音時の歩行，障害物回避，踏切横断などの時に使用される。

②ガイドラインが直線的でなく，湾曲している場合，凹凸のある場合，また，直線のガイドラインであってもそれに隣接して，つまり，ガイドライン側に駐輪，電柱，看板など障害物が点在している場合は，そのガイドラインにそうために進行方向が左前方・右前方に変わり，たとえば波線のようになることから白杖による伝い歩きが煩雑・困難になることがある。その結果，直線としての進行方向を見失いがちになるので，常に正しい進行方向を意識しながら歩行することが大切である。

6）白杖による伝い歩きの過誤に関する注意事項

白杖による伝い歩きは，操作が煩雑・困難になる時があり，注意が必要である。したがって，使用する場所では必要に応じて，手による伝い歩きを行うことも含めて確実に行えるよう十分な指導が必要となる。それは本技術がつまずきの原因になることが多いからである。以下はその過誤とそれに対する留意点・対策である（芝田，2000）。

（1）過誤1

過誤1はガイドライン側に振る度に常にガイドラインに白杖が触れず，ガイドラインから離れてしまうことである。

留意点・対策：白杖による伝い歩きで歩行している際，1回でもガイドラインに白杖が触れなければそこで止まって足は動かさないようにする。白杖を振ってガイドラインを確認し，方向・位置を適切に修正して白杖による伝い歩きを再開する。2回続けてガイドラインに触れないという状態にならないようにし，必ず1回目で止まるようにする。これは，つまずきを防止するための非常に重要な点である（第13章参照）。

（2）過誤2

過誤2は，手首で振るようにしてガイドラインに触れず，白杖を肩などで振ってガイドラインに白杖を触れさせようとすることである。

留意点・対策：ガイドラインに白杖を触れさそうとせず，タッチテクニックの振り方（振り幅）で左右どちらかにガイドラインが来るよう身体を位置づけるようにする。ガイドラインに白杖を触れさそうとすると手首が固定せず，肩で白杖を振る結果となり，リズミカルに安定した伝い歩きができ難く，結果的につまず

きにつながる。
　（3）過誤3
　過誤3は，白杖による伝い歩きで歩き始める前に身体をガイドラインと平行になるようにするため，静止した状態で白杖をガイドラインに触れさせることによって，あるいは，その白杖をガイドラインにそって前後に振るようにして平行の方向を取ろうとすることである（補助具を使用しない歩行技術における平行の方向の取り方の要領）。
　留意点・対策：白杖による伝い歩きで歩行を始める時，あるいはその歩行を一度中断して再開する時，静止した状態で白杖をガイドラインに触れさせたり，前後に動かしたりすることによって，身体をガイドラインと平行になるようにすることは難しい。白杖による伝い歩きで歩行することによって，つまり，白杖による伝い歩きをしながら，動的に身体行動の制御としてガイドラインと平行になるように持って行く方が結果的に能率的である。あるいは，可能であれば，白杖による伝い歩きをする前に車音などで正しい方向，つまりガイドラインと平行の方向の確認・修正を行ってから歩き始めるようにする。
　7）指導の留意点
　（1）基本（初期）の指導
　①指導者養成課程における科目の演習（歩行実技）など，時間を取って白杖による伝い歩きの実施しやすい場所で基本を指導する方法も考えられるが，これは一方法であり，効率的な指導ではないことがある。
　②環境主導型指導法（第4章参照）に即してその環境，その進度の中で適切な時期に白杖による伝い歩きの各々の方法を指導する方が対象児・者にとって学習が容易であり，指導として効率的である。
　（2）ガイドラインのタイプという技術用語
　たとえば，「この方法は，ガイドラインのタイプAで側溝のように落ち込んでいるものと言います」というように必ずしも名称を対象児・者に伝える必要はなく，「このような溝では，こういうように白杖を使います」というように行為，操作法（歩行技術）の学習に主眼を置くようにする。対象児・者である視覚障害児・者に対する指導用語は，ケースにもよるが，専門的なものやカタカナ（英語）を使うことは極力控え，理解しやすいものを用いることが大切である（第5章参照）。

（3）環境，状況に応じた使用

その時の環境・状況は一様ではないので，指導は，ガイドライン側に障害物が多い環境，自転車の駐輪が多い環境，伝い難いガイドラインなど，あらゆる環境・状況に応じて，適切に白杖による伝い歩きができるような経験を積むことが主体とされなければならない。選択能力のあるケースでは，その対象児・者が状況に応じて適切な方法を選択できるように指導する。

8）白杖による伝い歩きの成り立ち

アメリカにおける白杖による伝い歩きにあたる歩行技術は，操作方法によってショアライン・テクニック（shoreline technique），3点法（three-point touch），タッチ・アンド・ドラッグ（touch and drag）の3つに区分されている（Western Michigan University, 1974；Hill & Ponder, 1976）。日本に導入された当初はそれらをまとめた方法（当時はまだ白杖による伝い歩きとは名付けられていなかった）として，下位項目となるべきショアライン・テクニック（当時は，ガイドラインテクニックとよばれていた）が用いられるような混乱がみられた（日本ライトハウス，1975）。また，本来白杖による伝い歩きとは異なった歩行技術であるタッチ・アンド・スライド（touch and slide）をその一部として位置づけるという誤りを犯していた。

しかし，アメリカと道路環境が異なり，本技術を比較的多用し，それにかかる比重が大きいこと，対象児・者にとって理解しやすいことから，現在では既述したように白杖による伝い歩きとしてひとつのものにまとめられ，ガイドラインのタイプ別に下位項目として各操作方法が定められている（芝田，1984）。アメリカの各方法は，この下位項目の方法に相当する。

日本ライトハウスは，1975年ガイドラインテクニックとしていたものを白杖による伝い歩きという和製用語に改めているが，その原語（対訳）となるものはまだ訂正されず，ショアライン・テクニックのままとされていた（日本ライトハウス，1977）ため，その後の対訳・カテゴライズされた内容に対する混乱の素因となっている。現在は，白杖による伝い歩きに該当する英語の歩行技術はなく，前述のようにガイドラインのタイプによって4方法に分け，アメリカの歩行技術もその中に類別，挿入して解説されている（芝田，2000）。

9）アメリカ（英語）との対比

白杖による伝い歩きは，アメリカではその方法によっていくつかの名称に分け

られているが，基本的に同様の白杖操作である。日本ではすべてをまとめて「白杖による伝い歩き」としている。したがって，白杖による伝い歩きに該当する英語の技術用語はない。

　以下，主要な文献からアメリカの白杖による伝い歩きに関する歩行技術を取り上げ，日本の方法と対比して論じることで両者の相異点を明らかにしたい（芝田，2004）。

　・*Orientation and mobility notebook*（Western Michigan University，1974）
　・*Orientation and mobility techniques : a guide for the practitioner*（Hill & Ponder，1976）
　・*The art and science of teaching orientation and mobility to persons with visual impairments*（Jacobson，1993）

（1）ガイドラインの各タイプとアメリカの操作法

①ガイドラインのタイプA（側溝のような落ち込んでいるもの）に対する操作法
　　このタイプに該当するアメリカの操作法は，touch and drag technique（Western Michigan University，1974 ; Hill & Ponder，1976 ; Jacobson，1993）で，この歩行技術を使用する典型的な状況としては踏切横断（crossing railroad tracks）がある。

②ガイドラインのタイプB（側溝蓋のような路面より少し高いもの）に対する操作法
　　このタイプに該当する用語はない。これは一般的に，アメリカにはこのような歩行環境があまり存在しないためと考えられる。

③ガイドラインのタイプC（建物や壁のように高いもの）に対する操作法
　　このタイプに該当するものは以下である。
　　a．locating openings with touch technique（左側にガイドラインがある場合，タッチテクニックで左側へ白杖を振った時に一瞬，軽くガイドラインを引きずるようにすることによってガイドラインが途切れている空間を探す方法，Western Michigan University，1974）
　　b．touch technique-trailing（上記aと同様の方法，Hill & Ponder，1976）
　　c．the two-point-touch cane technique の項にみられる trailing a wall（上記aと同様の方法，Jacobson，1993）

④ガイドラインのタイプD（アスファルトと砂利，アスファルトと芝生のよう

な路面に両方の高さは同じで白杖で認識できる質的な差のあるもの）に対する操作法

このタイプに該当するものは以下である。

    a．shoreline method（Western Michigan University, 1974)
    b．shorelining（Hill & Ponder, 1976 ; Jacobson, 1993)

（2）3点法（three-point touch）

アメリカの3つの文献とも3点法を独立した方法として扱っているが、日本では白杖による伝い歩きの操作法のひとつに類別、挿入されている。

（3）白杖の石突きを壁などに触れて伝い歩きする白杖による防御の一方法

diagonal technique-trailing（Hill & Ponder, 1976）と trailing a wall while using the diagonal technique（Jacobson, 1993）は同様の操作で、白杖による防御の一方法、白杖の石突きを壁などに触れてトレーリングする（引きずる）もの、つまり、石突きによる伝い歩きを指している。白杖による伝い歩きとは区別して考えておかなければならない。

（4）英語との対訳

次に示すのは各歩行技術とそれに対応する英語である。

①白杖による伝い歩き＝該当する用語はないが、英訳すれば、trailing and touching a guideline while using the touch technique となる

    a．ガイドラインのタイプA（側溝のように落ち込んでいるもの）に対する操作法＝touch and drag
    b．ガイドラインのタイプB（側溝蓋のような路面より少し高いもの）に対する操作法＝該当する英語の用語はない
    c．ガイドラインのタイプC（建物や壁のように高いもの）に対する操作法＝locating openings with touch technique, touch technique-trailing
    d．ガイドラインのタイプD（アスファルトと砂利、アスファルトと芝生のような路面に両方の高さは同じで白杖で認識できる質的な差のあるもの）に対する操作法＝shoreline technique, shoreline method, shorelining
    e．3点で操作する伝い歩き方法＝three-point touch, three point method

②白杖による防御の一方法で白杖の石突きを壁などに触れて伝い歩きする方法
    ＝trailing a wall while using the diagonal technique, diagonal technique-trailing

（5）まとめ

　くり返しになるが，アメリカでは操作方法に名称をつけてショアライン・テクニックやタッチ・アンド・ドラッグ，3点法などと区別している。しかし，日本では「白杖による伝い歩き」と総称している。ショアライン・テクニックやタッチ・アンド・ドラッグ，3点法はその一方法に位置づけられており，アメリカにはない方法も含まれている。

　アメリカと日本では，環境や社会に大きな相違があるため，アメリカの歩行技術などの対訳の理解は必要であるが，基本的にアメリカの歩行技術，方法にこだわらず，日本の環境・社会などに応じた歩行技術，方法が不可欠で適宜，変更・改良されてきているのが現状である（芝田，2004）。

6．白杖による階段昇降と既知の段差の発見

1）白杖による階段昇降の方法

　上昇は，階段に来たら，親指が下を向くように白杖を持つ手首を捻って白杖による防御（親指でコントロールする方法）の形にし，石突きを下から2段目に当てる（図9-16）。白杖を持つ腕は伸ばし，1段目を上ると白杖は3段目に触れるというように足と白杖のリズムを合わせながら重心はつま先にかけるようにして行う（図9-17）。白杖が触れなくなれば最終段であるのでもう1段上り，前方に障害物などがないか白杖をスライド法の要領で確認して前進する。

　下降は，まず階段に来たら，白杖で階段の落ち込みを確認し，両足のつま先を段の端から少し出して直角の方向をとる。白杖による防御（手首を内側に捻る方法）の形にし，石突きを1段下の縁にあてる。1段降りると同時に2段目の縁を白杖で叩くようにし，足と白杖のリズムを合わせながら重心は踵にかけるようにして下降する（図9-18）。あるいは，白杖で各段の縁を叩かずに白杖を段から少し浮かすような形を保持しながら下降する。白杖が地面に接触するともう1段降り，前方に障害物

図9-16　白杖による階段上昇1

図9-17　白杖による階段上昇2　　　図9-18　白杖による階段下降

などがないか白杖をスライド法の要領で確認して前進する。

2）白杖による階段昇降の注意事項

①昇降速度は速すぎても遅すぎてもバランスをくずして危険な時があるので適度なものにする。

②時間的余裕があれば，自分の位置を白杖を左右に動かすことによって判断し，また，1段の高さ，奥行きを白杖で調べてもよい。

3）白杖による既知の段差の発見

①タッチテクニックでタッチした後，少し前方へスライドさせるようにして行う（図9-19）。これをアメリカではタッチ・アンド・スライド（touch and slide）という。

②段差の状況などによって，スライド法により発見することもできる。

③その段差が既知であることが前提である。

4）指導の留意点

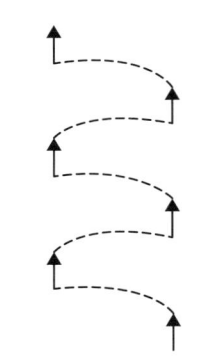

図9-19　白杖による既知の段差の発見（タッチ・アンド・スライド）

①白杖による階段昇降は，内容的には白杖操作技術の項に挿入されるものである。しかし，この指導は，環境主導型指導法（並列型カリキュラム）で実施されるものであるため，カリキュラムでは，白杖による階段昇降が必要になった時期に実施するのが効果的であり，適切である（芝田，1996）。

②階段昇降は，白杖の持ち方，操作法の形を確実に習得するというよりは，歩行の条件にそって遂行できればよいということを念頭に置いておく。それに関しては以下のような事例がある。

＜事例9-3＞
　a．プロフィール：34歳，女性，中途視覚障害者（弱視）
　b．状況：上昇の際，白杖による防御の形を取るための白杖を持つ手首を捻ることに困難を示し，その方法で白杖を持つことをためらう。
　c．指導：手首を捻って白杖を保持することを止め，登山時の杖のように握ることを推奨し，それによって歩行指導の条件に合った昇降が可能となった。

③対象児・者によっては，階段に対して不安や恐怖を訴えることがある．運動学習であることの理由から時間をかけ，くり返しての指導が必要である。以下はその事例である。

＜事例9-4＞
　a．プロフィール：20歳，女性，先天視覚障害者（弱視），知的障害とは判定されていないが，能力はあまり高くない。
　b．状況：弱視で不十分ながら階段が見えるため，それが結果的に階段昇降に対しての恐怖感・不安感を誘発する。弱視児・者は全盲児・者に比較して階段で難渋することが多い。
　c．指導：アイマスク装着によって手引き，屋内歩行を実施することによってアイマスクによる歩行に対する恐怖感・不安感を低減させた後，まず，アイマスク装着によって階段昇降を指導する。その後，アイマスクをはずすが，階段は見ずに正面を見ながらアイマスク装着時の状態をイメージしながら昇降の指導をする。階段昇降を9回（1回50分）指導することによって可能となった。

5）白杖による階段昇降と既知の段差の発見の成り立ち

　白杖による階段昇降および既知の段差の発見は基本的にアメリカの方法を踏襲している。白杖による階段昇降は当初から指導が行われていた（岩橋，1968；日本ライトハウス，1973，1975，1977）。既知の段差の発見はその後，指導内容に組み込まれたものである（芝田，1984b）。また，階段昇降が内容的には白杖操作技術の項に挿入されていることから，当初は，カリキュラム上，タッチテクニッ

ク，スライド法，白杖による伝い歩きに続いて指導がなされることが多かった。しかし，現在は，対象児・者にとって階段昇降が必要になった時期に実施するようになっている（芝田，1996）。

7．エスカレーターの利用

1）方法
　右手に白杖を持っている場合，エスカレーターに来たら左手でベルトを見つける。ベルトに手を置き，エスカレーターに乗るが，その際，足を置いた部分がステップの継ぎ目でエスカレーターが動くことによって段差となってくる場合は，すみやかに上の段か下の段に足の置く位置をかえる。ベルトは昇降の終わりが理解しやすいように前の方を持っておき，白杖，ベルトなどで終わりを判断しておる。
　なお，左手に白杖を持っている場合は，左右がこの逆となる。

2）注意事項と指導の留意点
①エスカレーターの終わりは次のようなことを手がかりとして判断する。
　　a．白杖を使用する場合は上昇の場合は1段上（図9-20），下降の場合は1段下に位置させる（図9-21）。
　　b．ベルトの場合は上昇中あるいは下降中に斜めになっていたベルトが水平になってくる。

図9-20　エスカレーターの利用（上昇） 　　図9-21　エスカレーターの利用（下降）1 　　図9-22　エスカレーターの利用（下降）2

c．足の位置では上昇では片足を1段上に乗せ，下降では片足のつま先を段から少し出して下方に向けておくことで判断する（図9-22）。

②必要に応じて援助依頼を行う。

③エスカレーターは内容的には白杖操作技術の項に挿入されている。しかし，この指導は，環境主導型指導法（並列型カリキュラム）で実施されるものであるため，カリキュラムでは，エスカレーターの利用が必要になった時期に実施するのが効果的であり，適切である（芝田，1996）。

④エスカレーターの利用は基本的にアメリカの方法に準じている。

8．エレベーターの利用

1）方法

既知のエレベーターでは，以下のように行う。

　　a．エレベーターを呼ぶボタンを押し，2～3歩離れて待つ。
　　b．到着した音，ドアの開く音を確認・定位してエレベーターに乗り，行き先階のボタンを探して押す。
　　c．行き先階の到着を確認してエレベーターを降りる。

ファミリアリゼーションをされていない未知のエレベーターは，以下の理由により単独での利用は容易ではないため援助依頼により利用する。

　　d．そのエレベーターが上昇するのか下降するのか判断しづらい。
　　e．エレベーターによって異なっているボタンの配列が理解しづらい。
　　f．行き先階に着いたのかどうか確認しづらい。
　　g．緊急時の対応が困難である。

2）注意事項と指導の留意点

①未知のエレベーターの利用は，上記のように援助依頼によって行うのが適切である（芝田，1984）。

②音声で案内されるエレベーターは単独での利用が容易である。

③必要な部分はファミリアリゼーションを十分実施しておく。

④エレベーターの利用は基本的にアメリカから導入された方法に則っている。

【引用・参考文献】

Bledsoe, C. W. 1969 From Valley Forge to Hines: Truth old enough to tell *Blindness 1969 AAWB Annual*, 95-142.

Fisk, S. 1986 Constant-contact technique with a modified tip: A new alternative for longcane mobility. *Journal of Visual Impairment & Blindness*, **80**, 999-1000.

Hill, E., & Ponder, P. 1976 *Orientation and mobility techniques: A guide for the practitioner*. American Foundation for the Blind, New York.

Hoover, R. E. 1950 The cane as a travel aid. In P. A. Zahl (Ed.) *Blindness: Modern approaches to the unseen environment*. Princeton University Press, Princeton, New Jersey.

岩橋英行（監） 1974 視覚障害者の歩行および訓練に関する参考資料集（その3） 日本ライトハウス

岩橋英行（監） 1968 失明者歩行訓練指導要領 日本ライトハウス

Jacobson, W. H. 1993 *The art and science of teaching orientation and mobility to persons with visual impairments*. American Foundation for the Blind, New York.

Malamazian, J. D. 1970 The first 15 years at Hines. *Blindness 1970 AAWB Annual*, 59-77. 芝田裕一（訳）1995 アメリカにおける歩行訓練の成立関係資料 ハインズにおける最初の15年間 視覚障害リハビリテーション, **42**, 3-34.

大槻 守 1982 白杖操作スライド法 日本特殊教育学会第20回大会発表論文集, 330-331.

日本ライトハウス 1973 厚生省委託歩行指導員養成講習会講義資料 日本ライトハウス

日本ライトハウス 1975 視覚障害者のための歩行訓練カリキュラム（Ⅰ） 日本ライトハウス

日本ライトハウス 1977 視覚障害者のためのリハビリテーションⅠ歩行訓練 日本ライトハウス

芝田裕一 1984 視覚障害者のためのリハビリテーション1歩行訓練第2版 日本ライトハウス

芝田裕一（編） 1996 視覚障害者の社会適応訓練第3版 日本ライトハウス

芝田裕一 2000 視覚障害者のリハビリテーションと生活訓練―指導者養成用テキスト― 日本ライトハウス

芝田裕一 2004 白杖による伝い歩きとその指導 視覚障害リハビリテーション, **60**. 35-50.

芝田裕一 2007 視覚障害児・者の理解と支援 北大路書房

芝田裕一 2015 視覚障害児・者の理解と支援［新版］ 北大路書房

Welsh, R. L., & Blasch, B. B. 1987 *Foundations of orientation and mobility*. American Foundation for the Blind, New York.

Western Michigan University 1974 *Orientation And Mobility Notebook*. Author, Kalamazoo, Michigan.（講義資料, 未発表）

山梨正雄 1973 盲人の歩行における凸部安全停止のための条件について 日本特殊教育学会第11回大会発表論文集, 34-35.

第10章　道路における歩行技術と指導

　道路における歩行技術には，①障害物回避，②走行中の自転車回避，③走行中の自動車回避，④騒音時の歩行，⑤歩車道の区別のない交差点横断，⑥歩道の歩行，⑦歩道のある交差点横断，⑧一旦入り込む交差点横断（SOC），⑨踏切横断，⑩混雑地の歩行，⑪信号の利用がある。そして，その多くは歩車道の区別のない道路で使用される。

1．道路における歩行技術について

1）基礎的歩行技術

（1）基礎的歩行技術とは

　基礎的歩行技術は，白杖操作技術に続く歩車道の区別のない道路歩行に必要な以下の5つ（上記①～⑤）を包括したものである（芝田，2000）。

①障害物回避
②走行中の自転車回避
③走行中の自動車回避
④騒音時の歩行
⑤歩車道の区別のない交差点横断

　しかし，基礎的歩行技術は，これら以外の歩行技術（上記⑥～⑪）と指導段階において必ずしも明確に区別されるとは限らない。たとえば，基礎的歩行技術の指導を実施する地域，視覚障害児・者の希望と能力的な状況，それに基づく指導内容，学校・施設の指導に対する考えや立地状況などによって，騒音が少ないために騒音時の歩行を省いて次の段階で指導する（そのため次段階では騒音のある地域を選択することが必要）場合がある。

　また，次段階での歩行技術とされている⑥歩道の歩行から⑪信号の利用についての指導の必要性・可能性があるならばその一部を加えて，この基礎的歩行技術

とともに指導するといった場合がある。これらは対象児・者および環境の状況などに応じて柔軟に考え，対応することが大切である。

　（2）指導の総合的留意点
　①5つの基礎的歩行技術を順に指導していくが，ひとつの歩行技術の習得が可能になればその能力を維持し，継続しながら次の技術を指導する。最終的には，状況に応じて5つの歩行技術すべてが習得された状態にあることが大切である。基礎的歩行技術の全体がシェーピングの方法で指導されることになる。
　②基礎と応用に分けて実施する。これは，障害物や走行中の自動車の回避など各技術にも該当するが，基礎的歩行技術全体を通じて必要である。
　③対社会への配慮は不可欠である。走行中の自動車回避や歩車道の区別がない交差点の横断では特に考慮しておかなければならない。また，その他の技術でも適切な対社会への配慮が必要である。

　2）対社会への配慮
　障害物や走行中の自動車の回避，歩車道の区別のない交差点横断などの指導において，対象児・者の習得がまだ不十分な段階（特に導入時）で指導者が指導する場面では，対象児・者が環境認知ができない，どういう行動を取ればよいのか分からないといったことがある。こういう時，結果として対象児・者は，道路上や交差点上で立ち往生したり，歩車道の区別のある道路の車道を気づかずに歩行したりするなどの状態となってしまう。

　当初，指導者によっては自力で回復させることを目的としてこの状態を黙視したり対象児・者に声かけをしないといった方法がみられた。あるいは，まだみられるかもしれない。しかし，これは以下の理由から適切な指導形態とはいえない。こういう指導形態では，歩行指導が視覚障害児・者にとって過酷なものになってしまい，指導に対して「厳しい」「理不尽」という印象を持たれることになるので注意が必要である。
　①車の走行を妨げる，視覚障害児・者の歩行を周囲が危険に感じるなど，視覚障害児・者の歩行および歩行指導に対して社会が困惑する，あるいは誤解する状況である。
　②指導初期であり，対象児・者によっては基礎から確実に指導しなければならない段階である。対象児・者が自身で考え，対処するという段階は指導が進

んでからの目的となる。
　③指導初期ではまだ習得段階であり，対象児・者によっては過度な要求となる。
　④対象児・者にとっては大きなストレスとなり，場合によっては自信喪失，指導者とのラポートの形成にマイナスとなる。

　現在では，体系化されたつまずきの指導方法（第13章参照）に基づいて対応することや応用段階で充分な指導を実施することに主眼が置かれている。このことから，安全性の低下や社会が困惑・誤解をすることがないように指導者が制止し，口頭あるいは手引きによって誘導して回避するなどの方法で柔軟な対応を行う。

3）道路における歩行技術の成り立ち

　当初，道路における歩行技術についての一般的な基準となる方法として示されたのは，道路横断（歩道のみ，信号を含む）と踏切横断だけであった（日本ライトハウス，1975）。その後，非常に簡略な記述による歩車道の区別のない道路横断が追加されたのみである（日本ライトハウス，1977）。

　それは，歩車道の区別のない道路が存在せず，総じて歩道における歩行指導が主体となっているアメリカの影響を受けていたことが理由である。しかし，日本の歩行環境は歩車道の区別のない道路が主体であるため，先述したような多くの歩行技術が必要となる。

　1970年から開始された歩行指導者の養成においては，講義で一つひとつ解説できる段階になっていなかった。ある環境で行われる歩行実技でまとめて習得されるなど，当時は道路における歩行技術は未分化な状態であった（第3章参照）。そのため，歩行訓練士が独自に作り出した不同な，場合によれば危険な方法（歩行技術）で指導がなされていたと考えられる。これらの歩行技術の方法が初めて発表されるのは1984年になってからである（芝田，1984）。

　基礎的歩行技術に含まれる各技術については，車音を視覚障害児・者がどのように把握するかという基礎的な研究（金子ら，1977）はあるが，その方法，指導法における研究では日本ライトハウス（1973，1975，1977）および芝田（1984，1990，1994，1996，2000，2003）以外は見当たらない。

2．障害物回避

　障害物回避には迂回という行為も含まれている。

1）方法

白杖が障害物に触れればそこですぐに止まる。その時，足を動かさず，その時の方向を維持したまま白杖で前方，右前方，左前方の3方向をスライド法で扇型を描くように確認し，回避する側を判断して回避する。

2）注意事項

①障害物回避における5つの要因

　回避しなければならない時の障害物の所在状況や白杖の触れ方において多様な状態が考えられるが，それらは以下の5つの要因に集約される（芝田，1996）。

　a．障害物の形状・大きさ・向き
　b．障害物の位置
　c．身体の向き
　d．白杖の触れ方と手首の角度
　e．歩行の状況

②本技術の基本は方法で述べたとおりであるが，実際の障害物回避には多様な状況があるため，上記の要因に基づいて，障害物に触れる度にその回避方法を経験・習得することが必要である。

③障害物に触れた後，絶対に足を動かさないことが大切である。

④障害物が何であるかは，可能ならば手で触れず，白杖の触れた感じで判断できるようにする方が能率的である。また，触れると危険なものについては，視覚障害児・者の歩行能力だけでは解決が不十分であり，歩行を可能とする要因（第1章参照）の他の2つである社会の理解の向上，および歩行環境と補助具の向上も必要となる。

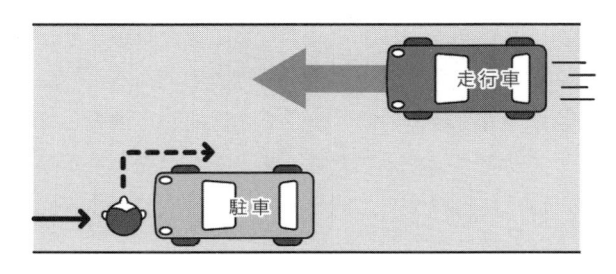

図10-1　障害物回避1

⑤道路の端に駐車しているトラックなど大きな障害物に触れて、それを回避（迂回）するために道路の中ほどに出て行く場合、前から接近してくる自動車などの運転手から対象児・者が、そのトラックの陰になっているために見えないことがあるので走行音に注意するなど留意が必要である（図10−1）。

3）指導の留意点
（1）障害物回避における5つの要因
①障害物の形状・大きさ・向き

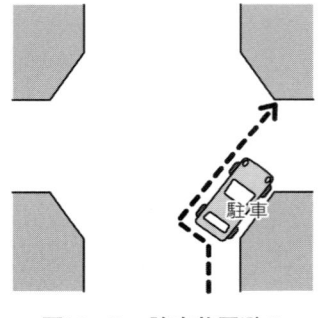

図10−2　障害物回避2

障害物の形状・大きさ・向きはさまざまであるため、多くのタイプを経験する必要がある。また、自動車の場合、必ずしも走行の方向と平行に駐停車しているとは限らない。したがって、駐停車している自動車の回避で、その自動車を手による伝い歩きをする方法では方向を誤るおそれがある。ただし、これは一般的な場合である。具体的な個別の環境において、駐停車している自動車の回避で、手による伝い歩きをすることで方向を誤るおそれがない場合（生活地域での既知の道路など、あらかじめ必ず走行の方向と平行に駐停車していることが分かっている場合）ではこの限りでない。手による伝い歩きも可能である。

②障害物の位置

　　駐停車中の車が路地などの曲がり角や、駐車場の入口付近にある場合などでは、回避の方向を誤りやすいため注意する（図10−2）。

③身体の向き

　　身体の向きにおいて、これまでに歩行してきた軌跡を延長させた線上をこれから歩行するという意識（イメージ）は大切である。しかし、障害物に触れた時の対象児・者の身体の向きが、直進方向から逸脱して道路端に偏っている場合（ビアリングした状態で障害物に触れた場合）があるため、歩行軌跡の延長線上だけに固執せず、回避方向とその後の身体の向きは、走行車音から適切な方向を認知するなどして柔軟に定める。

④白杖の触れ方と手首の角度

一般的に，白杖が障害物に触れた時，その触れた側の反対側に回避してしまいがちである。それが正しい場合もあるが，自動的に反応するのでなく，前述の障害物回避の方法を確実に遂行して環境認知をし，適切な側へ回避する。また，白杖は肩幅よりやや広めに振っているため，回避する必要のない障害物にも触れることがある。その時の白杖を持つ手首の角度から障害物が身体の前面にあるのか，横にあるのかの判断が大切である。

　たとえば，白杖を持つ手首が右に曲がった状態で障害物に触れば，その障害物は身体の前方にはなく，右前方にあることになり，回避する必要がないこともある。また，手首が曲がっていない状態で触れば，その障害物は身体の前方にあり，確実に回避しなければならない。

　障害物に触れた時に，白杖を持つ手首の角度を意識しないと，身体の前面にあるのか，身体の横にあるのかの判断が曖昧になりがちである。身体の横にある障害物を白杖が触れた手首の角度を意識せずに身体の前方にあると思い込み，回避する必要のない状態であるにも拘わらず，回避してそれがつまずきとなることがあるので注意が必要である。

⑤歩行の状況

　回避側に走行車があった場合は安全性の確保が必要となる。また，次のような緊張感を伴う歩行時でも障害物に触れることがあるため，安全性の確保と方向の維持に注意しながら落ち着いて回避を行う。

a．ビアリング後の修正法で，①の角度をとって，②の角度をとるまでの歩行時（第11章ビアリング後の修正法の項，図11－2参照）
b．走行中の自動車回避で回避行為をしている際の回避からの回復時
c．交差点発見，騒音時の歩行，目的地やランドマークの探索などにおいて白杖による伝い歩きをしている時
d．ホームの歩行時

（2）つまずきへの対処

　障害物回避の錯誤は歩行全体におけるつまずきに帰結する大きなもので，それは多くの事例にみられる。つまずきを起こさないためには次の3点が重要である（第13章参照）。

①障害物に触れた後，足を動かさない（つま先の向きを変えない）
②回避する方向を誤らない

③回避する側を確実に判断する

①では，基本的に，これまでに歩行してきた軌跡を延長させた線上をこれから歩行するという意識（イメージ）が大前提である。それにより身体の向きにおいて直進が可能となる。したがって，障害物に触れた後，絶対に足を動かさないようにする。足を動かすことが，つま先の向きを変え，それまでの歩行軌跡を自ら失うことになってつまずきの原因となる。また，②と③では，障害物回避における5つの要因に関して述べたことに基づく。

（3）歩行指導全期間における指導の必要性

障害物回避では，全く同じ状態・状況で障害物に触れることは少ない。したがって，障害物回避の基本方法の習得だけでなく，上記の障害物回避における5つの要因に基づき，多様な状態の経験とその回避方法の習得によって，どのような状態でも障害物回避を安全，かつ能率的に，そして確実に遂行できるよう指導する。そのため，障害物回避の指導は基本の指導だけでなく，歩行指導全期間における指導対象と考えることが必要である。

（4）対社会への配慮

歩行指導には社会の理解が不可欠であるため，前述したように本技術の指導における対社会への配慮は欠かせない。

4）障害物回避の成り立ち

障害物回避は1984年に方法が示された（芝田，1984）。その後，多様である障害物回避における5つの要因が指摘され（芝田，1996），現在は，5つの要因に応じて，障害物への触れ方，回避方法，その留意点などが明らかにされている（芝田，2003）。

3．走行中の自転車回避

1）方法

自転車の走行音が聞こえたら，その場で立ち止まる。そして，自転車が通過し終われば白杖で前方を確認して歩行を始める。

2）注意事項

自転車は小さな余地があればそのまま走り抜けることがある。したがって，左右どちらかに回避するということはかえって危険であるため，その場で立ち止まる方が安全である。また，自転車の走行音は小さいため聞き取りにくいことがあ

る。

3）指導の留意点と走行中の自転車回避の成り立ち

①指導の留意点——自転車の走行音は小さく，聞こえない上に自転車は狭い空間でも入り込んで来て危険である。これは視覚障害児・者の歩行指導だけでは解決できない。歩行を可能とする要因の社会の理解の向上が必要である。

②走行中の自転車回避の成り立ち——本技術は1984年に方法が示された（芝田, 1984）後は，大きく変化していない。

4．走行中の自動車回避

1）方法

自動車の走行音が聞こえたら，左右どちらか道路端に近い方に向きを変えて道路端まで行って止まる。そして，自動車が通過し終われば，車音の確認による後続車の有無と白杖で前方に障害物がないか確認し，進行方向を維持して歩行を始める。

2）注意事項

①本技術は次の３つに類別化して考えられる。

　a．車音の音源定位
　b．道路端への回避行動
　c．回避からの回復行動

②車音の音源定位は，音源があるかないか，回避の必要な音源かそうでないかの２種類があり，その各々について注意しておく。

③車音の音源が自分の方に向かってくるかそうでないか判断し難い時は，とりあえず，回避するようにする。その後，徐々に適正な回避ができるように努める。自分の方に向かってくる車音の音源を向かってこないと判断して回避しないと危険であるので注意する。

④道路端に近い方に回避することはすぐには習得しづらいが，車音をよく聞くなどして時間をかけて可能となるようにする。

⑤道路端への回避後の向きは，回避したままの状態（道路に背を向けた状態）か，車の走行までに時間の余裕があれば，進行方向に向きをかえておくかのどちらかでよい。

⑥回避からの回復行動の方法は，ビアリング後の修正法（第11章図11－2参照）

と同様，①の角度，②の角度，①の角度を取ってから②の角度を取るまでの距離の3点で考える（第11章参照）。
⑦バイクは，その音の種類でバイクと理解できれば，走行中の自転車回避と同様の方法でよいが，状況に応じた判断が必要となる。
⑧本技術は，歩車道の区別のない道路歩行の基本であり，これが不十分であると安全性の確保に問題が生じるため確実に習得しておくことが必要である。つまり，走行中の自動車回避が不可能であれば歩車道の区別のない道路歩行は困難となる。

3）指導の留意点
（1）各能力との関連
前述のように本技術は，a．車音の音源定位，b．道路端への回避行動，c．回避からの回復行動の3つに類別化できる。このうち，a．車音の音源定位は，基礎的能力の中の感覚・知覚の聴覚に関連があり，b．道路端への回避行動およびc．回避からの回復行動の2点は歩行能力の身体行動の制御に関するものである。

（2）走行車の接近と回避行動における指導・評価
走行車の接近と回避行動における指導・評価は，まず，①走行音が理解できているか，②それが接近する車音であることを理解しているか，③回避行動を取っているか，というように3段階に分けて実施する。表10-1は，走行音と回避行動の関係における指導を表したものである。この表でC「走行音が聞こえるが，その走行車が接近してこない場合に回避行動を取る」という時の対応に留意が必要である。この行動は①走行音は理解できているのであるが，②それが接近する

表10-1 走行音（音源定位）と回避行動の関係
○は問題のない行動であり，×は問題があり，避けなければならない行動

	回避行動を取る	回避行動を取らない
走行音が聞こえ，その走行車が接近する場合	A○：回避行動を取ったことを賞賛する。	B×：必ず，回避行動を取るように指導する。
走行音が聞こえるが，その走行車が接近して来ない場合	C○：×のようであるが，実際は音源に反応しているため，その行動を問題のないものと賞賛し，その後，回避行動を取らないように指導する。	D○：回避行動を取らなかったことを賞賛する。

車音であることの判断がまだ不十分なだけで行動そのものは安全である。今後，指導によって向上する可能性が十分あるため，とりあえずは問題のない行動であったと賞賛しておく。

（3）回避行動のみの指導

走行車の少ない地域や普段は走行車が多くても指導時に少ない場合には，走行中の自動車回避のうち，b．道路端への回避行動とc．回避からの回復行動だけを指導者が対象児・者に合図を送って指導を行う。たとえば，対象児・者の右肩を軽くたたけば右側に回避するということを前もって決めておく。

（4）歩車道の区別のない道路歩行の基本

注意事項の⑧で述べているように，本技術は歩車道の区別のない道路歩行の基本である。したがって，これが不十分であると安全性が確保できなくなるため，確実に習得しておくことが必要である。

（5）対社会への配慮

歩行指導には社会の理解が不可欠であるため，前述したように本技術の指導における対社会への配慮は欠かせない。

4）走行中の自動車回避の成り立ち

本技術は1984年に方法が示され（芝田，1984），その後，道路端への回避後の身体の向きが方法で示したように変更された（芝田，1994）。また，効率よく指導するために必要な本技術の類別化（a．車音の音源定位，b．道路端への回避行動，c．回避からの回復行動の3点）が指摘された（芝田，1996）。さらにそれに関する基礎的能力・歩行能力との関連，走行車の接近と回避行動における指導・評価が発表されている（芝田，2003）。

当初の道路端への回避は，回避後「道路の中央を向くように（道路端を背にする）向きをかえ，その車の運転手に白杖を見えるようにする」（芝田，1984，p.37）というもので，1973年の歩行指導者の養成でも実施された方法であった（日本ライトハウス，1973）。その後，「回避後の向きは，回避したままの状態（道路端を向いている）か，まだ，車が走行して来ず，時間的に余裕があると判断できれば，これから歩行する進行方向に向きをかえておくかのどちらかでよい。」と変更された。

このように変更されたのは，多くの対象児・者の行動とそのつまずきから歩行の条件における安全性の確保，能率性の検討，個別性の検討に基づいた以下の3

つの理由からである。
　①向きを変えるという動作のために走行してくる車に対する安全性が損なわれる危険性がある。
　②場合によれば，あわてて向きを180°変え（道路端から道路中央を向く），さらに向きを90°変える（道路中央から歩行する進行方向を向く）というやや複雑な動作をしなければならないため方向を偏らせる可能性がある。
　③白杖を見せなくても走行してくる車の運転手から通行者がいるということが認識できれば安全性は確保される。
　この方法によって視覚障害児・者には，本技術が安全性の確保は維持されたままでより遂行・学習が容易なものとなった。

5．騒音時の歩行

1）方法
　騒音のために車音が聞こえず，走行中の自動車回避のための音源定位ができない場所では，道路のどちらかの端を白杖による伝い歩きで歩行する。車音の音源定位ができる状態になれば通常の歩行に戻る。

2）注意事項
　騒音となる音量の質と量の程度は個人差があるため，対象児・者にとってどの状態が騒音となるのか把握するよう指導する。また，本技術では，白杖による伝い歩きが確実に行われないとつまずきを起こすので注意が必要である。

3）指導の留意点
（1）カリキュラム
　騒音時の歩行は基礎的歩行技術の中に挿入されているが,環境主導型指導法（並列型カリキュラム，第4章参照）で実施するため，本技術が必要になった時点で指導する。指導地域によっては，騒音が皆無や些少な場合，必ずしもこの基礎的歩行技術の段階で指導する必要はなく，次の段階で行う。

（2）走行中の自動車回避との関連
　走行中の自動車回避はこの騒音時の歩行と対になっている。すなわち，騒音時の歩行が可能となって初めて走行中の自動車回避が確立する。

（3）その他の留意点
　①本技術に依拠しなければならない騒音の質と量の程度を確実に把握しておく

（その程度は対象児・者によって異なる）。
②本技術には白杖による伝い歩きが必要であり、その復習となる。
③本技術は1984年に方法が示されたが（芝田, 1984）、その後は大きく変化していない。

6. 歩車道の区別のない交差点横断

1）方法
歩車道の区別のない交差点の少し手前から道路の左右どちらかの道路端を白杖による伝い歩きによって歩行し、交差点の角を発見する。自動車の通過を待っている時、白杖は足許に寄せておく。その後、安全を確認し、進行方向を維持して横断する。

2）注意事項
①本技術は以下の3点に類別化される。
　a．白杖による伝い歩きの開始時期の理解
　b．白杖による伝い歩きによる横断前の位置の発見と方向の維持
　c．横断のタイミング
②距離からみて、横断のため交差点のどの程度手前から白杖による伝い歩きを開始するかは以下のようなことを手がかりにする。
　a．距離感覚――主たる手がかりとはなり難いが、その他の手がかりに注意を向ける機会となる
　b．横断しようとする道路の車音
　c．その他――エコー、風、水勾配、ランドマークなど
③大切なのは横断前の位置と方向である。位置は比較的、大きな範囲で考えられるが、方向は少しでもずれると横断後、つまずきの原因となる。そのため、確実に白杖による伝い歩きを行い、交差点を発見後、その進行方向を維持するため足は絶対に動かさないようにする（つま先の向きを変えない）。
④必要に応じて横断する道路の車音（直角の方向）で進行方向の確認、修正を行う。
⑤交差点横断には主に以下のような基礎的能力が必要である。
　a．運動感覚――白杖による伝い歩きによってガイドラインが途切れたことの理解、およびガイドラインにそった受動的な曲がりの知覚（第17章参照、

注意事項の①のｂ．白杖による伝い歩きによる横断開始位置の発見と方向の維持のために必要）
　ｂ．聴覚１——横断しようとする道路の車音から白杖による伝い歩きを開始する時期かどうかの理解（注意事項の①のａ．白杖による伝い歩きの開始時期の理解のために必要）
　ｃ．聴覚２——横断しようとする道路の車音の利用による横断方向（直角の方向）の確認・修正（注意事項の①のｂ．白杖による伝い歩きによる横断前の位置の発見と方向の維持のために必要）
　ｄ．環境——交差点の形状，角の形状，縁石・排水溝などの位置，水勾配，自動車の通行方法など（第17章参照，注意事項の①のｂ．白杖による伝い歩きによる横断前の位置の発見と方向の維持のために必要）

３）指導の留意点

上記のように本技術は３点に類別化できるが，以下はこの各々についての指導の留意点である。

（１）白杖による伝い歩きの開始時期の理解

①白杖による伝い歩きの開始時期の理解にはいくつか手がかりはあるが，短時間での習得が困難な内容であり，継続した指導を実施しなければならない。
②基礎的歩行技術の段階で，一つひとつの基礎（障害物回避，走行中の自動車回避など）を指導した後，応用として SD 課題（出発地から歩行して目的地を発見し，出発地まで戻ってくるという課題。第11章参照）が必要である。その応用指導の目的のひとつがこの課題である。
③基礎的能力の聴覚に関係しているためその指導も適宜，必要である。

（２）白杖による伝い歩きによる横断開始位置の発見と方向の維持，および横断のタイミング

①白杖による伝い歩きにより横断前の位置の発見と方向の維持から指導を始める。そのため，白杖による伝い歩きの復習となる。
②白杖による伝い歩きにより横断前の位置の発見と方向の維持を指導し，その後，横断のタイミングの指導を実施してもよいし，また，対象児・者によっては別に時間を取って実施してもよい。
③白杖による伝い歩きにより横断前の位置の発見と方向の維持は，基礎的能力が大切でこれらの指導も適宜，必要である。

（3）白杖による伝い歩きの開始時期における指導方法

歩行の条件を念頭に置くが，関連があるのはその中の安全性の確保と能率性の検討である。

①白杖による伝い歩きの開始時期が適正な場合――問題はなく，その行動を賞賛する。

②白杖による伝い歩きの開始時期が不適正な場合

　a．早すぎる場合――問題はなく，当初は賞賛する。一見，問題があるようであるが，基本的に安全であり，課題は能率性であるためとりあえずこの行動を賞賛し，その後，適正な開始時期になるように指導する。

　b．遅すぎる場合――問題がある。基本的に安全が確保されていないため，こういう行動を取らないように指導する。

交差点の手前，つまり，間近で対象児・者が気づかずに交差点から出てしまうことのないように歩行を止めて不適正である旨を伝え，適正な開始時期になるように指導する。

（4）横断前の位置と方向の重要性

①基礎の段階で横断前の位置と方向を確実に指導する。特に，方向は重要である。

②横断におけるつまずきは横断前の方向の過誤に起因していることが多く，横断中のビアリングが影響することは少ない。そのため，横断前の位置と方向を確実に指導すれば，横断におけるつまずきは減少する。

③横断前に絶対に足を動かさないことを徹底する。

④車音を利用して横断前の方向の確認・修正ができるように，歩行指導全期間を通して常に意識できるように指導する。

（5）白杖による伝い歩きを使用しない方法

白杖による伝い歩きを使用せずに交差点横断を行うこともできる。

①歩行の条件が満たされていればよいため，白杖による伝い歩きを使用する方法だけが唯一のものではない。

②歩行能力的に安全が確保されていれば，基礎的能力のエコーなどの聴覚や水勾配，距離感などの運動感覚を利用して白杖による伝い歩きを使用せず，歩行している道路端からやや離れて，交差点の発見・横断をすることも可能である。しかし，安全性の確保に関しては白杖による伝い歩きを使用する方が

はるかに優れている。
③将来的には両方の方法を習得しておくことは有利であるが，どちらを先に指導するかは，その対象児・者，およびその道路環境の状況に応じて判断する。一般的には，白杖による伝い歩きによる横断法を先に実施するのが適切である。

（6）対社会への配慮

歩行指導には社会の理解が不可欠であるため，前述したように本技術の指導における対社会への配慮は欠かせない。

4）歩車道の区別のない交差点横断の成り立ち

当初，歩車道の区別のない交差点横断の方法は示されておらず，歩行指導者各々によって方法が考慮され，指導および歩行指導者の養成が実施されていた（日本ライトハウス，1973）。一般的な方法は道路端には寄らずに横断するというもの（前述の白杖による伝い歩きを使用しない方法）であった（日本ライトハウス，1977）。

しかし，この方法では，走行車が横断前に前方，あるいは後方から来る場合，さらに横断する道路から曲がってくる場合，道路端に回避しなければならないこと，および回避方向の偏倚によって横断する道路へ進行する，つまり，結果的に右折あるいは左折して横断する道路へ曲がり込んでしまうことの理由から安全性の確保（歩行の条件）が不十分となるケースが多くみられた。そのため，現在は交差点の手前から道路端に寄り，それを白杖による伝い歩きによって交差点を発見して横断するというより安全な方法が基準となっている（芝田，1990）。

また，その他にも横断前の位置と方向における重要性の指摘（芝田，1994），指導の効率化に必要な本技術の3点の類別化（芝田，1996）がなされている。

7．歩道の歩行

1）方法

①歩道の歩行は一般的にタッチテクニックよりはスライド法が望ましい。それは歩道端は側溝や歩道の段差となっており，歩道の幅は歩車道の区別のない道路よりも一般的に狭く，その端に白杖が触れやすいことから，スライド法の方がその端を飛び越さずにキャッチできること，また，歩道端が側溝の場合，タッチテクニックではその端を飛び越してしまい，側溝に足を落とすこ

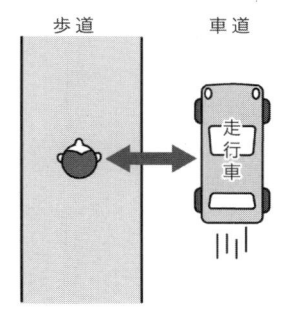

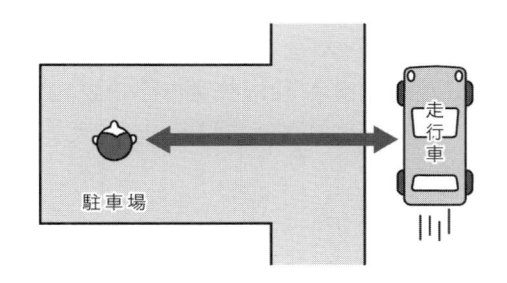

A．適正な走行車音量　　　　　B．走行車音量が適正（A）より小さい

図10−3　歩道の歩行1

とがあるからである。
②歩道は，歩車道の区別のない道路に比較して歩道の幅員（道路幅）が狭いため，指導初期はビアリングによりすぐに建物側，あるいは車道側の歩道端に偏ってしまうことがあるので注意が必要である。
③駐車場へ入り込む，横断中にビアリングするといったつまずきを含む，現在の歩行位置が適正かどうかという環境認知のために，普段から平行に走行する車音がどの程度の音量で聞こえれば車道からの適正な間隔（距離）であるのかを意識し，理解しておく（図10−3）。

2）注意事項
①歩道の幅員（道路幅）

　一般的に，歩車道の区別のない道路から指導が開始されるため，対象児・者は歩道からすれば幅の広い道路の歩行に慣れている。このため，方法②で述べたように，歩道では，歩車道の区別のない道路からすれば歩道の幅員が狭いため，指導初期はビアリングにより，すぐに歩道端に偏ってしまうことになるので注意が必要である。したがって，歩車道の区別のない道路を歩行している際のビアリング後の修正法とは，①と②の角度やその距離においてやや相違している（第11章図11−2参照）。

②車道からの間隔

　方法③で述べたように，つまずきを含む現在の歩行位置の環境認知のために，普段より平行に走行する車音がどの程度の音量で聞こえれば，車道からの適正な間隔であるのかを意識しておくことが大切である（図10−3）。こ

れは，つまずきに対応するためで歩道の歩行の指導を開始した当初から対象児・者が車音を意識するように促す。

3）指導の留意点と歩道の歩行の成り立ち

①歩車道の区別のない道路と比較して，歩道の幅員が狭いので対象児・者がその点に意識して歩行できるよう指導する。

②車道からの適正な状態での間隔，歩道を歩行している時，車音はどのような音量なのかの理解は，つまずきを防止するために大切な事項であるので対象児・者が十分意識できるよう指導する。

歩道の歩行の成り立ちでは，タッチテクニックよりはスライド法が適切であること，歩車道の区別のない道路との比較において歩道の幅を意識すること，車道からの適正な間隔（距離）を把握することが付加された（芝田，2000）。

8．歩道のある交差点横断

1）方法

歩道のある交差点の少し手前から主として建物側（溝）を白杖による伝い歩きで歩行し，必要に応じて進行方向を維持しながら以下の手がかりによって交差点の横断位置を発見する。

①建物側の角

②歩道のスロープ（すりつけ）

③歩道の縁石

④横断しようとする道路の車音

⑤視覚障害者誘導用ブロック

⑥その他──信号待ちをしている進行方向と同方向の車音，音響信号機，ランドマークなど

安全を確認し，進行方向を維持して横断する。横断前に自動車の通過を待っている時は白杖は足許に寄せておく。横断後は，歩道に乗ったことを確認する。

2）注意事項

①交差点の状態・状況によっては，歩車道の区別のない交差点横断同様，本技術も以下の3つに類別化できる。

  a．白杖による伝い歩きの開始時期の理解

  b．白杖による伝い歩きによる横断前の位置の発見と方向の維持

c．横断のタイミング——既知で慣れている交差点など，白杖による伝い歩きによらずに交差点の発見が可能ならば，必ずしもこの歩行技術を使用しなくてもよい。一般的には白杖による伝い歩きによる方が横断開始位置の発見が容易で安全性が高い。
②どのあたりから白杖による伝い歩きを開始するかは，以下のようなことを手がかりにする。
　　a．距離感覚——主たる手がかりとはなりにくいが，その他の手がかりに注意を払うきっかけとなる
　　b．横断しようとする道路の車音
　　c．信号待ちをしている車音
　　d．その他——音響信号，ランドマークなど
③歩車道の区別のない交差点横断と同様，大切なのは，横断前の位置と方向である。位置は比較的，大きな範囲で考えられるが，方向は少しでもずれると横断後につまずきを起こす原因となる。そのため，確実に白杖による伝い歩きを行い，その後の進行方向の維持・手がかりの利用などで交差点の横断位置の発見後，その進行方向を維持するため，絶対に足は動かさないようにする。
④横断後，歩道に乗ったことは足底で縁石を確認することによってできるが，不確実な場合や，足底で確認できない場合があるため，横断したと判断した後，白杖をスライド法で建物側に振るようにする。それに関しては以下の点に注意をする。
　　a．歩道に乗ったことの確認は，主として縁石側，つまり車道側ではなく，建物側で行う。
　　b．建物側に振った場合，そこが側溝であれば歩道に乗っていると判断できる。
　　c．建物側に振った場合，そこがまだ歩道ではなく，歩道の縁石の場合がある。そのため，触れた物にそって白杖を少し上げることにより，建物の壁か縁石かが判断できる（図10-4）。
⑤必要に応じて，以下の要領で車音を有効に利用して方向を認知する。
　　a．平行方向の車音（歩行している道路の車音）と直角方向の車音（横断する道路の車音）を利用して，横断前の方向の確認・修正を行う。

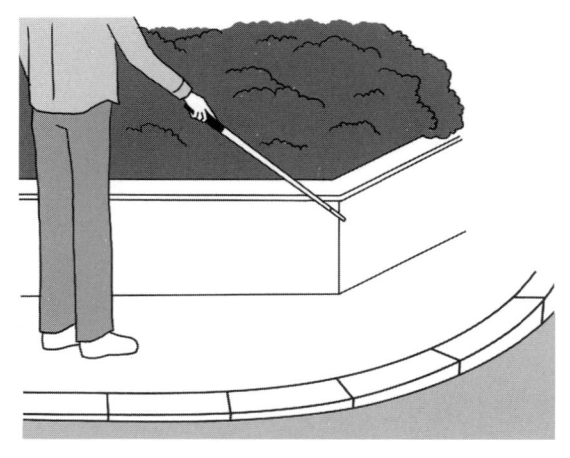

図10-4　歩道の歩行2

　　b．平行方向の車音を利用して，歩道を歩行中の進行方向の維持，横断中の方向の確認・修正を行う。
⑥交差点横断には主に以下のような基礎的能力が必要である。
　　a．運動感覚――白杖による伝い歩きによって，ガイドラインがきれたことの認知（直進），およびガイドラインにそった受動的な曲がりの知覚
　　b．聴覚1――横断しようとする道路の車音から，白杖による伝い歩きを開始する時期かどうかの理解
　　c．聴覚2――横断する道路の車音の利用による，横断方向（直角の方向）および歩行している道路の車音利用による横断方向（平行の方向）の確認・修正
　　d．聴覚3――車音が直進車か右左折した車かの判断，また，その方向の判断
　　e．環境――交差点の形状，角の形状，縁石・排水溝などの位置，水勾配，自動車の通行方法など
⑦横断は，一般的にタッチテクニックよりはスライド法の方が望ましい。それは，歩道端の発見が容易だからである。
⑧白杖による伝い歩き以外の方法で，交差点横断を行うことも可能である。

3）指導の留意点
①以下のことに留意することによってつまずきを起こさないよう防止する。

a．平行方向と直角方角の車音により，進行方向の確認・修正をする。
　　b．交差点の発見（横断前の位置と方向）に重点を置いて指導する。
　　c．横断後，歩道に乗ったことを確認する習慣を身につける。
②横断前から建物側へ寄りながらの交差点横断方法は一般的なものではない。交差点横断の際，車道側へ曲がっていくと危険なため，横断前から僅かに建物側へ方向を向けて横断する方法がある（図10-5）。これは，その交差点，

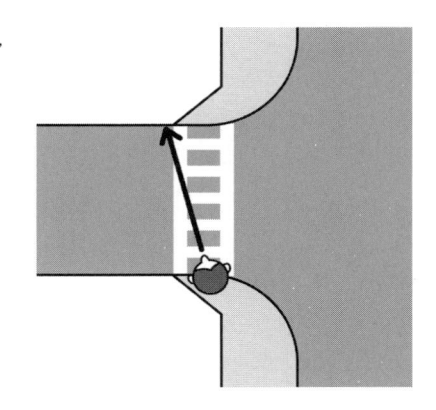

図10-5　歩道のある交差点の例（一般的ではない）

その対象児・者の状況に応じては可能で有効であるが，以下の理由から一般的なものではない。
　　a．横断前の正しい方向の確立・維持を行うことによって車道側を含む左右へ曲がっていくことは避けられるため，あえて，建物側へ向かっていく必要はない。
　　b．状況によっては，横断前の正しい方向が確立できず，左右の方向へ向かっていくことが考えられる。その際，車道側へ向かっていった場合は建物側へ意識して向かっていくこの方法は有効である。しかし，最初から建物側へ向かっていった場合は，より曲がりの角度が大きくなり，状況によっては，その角を直角に近い形で曲がってしまうこともあるためかえって危険である。
　　c．正しくわずかに建物側へ向かっていく能力を持った対象児・者であれば，真っすぐに横断することも可能なはずであり，あえてこのような方法で行う必要はない。
　　d．僅かに建物側に向かっていくというような安易な方法を指示せず，適正な歩行能力で横断できるようにする方が有意義である。

4）歩道のある交差点横断の成り立ち

　アメリカの歩行環境が原則的に歩道が設置されているため，歩行指導が日本への導入時から歩道のある交差点横断は示されていた（岩橋，1968；日本ライトハ

ウス，1975，1977）。その後に方法は改善され，充実化された。まず，歩車道の区別のない交差点横断と同様，横断前の位置と方向における重要性（芝田，1994），指導の効率化に必要な本技術の3点の類別化（芝田，1996）が付加された。さらに，当初，推奨・指導されていた建物側へ寄りながらの横断方法（日本ライトハウス，1975）に対して，筆者は前述の理由（指導の留意点②）から否定的であり，このような指導は行わず，横断方法としてもふれていなかった（芝田，1990）。

しかし，他の指導者からこの方法を指示され，その可否を質問した歩行指導者養成の受講生がいたことで，改めて不適切な場合があることを指摘した（芝田，1997）。以下はそれに関する事例である。

＜事例10−1＞
　a．プロフィール：26歳，男性，中途視覚障害者（全盲）
　b．状況：指導中，指導者（筆者）からの指示はなかったにも関わらず，他の視覚障害者からの推奨を受け，右側が車道である歩道Aから僅かに左（建物側）に自ら向いて道路Bを横断しようと考える（図10−6）。しかし，すでにやや左側にビアリングした状態で横断開始位置に着く（図10−6のC地点）。そこでさらにやや左へ向きを変えて横断する。結果，方向が大きく左に偏って横断する道路Bを左側へ曲がり込むが，本人はそれに気づかず道路Bを道路Aと思いこんで歩行するというつまずきを起こす。やや左へ向きを変えていなければ図10−6の点線方向へ進み，つまずきとはならない。
　c．指導：横断前の位置と方向における重要性を指摘し，その指導をくり返すことで確実な横断が可能となる。この能力が習得できたこと，また指導によって習得の可能性があることで，横断前に僅かに建物側を向いての横断方法を取る必要のないことを指示した。

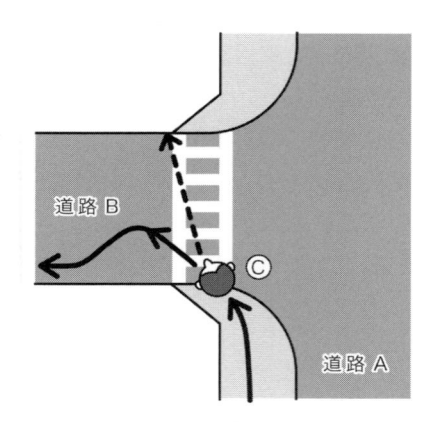

図10−6　事例10−1

9．一旦入り込む交差点横断（SOC）

　一旦入り込む交差点横断は，角を入り込まずにストレートに横断する一般の方法とは異なり，直角の方向を取って（squaring off），横断する（crossing）ものである。そのため，その頭文字をとって SOC と呼ばれる（芝田，1982）。

1）方法

　右に曲がり込む場合（図10－7）では，白杖による伝い歩きで交差点の右角を発見したら，その角を右へ少し入り込んで左を向き，横断する道路に面して道路端で直角の方向を取る。安全を確認して横断した後，左を向き，白杖による伝い歩きで前進して右の方へ曲がり，歩行しようとする道路へ入り込む。

2）注意事項

①本技術を行うためには通常の横断以外に次の4つの能力が必要である。

　　a．「横断する道路へ曲がり込んだ」こと，および「元の道路へ曲がり込んだ」ことが理解できる，受動的な曲がりの知覚（第17章参照）
　　b．白杖による伝い歩きの技術
　　c．直角の方向の取り方の技術（第7章参照）
　　d．横断後，元のルートへ戻るという地図的操作

②本技術はその状況や必要に応じて使用できるようにする。

③本技術と歩行する道路における白杖による伝い歩きを併用することによってより確実な歩行が可能である。

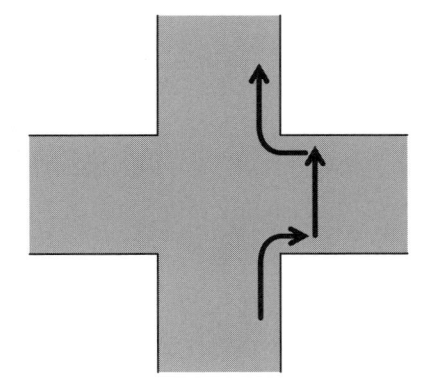

図10－7　一旦入り込む交差点横断（SOC）　右に曲がり込む場合

3）指導の留意点

① SOC は一横断方法であり，基本的に入り込まないで横断する方法（一般的な横断方法，本章6節歩車道の区別のない交差点横断，および8節歩道のある交差点横断参照）との比較において難易の差はない。しかし，ランドマークがあったり，曲がり込んだことが理解しやすいというような環境では本技術の方が有効である。

②環境に応じて，一般的な横断方法とSOCを使い分けられるようにしておく。たとえば，交差点の角に障害物があるなど，一般的な横断方法が困難と判断すれば，本技術に切り替えることができるようにする。
③角のすみきりで直角の方向を取る，曲がり込んだ方向・方角を記憶するなど，曲がり込むこととその方向の記憶が確実でなければ，つまずきを起こす。

4）一旦入り込む交差点横断（SOC）の成り立ち

一旦入り込む交差点横断（SOC）は，入り込まないで横断する方法（一般的な横断）では横断が不確実な対象児・者に対する指導法として，屋内歩行において廊下を横断する方法に準拠して（芝田，1982）案出，実践され，その後，報告されたものである。入り込まないで横断する方法とは区別する意味で直角の方向を取って（squaring off），横断する（crossing）ため，その頭文字をとって筆者がSOCと名付けたものであり，アメリカには本技術はない。以下はSOCが必要であり，有効であった事例である。

＜事例10－2＞

a．プロフィール：21歳，女性，先天視覚障害者（全盲），中度の知的障害がある。

b．状況：住宅街で1車線の一方通行で，幅員1.5m程度の歩道が敷設されているA道路（南北）の歩行で歩車道の区別のないB道路（東西）の横断が課題であった（図10－8）。盲学校卒であるが，これまで屋外歩行の経験がないためか歩行にあまり自信がなく，横断の位置と方向が不確実で横断においてつまずきを起こすことが多い。また，つまずきを起こしても自力で修正することが困難である。

c．指導：道路Aの左側の歩道の歩行において，横断前から歩道の左側（東側）を白杖による伝い歩きにより歩行する。白杖による伝い歩きのまま横断する道路Bを左（西）へ曲がり込み，角から5mの位置に設置されている電柱まで来たらそこで右に向きを変え（北向き），道路端で直角の方向を取る。

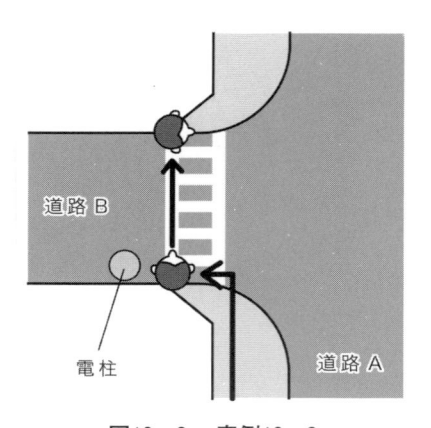

図10－8　事例10－2

道路 B を横断後，B の南側端まで行き，右（東）を向く。B の南側を白杖による伝い歩きにより歩行し，道路 A を左（北）に曲がり込む。以上のような方法で指導することによりこの横断が可能となった。なお，このケースでは，道路 B を曲がった適切な位置にランドマークとなる電柱があったことが大きな補助となっている。

10. 踏切横断

1）方法

踏切の端を白杖による伝い歩きにより横断する。この時の白杖による伝い歩きは，ガイドラインのタイプ A（側溝のように落ち込んでいるもの）の伝い歩きで，溝のへりを少し滑らせるようにするという方法で操作する（第9章参照）。

2）注意事項

①踏切はファミリアリゼーションを行ってから利用することを原則とする。
②横断中に警報器が鳴れば，前進するか，引き返すか近い方へすみやかに歩行する。
③必要に応じて援助依頼をし，手引きによる歩行で横断する。
④遮断機が降りている時，それに白杖，もしくは手を軽く乗せて電車を待っていると，遮断機の上昇が理解しやすい。

3）指導の留意点と踏切横断の成り立ち

踏切は特殊環境（第11章参照）であるので，未知の場合は単独での対処は困難である。ファミリアリゼーションを前提としておく。そのファミリアリゼーションによって利用できるようにするための基本の技術として，白杖による伝い歩きを確実にしておく。

踏切横断の成り立ちでは，本技術はアメリカの方法（Western Michigan University，1974）に基づいており，わが国では1975年に方法が示された（日本ライトハウス，1975）。その後，大きな変化はない。

11. 混雑地の歩行

1）方法

通行者が多く，混雑している所では他の通行者が白杖を避けるなど，必要な対応ができるよう以下の3点に留意して歩行する。

① スライド法を使用する。
② 歩行速度は通常より遅くする。
③ 白杖は通常よりゆっくり振るようにする。

2）注意事項

① 段差や落ち込みのある場所では特に注意して上記の方法で歩行する。
② 上記①のような段差や落ち込みのある場所でなく，既知の所で安全が確保され，可能であれば他の通行者への対応のため白杖を短めに持ったり，白杖の振り幅をやや狭くしてもよい。なお，この白杖を短めに持つ方法をアメリカでは，チョークアップ（choke up）と言うことがある。
③ 他の通行者への配慮から白杖を通常より狭く振ることも考えられるが，これはあくまで既知の環境であって，段差や落ち込みのない所でなければ，実施してはならない。ホームなどでは，白杖の振り幅を通常より狭くすることは転落などの事故に繋がるからである（第12章参照）。
④ 歩行速度は，その混雑地の状況に応じて適度な速さを考慮する。

3）指導の留意点

① 安全性の確保と他の通行者への配慮

　安全性の確保のため，白杖の振り幅は狭くせず，通常の状態にしておく（自分の安全性は確保しながら前述のように歩行速度は遅くし，白杖もゆっくり振って歩行するという配慮は行う），あるいは，既知で安全が確保される場所に限定して，他の通行者への配慮のため，白杖の振り幅を狭くし，白杖を短めに持つ（社会に対する配慮）かのどちらに重きを置くかは，その対象児・者の能力と環境に応じて適切に指導する。

② 社会啓発の必要性

　混雑地の歩行は，どちらかと言えば歩行を可能とする要因（第1章参照）の中の社会の理解の向上を主に考えたい。基本的には視覚障害児・者の歩行に対して，まず社会が配慮するということを第一義とすることが必要で，それに応じた啓発が不可欠である。

4）混雑地の歩行の成り立ち

本技術の方法は，当初，日本ライトハウス（1975）によって単にタッチテクニックの応用として示され，後に「既知の混雑地での白杖使用法」という名称の技術として「タッチテクニックかあるいはスライド法によって歩行する」とされた（芝

田，1984）。その後，タッチテクニックより高い安全性確保の可能性，および社会に対する配慮の必要性から「スライド法によって歩行する」に変更され，名称は白杖使用法ではなく，総合的な歩行という意味で捉え，現在の「混雑地の歩行」とされている（芝田，1994）。社会に対する配慮の必要性に関する事例を次ぎに示す。

＜事例10-3＞
a．プロフィール：55歳，男性，中途視覚障害者（全盲）
b．状況：全体的な歩行指導はほぼ順調で，指導は最終段階の交通機関の利用に入っていた。やや混雑している大きなターミナル駅構内の歩行において，白杖が他の歩行者の足に引っかかり，その歩行者が転倒しかけるが，大事には至らなかった。
c．指導：対象者は身長が170cm代と高いため長めの白杖を持ち，歩幅も広いため普段は比較的左右に大きく振って歩行する。今回の場所は既知であり，落ち込むような箇所も無いことから白杖をもう少し縦ぎみに，そして短めに保持して振り幅も肩幅程度にしてゆっくりスライド法で振るように指示をしていたので，それを徹底する。

12. 信号の利用

1）方法
進行方向と同方向に走行する車の発進音と同時に横断を開始する）。

2）注意事項
①信号の利用には主に以下のような基礎的能力が必要である。
a．聴覚1──横断する道路の車音と歩行している道路の車音の弁別
b．聴覚2──車音が直進車か右左折車かの判断，またその方向の判断
c．環境──交通規則・ルールなど
②進行方向の前を左右に走行する車（進行方向に対して直角の方向に走行する車）の発進音（赤）を進行方向と同方向に走行する車（進行方向に対して平行の方向に走行する車）の発進音と勘違いしないように注意する。
③進行方向と同方向に走行する車が来ない時は次の青になるまで待つようにするなど，信号の利用では慌てず，能率性の検討よりも安全性の確保を十分にする。

④その交差点に着いた時,すでに進行方向と同方向の車が走行していれば,次の青まで待機することを原則とする。

⑤上記④で,横断するまで十分青であると判断できれば,次の青まで待たずに横断してもよい。

3)指導の留意点
(1)信号について

信号の利用は,信号という環境側のコントロールに対応して行動することが求められるもので,そのコントロールに対応できなければ,つまり,信号無視をすれば事故につながるだけに難易度の高い課題である(芝田,1983)。基本的には,信号の利用は道路横断が確実になってから行うが,以下に述べるように,つまずきを起こしやすい要因が多々あるため,本技術の指導に入るまでに必要な基礎的能力・歩行能力が習得されていることが欠かせない。

信号の利用は危険の伴うものであり,対象児・者の能力に応じて単独での信号の利用について慎重な検討が必要で,もし困難であると判断されれば単独での利用は避けなければならない。

(2)基礎指導

基礎指導はひとつの交差点を利用して実施すると能率的である。

①最初は,手引きによる歩行で横断のタイミングが取れるようにする。その後,単独歩行の状態で行う。しかし,対象児・者の能力,環境の状況に応じて手引きによる歩行から開始せずに単独歩行の状態から開始してもよい。ただし,この時,指導者は自分の存在が対象児・者に対してサウンド・シャドウ(第18章参照)にならないように留意する。

②最初に,交差点を時計回りに周回することから開始するが,それは,すぐ横に進行方向と同方向に走行する車音があるからである(図10-9)。その後,反時計回りに周回する。

(3)適切な判断の必要性(困難な課題)

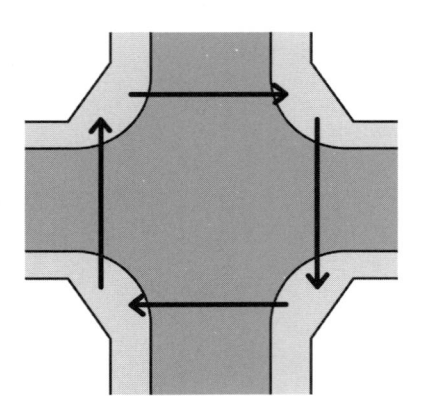

図10-9 信号の利用の指導(基礎)　以下に述べるような信号の利用における

困難な課題があり，この時に適切な判断が要求される。換言すれば，これらがつまずきを起こす原因となる。

①進行方向と同方向の発進車（青にかわる前に停止していた車）がなく，直進車（交差点に進入時にすでに青であったため停止しない車）のみの時の適切な判断。
②直進車が来ず，右左折車だけの時の適切な判断。
③右左折車が交差点中央で一旦停止し，その後，発進した時の適切な判断。
④車音がない時の適切な判断。
⑤発進車，直進車がない時，進行方向の前を左右に走行する車音の停止音（つまり，赤）で青と適切に判断しなければならない場合もある。

次は，信号の利用に関するつまずきの事例である。

＜事例10－4＞
　a．プロフィール：28歳，男性，中途視覚障害者（全盲）
　b．状況：歩行能力は高い。そのため全体的な歩行指導には大きな停滞もなく進む。基礎的能力における聴覚にも問題はなく，信号の利用の指導も順調で応用段階に入る。ある時，A道路（南北，2車線）とB道路（東西，2車線）の信号のある交差点で，A道路を南から歩行してきてB道路との南西角からB道路を北へ横断するため赤信号で待機をしていた（図10－10）。

　　B道路を東から来た車が右折（A道路を北へ）するため，B道路の西か

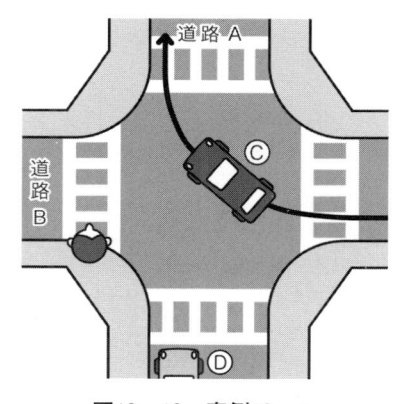

図10－10　事例10－4

ら来る直進車を通過させようと交差点中央(図10-10のC地点)で停車し,直進車が無くなったので北へ発進した。対象者は,まだ赤信号であるにも関わらず,この車音をA道路を北へ向かうために赤信号で停車していた車の発進音(図10-10のD地点),つまり青に変わったと判断して横断を開始しようとした。
  c.指導:即座に歩行を止め,状況を説明する。A道路を北へ向かう場合,自分の右後ろから発進音が聞こえるはずであるが,a.今回の発進音は右前方であったこと,b.こういう事態は紛らわしく,過誤に繋がること,c.信号の利用が可能となっていても油断してはいけないことなどを指導する。

(4) 未知の道路における信号の有無の判断

未知の道路を歩行していて,その交差点に信号があるかないかを,車が規則正しく走行しているかどうか,つまり,信号によって,進行方向と同方向に走行する車と進行方向の前を左右に走行する車が規則正しく変わっているかどうかで判断することができる。必要に応じて指導課題に挿入される。

4) 信号の利用の成り立ち

信号の利用はアメリカの方法に準拠しており,日本の道路環境を考慮したものは日本ライトハウス(1975)によって示されている。原則は大きく変化していない。その後,多くの対象児・者が起こした多様なつまずきを集約し,それを指導の課題として上記の「(3)適切な判断の必要性(困難な課題)」と対象児・者と環境に応じて必要となる指導として「(4)未知の道路における信号の有無の判断」が指導の留意点に付加された(芝田,2000)。

【引用・参考文献】
岩橋英行(監)1968 失明者歩行訓練指導要領 日本ライトハウス
金子 勇・杉江勝憲・橋本定雄・占部耕三・月光さつき・久保明夫 1977 車の騒音の把握調査と歩行訓練との関連について 第1回視覚障害歩行研究会発表抄録集,9-10.
日本ライトハウス 1973 厚生省委託歩行指導員養成講習会講義資料 日本ライトハウス
日本ライトハウス 1975 視覚障害者のための歩行訓練カリキュラム(I) 日本ライトハウス
日本ライトハウス 1977 視覚障害者のためのリハビリテーションI歩行訓練 日本ライトハウス
芝田裕一 1982 SOC 視覚障害研究,16,81.
芝田裕一 1983 編集後記<雑感> 視覚障害研究,18,92.
芝田裕一 1984 視覚障害者のためのリハビリテーション1歩行訓練第2版 日本ライトハウス
芝田裕一(編)1990 視覚障害者の社会適応訓練 日本ライトハウス

芝田裕一（編） 1994　視覚障害者の社会適応訓練第 2 版　日本ライトハウス
芝田裕一（編） 1996　視覚障害者の社会適応訓練第 3 版　日本ライトハウス
芝田裕一　1997　歩行実技における歩行方法について　厚生省委託歩行指導者養成課程講義資料
芝田裕一　2000　視覚障害者のリハビリテーションと生活訓練―指導者養成用テキスト―　日本ライトハウス
芝田裕一　2001　歩行養成30期・リハ養成 7 期（平成12年度）までの変遷と現状（2）　視覚障害リハビリテーション，**54**，5-46．
芝田裕一　2003　視覚障害者のリハビリテーションと生活訓練第 2 版―指導者養成用テキスト―　日本ライトハウス（自費出版）
芝田裕一　2007　視覚障害児・者の理解と支援　北大路書房
芝田裕一　2015　視覚障害児・者の理解と支援［新版］　北大路書房
Western Michigan University　1974　*Orientation And Mobility Notebook*. Author, Kalamazoo, Michigan.（講義資料，未発表）

第11章　道路における歩行指導の留意点

　道路における歩行は，視覚障害児・者の歩行指導の基礎であり，中心となるものである。指導は，基礎的能力を基盤とした手がかり，ランドマークの利用方法，目的地の発見方法などを通して，歩行技術の習得と駆使（白杖操作技術・道路における歩行技術）が主体となり，地図的操作，環境認知，身体行動の制御，情報の利用の中の主に援助依頼の指導が混在しながら実施され，歩行能力の総合的な向上が図られる。

1．指導の目的と設定

　道路における歩行指導は，その対象となる道路・交差点・目的地が指導に適していることが重要であるため，指導地域は最適なものが吟味されて選定されなければならない。以下は，指導の目的および指導地域を設定するための留意点である。その際，歩行の条件が根底となることは言うまでもない。

1）指導の目的

　白杖操作技術は，基礎の指導が主に屋内や公園などで開始される。道路における歩行指導は，白杖操作技術の道路における復習的，実践的，応用的な遂行，多様な道路，交差点の歩行経験，多様な目的地発見などを通して，歩行能力の総合的な向上を目指すことが目的となる。

2）指導方法

　指導は，主にSD課題（SD訓練）という方法で実施される。このSD課題は，出発地から歩行して目的地を発見し，さらに出発地まで戻ってくる指導を指す（芝田，1982）。当初，これに類する指導は目的地発見訓練と呼ばれていたが，これでは，重要である「出発地まで戻る」という意味が包含されていないことからSD課題とされた。SD課題は，この時期以前にAタイプではすでにその一部が実施されていることが考えられる。しかし，ここでのSD課題は，あくまで歩行

能力の向上を目的としている。ちなみに，このSは，starting point（出発地），Dは，destination（目的地）の頭文字であるが，アメリカではこの用語は使用されていない。

3）指導地域

　生活地域でない地域での指導（Bタイプ，第6章参照）を念頭に置いているため，指導地域は比較的に区画が整理されている一般的環境で実施される。五差路など複雑な形状の交差点，商店街，踏切，スクランブル信号などの特殊環境は，Bタイプによる指導では，その対象児・者の生活地域では成果が発揮できるとは限らない。そのため，一般的には，Bタイプでの指導の範疇とは考えず，現地ファミリアリゼーションを主体とした生活地域での指導（Aタイプ）の対象と考える。したがって，Bタイプで実施する場合，指導地域としてこれらの特殊環境を含まない地域が選定されることが必要である。

4）道路・交差点など

　道路，交差点には以下に示すような種類があり，この知識（基礎的能力，第17章参照）が環境認知のベースとして必要となる。これらが経験できるようなルートが設定され，指導される。

　①道路には，歩車道の区別のある場合とない場合，また，通行方法には，一方通行と対面通行の各2種類がある。

　②交差点における角は，その角の形状と歩道の有無の2つに分けて考えられる。このことから，一般的に角と歩道の形状のタイプは，角が90°で一方に歩道がある場合，角が90°で両方に歩道がある場合，角がすみきりで一方に歩道がある場合，角がすみきりで両方に歩道がある場合の4つがある（図11-1，第17章参照）。

　その他，以下のような環境が経験できるルートが設定され，その

ⓐ 角が90°で一方に歩道がある場合
ⓑ 角が90°で両方に歩道がある場合
ⓒ 角がすみきりで一方に歩道がある場合
ⓓ 角がすみきりで両方に歩道がある場合

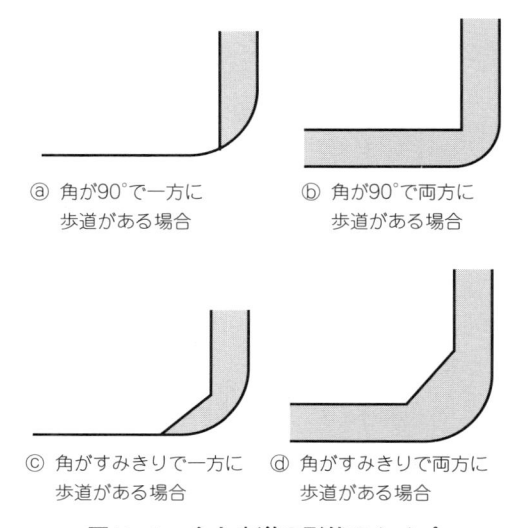

図11-1　角と歩道の形状のタイプ

対処や歩行方法について指導が行われる。
　①障害物——道路に斜めになっている駐車，多くの駐輪，看板，電柱・ポールなど形状，大きさ，位置，方向において多様なものが存在している。
　②ガードレール——歩道の場合，車道側に敷設してあることが多い。
　③路地——地域によってその概念が相違することに注意が必要である。つまり，ある地域で路地とされている道路の幅員・交通量の道路が，別の地域では一般の道路とされる場合がある。
　④T字路・Y字路
　⑤視覚障害者誘導用ブロック——線状ブロックと点状ブロックがあり，その敷設箇所が区別されている（芝田，2007，2015）。
　⑥音響信号機

5）目的地

目的地には以下に示すような種類が考えられるため，これらが経験でき，指導できる地域が設定される（芝田，2000）。
　①交差点の角にある目的地には，横断する手前の角にある場合，横断した後の角にある場合の2種類がある。
　②交差点と交差点の間にある目的地，つまり，角でないところにある目的地も指導の対象として必要である。この場合はその目的地の位置と両隣の特徴が指導される。
　③複数の目的地が設定されることもある。これには，目的地の発見の順序が指定される場合，目的地の発見順序を対象児・者の自由選択とされる場合の2種類がある。
　④買い物課題などは援助依頼の指導にもなる。

6）指導の総合的留意点

（1）指導内容の難易度

指導の設定に際して，以下の要素に留意してその難易度が決定される（芝田，2000）。
　①未知地域の量——未知地域の量が多いほど難易度は高くなる。
　②横断の回数，右左折の回数——横断や右左折が多いほど難易度は高くなる。
　③目的地と手がかりやランドマーク——目的地の発見では手がかりやランドマークが少ないほど難易度は高くなる。

(2) その他の総合的留意点

①歩行の条件に基づいて指導を実施する。

②歩行技術の習得と駆使が指導の主体となるが，それにあわせて他の4つの歩行能力の指導を適宜実施する。また，それに必要な基礎的能力の指導を適宜実施する。

③ファミリアリゼーションに関する指導を適宜実施する（後述）。

④つまずきに関する指導を適宜実施する（後述）。

⑤カリキュラムとしては，道路における歩行の後に交通機関の利用となるが，道路における歩行が確実に習得されることが交通機関の利用につながる（第12章参照）。

⑥雨天，風など気象状況のよくない状態は応用課題と位置づけておく。したがって，新しい歩行技術や課題の導入時など基礎の習得時はこれらの気象状況でない時に実施されるのが望ましい。しかし，これらの気象状況下での歩行経験は大切であるため，適宜実施する。

⑦歩行指導は，一般に，対象児・者がスポーツウエアやスニーカーなど歩きやすい服装や靴で，しかも荷物などを持たないで実施される。しかし，日常生活で必要となる普段着や普段靴ではない服装や靴での歩行，荷物を保持しての歩行などやや歩きにくい状態での歩行経験は大切であるため，応用課題と位置づけ，適宜実施する。

⑧対社会への配慮を重要視する（第10章参照）。

2．身体行動の制御の指導

身体行動の制御とその指導は，これまでの白杖操作技術，基礎的歩行技術，SOC，信号の利用など各歩行技術の指導においても具体的に述べているが，その指導対象として重要なものにビアリング（veering，ベアリングともいわれる）がある。ビアリングとは，視覚障害児・者自身の意思とは関係なく，歩行中に自然に進行方向から逸れてしまうことをいう。

1）ビアリングの原因と防止

ビアリングの原因として以下のことが考えられる。

①白杖の振り——大きい方へビアリングする傾向がある。

②足の向き——外股・内股の度合いが左右均等でない場合，外股の大きい方へ

ビアリングする傾向がある。
③顔の向き——向いている方へビアリングする傾向がある。
④歩行速度——極端に遅い場合，歩行が安定せずにビアリングする傾向がある。
⑤重心と体重移動——身体の重心やバランスが不安定で左右への体重移動があるとビアリングにつながる傾向がある。

ビアリングが起きないようにするには，これらに注意するとともに，普段から極端な外股，内股にならず，歩行の状態を立脚期の踵接地・踏切時の足が進行方向を向いていることが望ましい（第17章参照）。

2）ビアリング後の修正法

道路端へビアリングした後の修正法は，図11-2のように，①の角度のとり方，②の角度のとり方，①の角度をとってから②の角度をとるまでの距離の3つに類別して考えられる。ビアリング後の修正に対する指導法は，修正行動の状態によって，①の角度，②の角度，①の角度をとってから②の角度をとるまでの距離の3点のどれが，どのように不十分であったかを，基本的には直後にフィードバックすることによってより適切に修正できるようにするものである。

3）ビアリングの指導法の成り立ち

当初，ビアリングの防止とその修正に対する指導法は示されず（日本ライトハウス，1977），単に道路における歩行をくり返すことによって対象児・者が自らビアリングの防止とその修正を習得するというものであった。もちろん，運動学習的な課題であるため，くり返しは必須の条件ではあるが，指導者によって具体的な方法が提示されないため，対象児・者の中にはその習得に必要以上の時間がかかる場合もみられた。

対象児・者によっては「まっすぐ歩けない」ことが歩行に対する自己評価を下げることになる。また，筆者は「どうすれば曲がらずに歩行できるのか」といった悩みを多くの視覚障害児・者から受けた。

そこで，上記のようなビアリング後の修正に対する指導法を開発して比較的短期間で対象児・者が満足する程度の水準に達するケースを多く経験し（芝田，1996），指導者養成にも取り入れた。現在，多くの指導者が本方

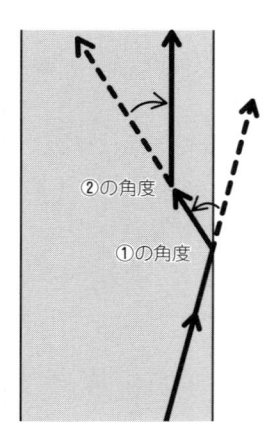

図11-2　ビアリング後の修正

法でビアリングの指導にあたっている。次ぎにこれに関する事例を示す。
　＜事例11-1＞
　　a．プロフィール：24歳，女性，先天視覚障害者（全盲）
　　b．状況：能力的に低くはないが，自信がなく，屋外歩行に対して不安を示す。静止しての白杖の振り，リズム歩行，直進歩行を習得後，歩車道の区別のない道路歩行へ進むが，不安のためか屋内で習得した歩行能力が発揮できず，ビアリングをしてもそのビアリングを起こしたことに固執してうまく修正できない。
　　c．指導：このようなケースでは，当初は本人が自らくり返して修正方法を会得することを待つということが基本であったため，習得にはかなりの時間を要し，さらにそのストレスも大きいものであった。今回，ビアリング後の修正に対する指導法の適用により，ビアリングの修正は数回（1回50分）の指導で習得が可能となり，歩行に対する不安の解消，自信の習得へと繋がった。

4）その他の指導対象
その他の身体行動の制御における指導対象には以下がある。
①白杖による伝い歩き——伝うガイドラインから離れずに白杖を操作する。
②障害物回避——障害物に触れた後，すぐに止まり，適切な方向へ歩行して回避する。
③走行中の自動車回避——自動車の走行音が聞こえたら，向きを変えて道路端まで行って止まり，通過し終われば進行方向を維持して歩行を始める。
④騒音回避——騒音のある場所では道路端に寄って白杖による伝い歩きで歩行し，車音の音源定位ができる状態になれば通常の歩行に戻る。
⑤交差点発見——交差点の少し手前から道路端に寄って白杖による伝い歩きで歩行し，交差点の角を発見して止まる。
⑥交差点横断——直進を維持して横断する。

3．環境認知の指導

1）環境認知の指導対象
　環境認知の指導は，身体行動の制御と同様，各歩行技術の指導の中でも具体的に述べている。環境認知は，現在地の認知，あるいはその予測と確認の基礎とな

るもので，特につまずきの防止とその後の修正（第13章参照）に欠かせない。それには基礎的能力の知識（第17章参照）を基盤として，多くの手がかりやランドマーク（第1章参照）が使われる。環境認知の指導によって定位が特に必要となるのは次のような対象である。

①障害物回避——どちら側に回避するのか，直進方向は維持できているか
②走行中の自動車回避——どちら側に回避するのか，道路端に寄ったか
③交差点発見——交差点手前のどのあたりから道路端に寄るのか，交差点の角を発見したか
④交差点横断——交差点を横断したか，ビアリングせず横断できたか
⑤角の右左折——確実に右左折できたか
⑥つまずき——つまずきを起こした位置が定位でき，確実に修正できたか
⑦目的地発見——目的地の発見，また出発地へ戻ることができたか

また，環境認知には，リンチ（Lynch）のいう認知地図を構成する物理的要素（Gifford, 2002）のひとつで，場所の連続をさえぎる連続した線状であるエッジ（縁）の理解が基礎となる（羽生, 2008）。これらは，道路とそれ以外の建物・ガレージ・公園・車道・川・線路などとの境界を形成する溝，塀，壁，門柱のレール，段差，歩道の縁石，ガードレール，駒止ブロックなどで，これらの多くは道路端にあたり，また白杖による伝い歩きにおけるガイドラインとなることがあるものである。視覚障害児・者の歩行では道路から逸脱しないために，これらの存在の理解と認知（基礎的能力，第17章参照）が必要で，環境認知の指導対象である。

2）環境認知とランドマーク

ランドマークは，日常的に習慣として認識しているものと，ファミリアリゼーションによって認識するものがある。生活地域と指導地域の関連（AタイプとBタイプ）によってランドマークの量は左右される。上記の定位には手がかりとともに必要によってランドマークが使用されるが，どのような手がかりやランドマークが活用できるのかがその対象児・者の能力，歩行環境に応じて指導される。

4．地図的操作の指導

地図的操作におけるルート作成と行動計画の指導は，指導として対象児・者が歩行開始前に，そして必要に応じて歩行中にも実施される。歩行ルートは，指導

者が指定する場合と対象児・者が選択する場合がある（芝田，2000）。

1）ルート選択の留意点

以下は，対象児・者がルートを選択する際，課題となる事項で，この中のひとつを条件とする場合，複数を満たすことを条件とする場合がある。

①最短のルート
②ある道路，ある交差点を指定してそれを通過するルート
③曲がる回数を指定するルート
④往路のルートを逆に戻る復路のルート

2）ルート選択の指導

ルートの選択方法の際，以下のような歩行の条件に留意して指導する（芝田，2000）。

①安全なルートか（安全性の確保）
②歩行する上で能率的なルートか（能率性の検討）
③対象児・者にとって歩きやすいルートか（能率性の検討・個別性の検討）

3）行動計画の指導

歩行の条件からみて，原則的に道路における以下の側を歩行するのが適切であり，行動計画の指導の基本となる（芝田，2000）。

①安全な側（危険でない側）を歩行（安全性の確保）
②両側の安全性が同じ場合，今後，曲がる側を歩行（能率性の検討）
③両側の安全性が同じ場合，歩きやすい側を歩行（能率性の検討・個別性の検討）

4）交差点の曲がり方における行動計画

（1）交差点を渡る手前を曲がる場合（内角型）

交差点を渡る手前を曲がる場合（内角型）の行動計画は，あらかじめ曲がる側に寄って歩行し，交差点に到着すれば渡る手前を曲がる方法である。たとえば，南北のA通りを北向きに歩行していて東西のB通りを東に曲がる場合，B通りの手前でA通りの右側（東側）に寄って右側を北に歩行し，B通りまで来たら渡らずに右（東）へ曲がるという方法である（図11-3）。

（2）交差点を渡ってから曲がる場合（SOC型）

交差点を渡ってから曲がる場合（SOC型）の行動計画は，あらかじめ曲がる側に寄って歩行し，交差点に到着すれば，SOCのように，まず曲がる側に曲が

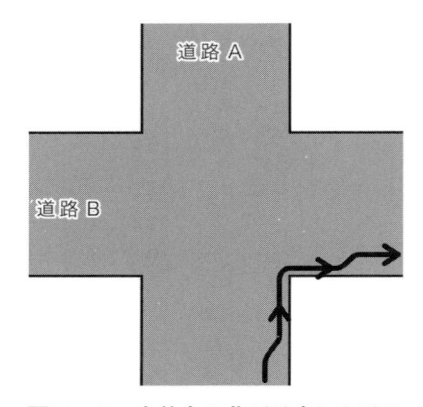

図11-3 交差点の曲がり方における行動計画1（交差点を渡る手前を曲がる場合；内角型）

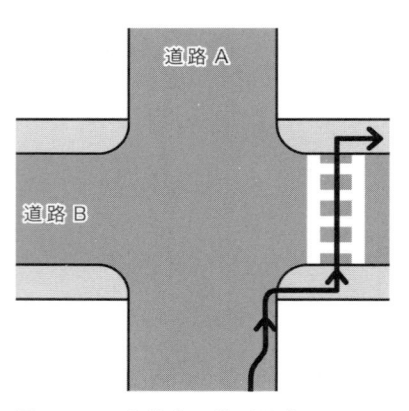

図11-4 交差点の曲がり方における行動計画2（交差点を渡ってから曲がる場合；SOC型）

り込んで方向を取り，その道路を横断した後，曲がる方法である。たとえば，南北のA通りを北向きに歩行していて東西のB通りを東に曲がる場合，B通りの手前でA通りの右側（東側）に寄って右側を北に歩行し，B通りまで来れば渡らずに右（東）へ曲がり込み，そこで北を向いて方向を取る。そして，B通りを北に横断した後，右（東）へ曲がるという方法である（図11-4）。

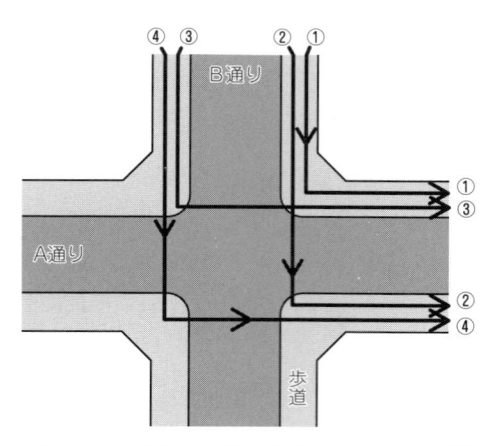

図11-5 交差点の曲がり方における行動計画3（歩道のある道路で交差点を曲がる方法）

（3）歩道のある道路で交差点を曲がる場合

　歩道のある道路を歩行して，交差点を曲がる方法は，図11－5に示したように4通りある（芝田，2000）。この図における角を曲がる場合の行動計画では，①②③④の順で難易度が高くなる。③④がより難しいのは曲がってからでは横断のための方向が取りづらいからである。

5）作成したルートと行動計画の口述

　対象児・者が作成したルートと行動計画を口述することにより，歩行前に必要な地図的操作の指導を実施する（芝田，2000）。特に，ルートについては歩行前に確認しておくことによって，横断する道路を失念するといったルートにおける過誤とそれに関するつまずきを防止することができるからである。以下は，作成したルートを口述する際の留意点であるが，これらの口述内容は対象児・者が自己の思考や内言語とするよう働きかけることが大切である。

　①方角と方向を使用して口述する。
　②横断する道路はすべて口述する。
　③歩車道の区別のある道路は歩行する側も口述する。
　④ルートの口述は確実にする。

　ルートの口述とともに行動計画も対象児・者が口述するが，これは，その付近に行ってから現地で口述する，あるいは指導者が指導する場合もある。その指導内容としては，上記で4）述べた交差点の曲がり方における3つの行動計画，さらに，そのうちの内角型で，歩道のない道路から歩道のある道路へ曲がる場合，歩道にのって側溝を白杖による伝い歩きをするのか，歩道の縁石を白杖による伝い歩きをするのかなどがある（芝田，2000）。

5．援助依頼の指導

1）援助依頼に対する心得

　普段から対象児・者に歩行指導中に予期しない援助者が現れた場合，援助依頼の指導に切り替えることを伝え，適切に援助依頼できるよう指導しておく。なお，障害物回避，道路横断などの基礎的歩行技術，電車乗降，バス乗降などの指導で，援助が不要な場面でありながら不意に援助者が現れた場合は，対象児・者ではなく，指導者が丁重に断ることが切要である。

2）援助とその辞退

　援助を依頼せずに独力で課題を遂行する場合があるが，この時，援助者が現れ，それに対して対象児・者が断るのは，「この道は慣れているから」「ここはよく知っているから」などという理由でなければならない。それ以外では，援助者に誤解を与えないため，不要な援助に対して指導者が辞退を申し出ることが必要である。

　指導者が近くにいて，歩行指導を実施しているということが明らかな状態で，指導者ではなく，対象児・者が「歩行指導中なので」という理由で援助を断ることが，歩行指導の黎明期で実施されており，また現在も一部で行われているようである。しかし，これは社会に，「歩行している視覚障害児・者に迂闊に援助のための声をかけてはいけない」といった誤解を与えることになる。視覚障害児・者の歩行における援助の必要性に対する社会の理解（啓発）を向上させる観点からこのような事態は避けなければならない。

6．ファミリアリゼーションとドロップオフ

1）ファミリアリゼーション

　目的地，ルート，道路・地域などに対して，現地ファミリアリゼーション，口頭ファミリアリゼーションなどが必要に応じて実施される（第16章参照）。また，ファミリアリゼーションによって，どのようなことを知っておけばよいのかを対象児・者が理解することがセルフファミリアリゼーション（視覚障害児・者自身によるファミリアリゼーション）の能力習得につながる。たとえば，交差点と交差点の間，つまり，角でないところにある目的地の位置をファミリアリゼーションされた場合，その目的地の位置と両隣の特徴を尋ねておくことによって記憶しておくなどである。

2）ドロップオフⅡ課題

　ドロップオフⅡ課題は，援助依頼の準備の指導として位置づけることができる（芝田，1985）。

（1）ドロップオフ課題とその問題点

　ドロップオフ課題とは，対象児・者を自動車に乗せて，指導に使用した既知の地域のどこか一地点（対象児・者には分からない地点）で降ろし，意図的に道に迷った状態にして，前もって定めた目的地を，原則的には援助依頼なしで対象児・者が発見するというものである。

これは、アメリカの歩行指導の一方法である。歩行環境が安全で歩きやすく、その指導内容も日本に比して遂行容易なアメリカでは、このような困難な指導を意図的に実施することは比較的有意義である。しかし、アメリカとは異質の日本の環境では、歩行そのものがすでに困難性が高い。そのため、筆者は、対象児・者に無用のストレスを与えるようなこの指導をあえて実施する必然性はなく、また、それが必要となるような歩行指導は内容的に問題があると指摘してきた。

(2) ドロップオフⅡ課題の方法

ドロップオフⅡ課題は、筆者によって考案されたもので、対象児・者を自動車に乗せて指導に使用した既知の地域のどこか一地点（対象児・者にはわからない地点）で降ろすところまではドロップオフ課題と同様であるが、その後、ルートだけを口頭で対象児・者に教示し、それにそって歩行するというものである（芝田、1985）。

ただし、このルートの教示を非常にシンプルなもの、つまり、一般の通行者から得る程度・内容の情報にしておくことによって、援助依頼の準備の指導という意味を随伴させることができる。たとえば、「ここからまっすぐ行って3本目を右へ行き、1本目を左へ曲がった左側にあります」というような内容である。以下は本指導の事例である。

＜事例11-2＞

a．プロフィール：22歳、女性、先天視覚障害者、盲学校卒
b．状況・指導：基礎的能力の知識に若干の問題はみられるが、それは経験が不足しているためであり、基本的な学習能力は低くない。そのため、ほぼ順調に歩行指導が進み、ドロップオフⅡ課題を実施する。教示は、「ここから2本目の道を左へ曲がり、1本目を渡る手前の右角が目的地です」である。この時、本対象者は「ここから2本目の道」という教示において、2本目は今、いる交差点を含むのかどうかで苦慮していたため（第18章参照）、それは含まず、「2本目」とは次の次の交差点であることを指導する。歩行は問題なく遂行できた。

　社会における日常的なルートの教示方法を受けた経験がなかった本ケースにとって、今回のドロップオフⅡ課題においてそれが習得でき、将来の一般の通行者に対する援助依頼に備える指導となった。

7．白杖による伝い歩きを主体とする歩行

　これまで論じてきた歩行方法は，白杖操作技術としてスライド法を含むタッチテクニックを主体とし，適宜，白杖による伝い歩きを行うものであった。しかし，白杖による伝い歩きを主体として常時使用する歩行方法によって歩行範囲が拡大するケースは多く，視覚障害児，高齢視覚障害者，重複視覚障害者，弱視者（夜間歩行），雪道，未知地域などの指導において多用されている。

1）安全性と能率性

　一般的に，白杖による伝い歩きを使用しての歩行は安全性は高いが，それほど能率的ではないと言える。しかし，これはケース・バイ・ケースであり，安全性の確保と能率性の検討は，①視覚障害児・者の歩行能力，②視覚障害児・者の歩行環境に対する習熟度，③ガイドラインを含む歩行環境の整備状況などに大きく依存している。以下は，白杖による伝い歩きが容易に操作でき，歩行の安全性が確保され，なおかつ能率的となる要因である。

①視覚障害児・者の歩行能力——特に，歩行技術としての白杖による伝い歩きの操作能力，身体行動の制御としての直進歩行の能力などが優れていること。

②視覚障害児・者の歩行環境に対する習熟度——ファミリアリゼーションがなされ，ランドマーク，ルートなどその歩行環境を熟知していること。

③歩行環境の整備状況——ガイドラインが直線かそれに近いものであること，ガイドラインに隣接して障害物が無いか少ない状態であること，路面がインターロッキング状態（第17章参照）でなく，石突きが引っかからずに白杖による伝い歩きが容易に行える滑らかさであること。

　ただし，これらの要因をすべてクリアしていないと能率的な歩行にならないわけではない。たとえば，要因の中で，①において一定の歩行能力を保持しているという状況下で白杖による伝い歩きを主体とする歩行に能率的な面が見い出せたという指摘がある（山下・山梨，2003）。

　安全性の確保に関しては，①の歩行能力における，少なくとも基礎的歩行技術（障害物回避，走行中の自転車回避，走行中の自動車回避，交差点横断，第10章参照）が優れ，他の②③の２つの要因にも大きな問題がない状態であれば，白杖による伝い歩きを主体とせず，適宜使用する一般的な歩行が可能である。

2）つまずき

　白杖による伝い歩きは，その操作が不確実であれば，つまずきの原因となり，結果的に安全性が損なわれる。そのため，「白杖による伝い歩きの過誤に関する注意事項」（第9章参照）で述べたように，白杖が1回，伝うものに触れなければ，そこで止まり，身体（足）は絶対に動かさずに，伝うものをさがすということの徹底が不可欠である。これは，1回目でその動きができなければならない。2回目，つまり，伝うものに2回触れない状態まで歩行を続けないようにすると，つまずきを防止することができる。

3）視覚障害者誘導用ブロック

　視覚障害者誘導用ブロック上の歩行では方向を維持し，それから外れないようにすることは容易ではないため，視覚障害者誘導用ブロックをガイドラインとして白杖による伝い歩きを使用して歩行するとより確実である。また，白杖による伝い歩きを使用せず，視覚障害者誘導用ブロックの上を歩く場合であっても，対象児・者によれば，スライド法で前方の視覚障害者誘導用ブロックを確認しながら歩行するとより能率的なものとなる。

4）SOCとの併用

　全ルートを白杖による伝い歩きを主体とし，交差点横断はSOCで行うという歩行方法によって，状況によっては能率性の高さは望みにくいかもしれないが，安全性が確保された歩行の可能性は高くなる。ファミリアリゼーションが行われていなくても不可能ではないが，行われていれば，さらに安全性の高い歩行ができる（芝田，2004）。この方法での歩行指導によって多くの対象児・者が単独での歩行を可能としている。以下はその事例であるが，指導は入所型の視覚障害者リハビリテーション施設（P）において実施されたものである。これらの事例にみられるように，本方法は歩行環境の状態に左右はされるものの，歩行指導における重要な方法と考えられる。

　＜事例11-3＞
　　a．プロフィール：23歳，女性，中度知的障害を併せ持つ先天視覚障害者（全盲），盲学校卒
　　b．状況・指導：単独歩行の経験はなく，屋外歩行に対して不安を示す。白杖による伝い歩きとSOCの併用による歩行方法にて少しずつ屋外を歩行し，距離を伸長させる。約150時間（約2年間）の指導で，P施設から途

上の目的地（喫茶店）を含み，約600m先にあるマーケットまで1回の曲がり角，5つの信号のない交差点横断を含むルートの往復がほぼ可能となる。しかし，SOCでの横断後，5％程度の確率で適正な方向へ向かえないなどのつまずきの可能性があったこと，援助依頼は困難であったこと，指導の目的は単独歩行ではなく，歩行を含む社会経験・行動中心の学習などであったことの理由から，単独歩行は控え，指導時のみの歩行とした。

＜事例11-4＞
　a．プロフィール：44歳，男性，中途視覚障害者（全盲），中学校卒
　b．状況・指導：歩行技術以外の歩行能力はあまり高くなく，基礎的歩行技術の習得も困難であった。本人の希望で最終目的地をP施設付近の喫茶店とし，白杖による伝い歩きとSOCの併用による歩行方法で指導を実施する。約40時間の指導で，P施設から途上の目的地（銭湯，パン屋）を含み，300m先にある喫茶店まで2回の曲がり角，4つの信号のない交差点横断を含むルートの往復が可能となる。その後，施設を退所するまでの約30時間の指導では，同喫茶店への往復（異なるルートを含む）を実施し（対象者は毎日のように自習時間に喫茶店，あるいは銭湯，パン屋への歩行をくり返す），白杖による伝い歩きとSOCの歩行技術に習熟する。

　本ケースはその後，あんま・マッサージ・指圧の習得のため入所型の職業訓練施設（Q）へ入所する。数回のルートファミリアリゼーションのみで，本方法によりQ施設付近の喫茶店やマーケットへの歩行が可能になる。P施設付近で実施したSOCと白杖による伝い歩きの歩行技術が他地域で適用できた事例である。

＜事例11-5＞
　a．プロフィール：68歳，男性，中途視覚障害者（全盲），高校卒，糖尿病網膜症により失明
　b．状況・指導：基礎的歩行技術の学習力はあまり高くない。P施設内に入浴設備がなく，入所生は近隣の銭湯に行かなければならないため，白杖による伝い歩きとSOCの併用による歩行方法により施設から片道，約100m先にある銭湯まで1箇所の信号のない交差点横断を含むルートの歩行指導を実施し，約30時間で可能となる。

　その後，退寮して通所（家族による送迎）となるまでの約30時間の指導

では，その銭湯までのルートをくり返し（週３～４回，入浴のため単独で銭湯への往復をする），白杖による伝い歩きとSOCの歩行技術に習熟する。通所となってからは自宅近隣で，本人が希望する散歩のルート（片道，約100m，１箇所の信号のない交差点横断を含む）の歩行指導を実施し，10時間程度で可能となる。P施設付近で実施した白杖による伝い歩きとSOCの歩行技術が自宅付近で適用できた事例である。

8．繁華街における指導

１）指導の考え方

繁華街の程度や対象児・者のニーズにもよるが，一般的にいう繁華街は，応用力（実力）を習得するには難易度が高く，対象児・者の高い能力に依存しなければならないことが多い。したがって，一般的には，繁華街における歩行指導は，Bタイプでの実施よりは，Aタイプでファミリアリゼーション（主に，現地ファミリアリゼーション）を前提として実施する方が適切である。

２）指導における留意点

指導の留意点は，住宅街・準繁華街における歩行指導として前述したものが中心であるが，繁華街における指導として以下の内容が追加される。

（１）大通りの歩道上歩行（４～８車線）

①広い歩道の歩行経験——場合によれば，幅員が歩車道の区別のない道路と同じ程度の歩道があり，それを経験する。

②セレクティブ・リスニング（第17章参照）——大通り（４～８車線）の歩道を歩行していて，それと交差する道路の横断の際に必要である。

③大通りの交差点横断

（２）その他

以下のことがらに対する経験と指導が対象となる。

①障害物への対応——商品，駐車，駐輪，障害物回避後の方向の維持

②繁華・繁雑な通行者，車（自転車）などへの対応

③住宅街・準繁華街で経験していないタイプの道路，交差点での指導

④ルートファミリアリゼーション

⑤援助依頼

【引用・参考文献】

Gifford, R. 2002 *Environmental Psychology: Principles and practice* (3 rd ed.) Optimal Books. 羽生和紀・槙 究・村松陸雄（監訳） 2005 環境心理学（上）—原理と実践— 北大路書房

羽生和紀 2008 環境心理学—人間と環境の調和のために— サイエンス社

日本ライトハウス 1977 視覚障害者のためのリハビリテーションⅠ歩行訓練 日本ライトハウス

芝田裕一 1982 歩行訓練関係用語集 視覚障害研究, **15**, 80–83.

芝田裕一 1984 視覚障害者のためのリハビリテーション1歩行訓練第2版 日本ライトハウス

芝田裕一 1985 ドロップオフとドロップオフⅡ訓練 視覚障害研究, **22**, 28–32.

芝田裕一 1996 視覚障害者の社会適応訓練第3版 日本ライトハウス

芝田裕一 2000 視覚障害者のリハビリテーションと生活訓練—指導者養成用テキスト— 日本ライトハウス

芝田裕一 2003 視覚障害者のリハビリテーションと生活訓練第2版—指導者養成用テキスト— 日本ライトハウス（自費出版）

芝田裕一 2004 白杖による伝い歩きとその歩行 視覚障害リハビリテーション, **60**, 35–50.

芝田裕一 2007 視覚障害児・者の理解と支援 北大路書房

芝田裕一 2015 視覚障害児・者の理解と支援［新版］ 北大路書房

山下 史・山梨正雄 2003 白杖による伝い歩きを中心とする歩行の能率性に関する研究 視覚障害リハビリテーション, **58**, 5–23.

第12章　交通機関の利用における歩行技術と指導の留意点

　交通機関として視覚障害児・者が単独歩行をする際に利用するのは主として電車とバスである。その他の交通機関である航空機，船舶は大部分を他者の援助に依存しなければならず，タクシーは行き先を告げることが主体となるため，これらは援助依頼の対象となる。交通機関の利用は，危険性の伴うもので，歩行指導だけでなく，歩行を可能とする要因（第1章参照）の「社会の障害理解の向上」や「歩行環境など物理的環境・用具の整備・開発」もあわせて考えた障害理解教育や社会啓発を背景としなければならない（芝田，2007，2010，2011，2013，2015）。

1．単独での電車の利用

1）乗降方法

　ここで述べる電車乗降の方法は，切符の購入，改札口の通過，ホームの歩行，乗車，降車，降車駅のホームの歩行，出口の通過などと続く一連の電車を利用する歩行の中の電車乗降の部分に限定されたものである。なお，これは右手に白杖を持っている場合である。

①スライド法で電車に近づき，ホームの端を発見したら石突きを上げて電車の車体にあてる（図12-1）。
②下部防御の方法で左手で車体に触れた後（図12-2），右を向き，左手は車体を手による伝い歩き，右手は白杖による防御でドアに近づく（図12-3）。
③左手で空間を発見したら（図12-4），白杖を車内へ入れて電車の床があることを確認して乗車する（図12-5）。
④目的地に着き，ドアが開けば白杖でホームを確認して降車する（図12-6）。

2）注意事項

（1）乗車

　乗車に際しては，つまずきとなることが，また危険な事態となることが考えら

図12−1　電車の乗車1

図12−2　電車の乗車2

図12−3　電車の乗車3

図12−4　電車の乗車4

図12−5　電車の乗車5

図12−6　電車の降車

第12章　交通機関の利用における歩行技術と指導の留意点　　**171**

図12-7　連結器のカバー

図12-8　電車の乗車のつまずき

れるので以下の3点は必ず確認する（芝田，1984）。

①単独での乗降方法①でホームの端を発見した後，石突きを上げても電車の車体にあたらない場合は，そこが連結部（カバー化［図12-7］されていない場合）であることが考えられる。

②単独での乗降方法②で車体に触れない場合は，そこがドアであることが考えられる（図12-8）。

③単独での乗降方法④で白杖を車内へ入れて電車の床がない場合は，そこが連結部であることが考えられる。

（2）ホームの歩行

①ホームは，転落の危険を避け，さらに電車の利用者への注意を喚起するためスライド法で，その駅の状況や混雑度などの程度に応じて通常より白杖の振

り幅を広くし，他の通行者への配慮，および白杖で段差を確認した場合に即応できるよう歩行速度は遅くして歩行する。
② ホームで自分の位置・方向を失念するなどのつまずきを起こした場合，ランドマークなどを探すといった行為は避け，その場で動かずに援助依頼をする。
③ その他の不測の事態が起きた場合は援助依頼をする。

（3）路面電車
① 基本的にはバスの利用と類似している点が多いためバスの利用に順ずる。
② 一般的に，停留所は道路の中央にあり，a．歩道のように1段高くなっている，b．駅として壁で囲まれている，c．路面に描かれた線で囲まれているなどの構造が多い。
③ 停留所へは道路を横断しなければならないことが多い。さらに，発見のためのランドマークがあればよいが，一般的には発見するのに難渋する。特に，c．路面に描かれた線で囲まれている構造では単独での発見は非常に困難である。

3）指導の留意点
① 終点の駅や特急・急行などの通過待ちのために待避している電車がある駅など，ある程度の時間停車している電車を利用して乗降の指導を行う。
② ある駅で乗車して次の駅で降車する。その駅で次に来た電車に乗り，その次の駅で降車する。こういうように各駅で乗降をくり返して，電車乗降が可能になるまで指導をする。これを各駅乗降課題という。
③ 必要に応じて，乗降の指導で使用する駅，その利用者が利用する駅がある旨をその鉄道会社に伝えておくとよい。鉄道会社への啓発という意味でも有意義である。

4）ファミリアリゼーションの内容
よく利用する電車の場合，必要に応じて以下の点についてファミリアリゼーションを実施する。
① その鉄道会社・路線についての知識
② 乗車駅の構造とその構内の歩行方法・ルート
③ 駅舎の入り口から切符購入場所までの歩行方法・ルート
④ 券売機などでの切符購入方法
⑤ 切符購入場所から改札までの歩行方法・ルート
⑥ 自動改札などの利用方法

⑦改札口から乗車位置までの歩行方法・ルート
⑧ホームの歩行方法・ルートと乗車位置の発見方法
⑨乗車・降車の方法（これは電車乗降の指導対象でもある）
⑩座席・手すりの位置と探し方，車内移動の時期と方法，降車を告げるボタンの位置（路面電車などでワンマンの場合など）
⑪乗車駅と同様に降車位置から出口を通過して降車駅の駅舎を出るまでの歩行方法（ルートを含む）
⑫降車駅の構造とその構内の歩行方法・ルート
⑬その他，トイレ・公衆電話・売店・駅員室の位置，乗り換えの方法など

5）単独での電車の利用の成り立ち

　当初は，電車に近づいて車体に触れた後，車掌から白杖が見えるように電車の進行方向の逆に移動（車体を手による伝い歩き）するか，近い側のドアに進むとされていた（岩橋，1968；日本ライトハウス，1975）。その後，右手で白杖を持っている場合，電車の進行方向に関係なく右を向き，左手で手による伝い歩きをする方法（左手で白杖を持っている場合はその逆）に改変された。その改変された方法については，村上（1989）がその事例をあげ，芝田（1994）がさらに一般化したものを報告している。この方法の利点について芝田（2001）は以下の3点をあげている。

①白杖の持ち替えは，視覚障害児・者によっては利き手でない場合，適切に操作できず，危険となること，また歩行速度が遅くなることから乗車できない場合がある。
②連結車両数が多い場合，電車の進行方向の逆に移動してもその間に乗降客があれば車掌から視覚障害児・者が見えないことがある。
③現在の電車のドアの開閉音は小さく，また他の騒音もあって，ドアの開く音を手がかりにするのは難しい。

以下は改変された方法に関する事例である。

＜事例12-1＞
　a．プロフィール：48歳，男性，中途視覚障害者（重度弱視）
　b．状況：視力は0.1であるが，視野が求心狭窄のため白杖への依存度は全盲と変わらない程度である。屋外歩行に比較的不安があること，基礎的能力にやや問題があることなどから歩行能力はさほど高くなく，道路歩行の

習得に多くの時間を要する。帰省のための電車の利用の指導に入り，当初の，電車に近づいて車体に触れた後，車掌から白杖が見えるように電車の進行方向の逆に移動するために白杖を持ち替える方法を指示する。しかし，白杖を持つ手が利き手でないことから動作がぎこちなく，車体を手による伝い歩きによる歩行に時間を要し，乗車できないことがある。
c．指導：利き手が右手であるので，白杖は持ち替えずに電車の進行方向に関係なく右を向き，左手で手による伝い歩きをする方法を指示する。それによって歩行の条件に適合した乗車が可能となった。

2．電車の利用の必要事項

1）利用前に必要となる事項（能力）

　電車の利用は危険の伴うものであるため，それまでの指導が非常に重要となる。以下は電車の利用の基礎となる主な歩行能力であり，これらが電車の利用の指導に入るまでに確実に習得されていることが必要である。したがって，これらの能力が低いと電車の単独利用は控えなければならない（芝田，2000）。

①手引き——基本的な手引きのされ方に加え，手引きによるエスカレーターの利用，階段昇降，電車の乗降が必要である（芝田，2007，2015）。

②タッチテクニック・スライド法——ホームの歩行などに必要なタッチテクニック・スライド法の白杖操作だけでなく，たとえば，白杖により歩道程度の段差の認知ができることなどが大切である。

③直進歩行——ホーム，コンコースの歩行など，車音が利用できない場面であまりビアリング（第11章参照）せずに直進歩行ができることが必要である。

④白杖による伝い歩き——白杖による伝い歩きで歩行している際，1回でもガイドラインに白杖が触れなければ，そこで止まって，足は動かさないようにして白杖によってガイドラインを確認し，方向・位置を適切に修正して，白杖による伝い歩きを再開する。2回続けてガイドラインに触れないという状態にならないようにし，必ず1回目で止まるようにする。これを含め，白杖による伝い歩きが確実にできることが大切である（第9章参照）。

⑤障害物回避——確実に障害物を回避する，また回避後もその方向が維持できなければならない。

⑥混雑地の歩行——既知の場所であるか,落ち込みなどはないかなど,対象児・

者の安全性を確保し，その上で周囲へ配慮するというのが基本的な考え方である。ホームなどでは自分の安全性の確保を第一に考えなければならない。しかし，実際に非常に混雑している場所では，他の通行者を転倒させたり，また，対象児・者の白杖が損傷したりすることを防ぐ必要が生じるため，周囲への配慮が必要で，その対応は難しい。対象児・者の考え方も考慮して，その場に応じて柔軟に対応することが必要となる。

⑦階段昇降やエスカレーターの利用が適切にできることが必要である。

2）利用に必要となる事項（能力）

以下は，電車の利用に必要となる主要な指導項目である（芝田，2000）。

（1）基礎的能力

①知識——駅，電車の通行などに必要である。
②感覚・知覚——通行者の流れ（足音）の理解および利用，電車音の定位などに必要である。
③社会性——援助依頼時などに必要である。
④心理的課題——事故は，地図的操作のミスや勘違いで起きる場合が多い（第5章参照）。ファミリアリゼーションの理解やその記憶，注意力，緊張感などの維持が必要である。

（2）電車の利用に必要な歩行能力

①ホーム，コンコースの歩行など——ホームはスライド法で通常より，振り幅を広くし，歩行速度は遅くして歩行する。また，ホーム，コンコースでは，ビアリングせずに歩行する。単独での電車の利用の注意事項で述べたように，ホームで方向を逸する，あるべきランドマークがない，あるべき階段がないなど，つまずきを起こした場合，駐車場へ入り込んだ時などとは異なり，白杖で周囲を探すなどの行為はせず，その場で動かず，すみやかに援助依頼をする。
②電車の乗降技術
③自動券売機・自動改札機の操作
④改札口（有人）での動作
⑤視覚障害者誘導用ブロックの利用
⑥援助依頼
⑦ハインズブレイク（第14章参照）

3．バスの利用

1）方法

①エンジン音やドアの開く音などを手がかりにしてスライド法でバスの入口に近づく。あるいは，車体に触れてから手による伝い歩きで入口を発見し（図12-9），手すりを利用して乗車する。乗車は必要に応じて白杖による階段昇降の要領で行う。

②車内を移動する場合は必要に応じて手すりを利用し，白杖による防御で行う。

③空席があるかどうかは援助依頼を主にして判断する。

④降車に際しては，あらかじめ降車を告げるボタンを押さなければならないが，着席している場合は窓枠や椅子の背などに付いているボタンの位置をあらかじめ確認しておき（必要に応じて援助依頼），それを押す。それがない場合や立っている場合は援助依頼による。

⑤目的地に着けば料金を支払うが，その方法は未知であれば必要に応じて運転手に尋ねる。

⑥降車は手すりを利用し，必要に応じて白杖による階段昇降の要領でステップを確認して行う。

2）注意事項

①手すりの探し方は以下のようにする（芝田，2000）。

図12-9　バスの乗車

a．垂直に立っている手すり（上下）——その手すりの付近で，手すりに直
　　　角の方向に触れるように手を左右に動かして探す。
　　b．天井部に進行方向に対して前後にある手すり（天井に付設されているも
　　　の）——その手すりの付近で，手すりに直角の方向に触れるように手を前
　　　後，もしくは左右に動かして探す。
②停留所で行き先の異なるバスが来る場合は，援助依頼を主にし，確認して判
　断する。
③よく利用するバスの場合，必要に応じて，あらかじめ以下の点などについて
　ファミリアリゼーションを実施しておく。
　　a．そのバス路線についての知識
　　b．バス停留所の発見方法
　　c．バスの乗降方法
　　d．整理券の取り扱い・両替・料金の支払い方法
　　e．手すりの位置と探し方
　　f．車内移動の時期と方法
　　g．降車を告げるボタンの位置

3）指導の留意点とバスの利用の成り立ち

①基礎の指導は，実際の路線バスを利用してもよいが，バス会社に依頼し，車
　庫を利用しての指導が有効である。さらに，そのバス会社への啓発にもなる。
②実際の路線バスを利用して，バス乗降が可能となるようくり返し指導する。
③必要に応じて，そのバス会社に乗降指導での使用路線，その利用者が利用す
　る路線・停留所がある旨を伝えておく。これは啓発の意味でも大切である。
④バスの利用成り立ち——本技術は1975年に方法が示された（日本ライトハウ
　ス，1975）後は，大きく変化していない。

4．交通機関を利用した歩行指導の留意点

1）指導の考え方

①5つの歩行の条件——交通機関の利用では歩行の条件である，①安全性の確
　保，②能率性の検討，③社会性の検討，④個別性の検討の4つに加え，⑤行
　動の軽快さの検討が必要となる（芝田，2000）。
②事故防止に対する配慮——ホームの歩行，電車乗降，階段昇降，バス乗降な

ど危険な場面が多く，事故を防止するために十分配慮をする。
③交通機関を利用しての歩行——一般的な交通機関を利用した歩行は，出発地点からある駅（あるいは停留所）Aまでの歩行，そこから別の駅Bまで交通機関の利用，B駅から目的地までの歩行を意味している（図12-10）。
④援助依頼の指導…交通機関の利用は援助依頼の必要度が高い課題である。

2）ファミリアリゼーション

最初に現地ファミリアリゼーションタイプ指導（どちらかと言えば生活地域での指導，Aタイプ，第6章参照）を実施し，その後，口頭ファミリアリゼーションタイプ指導（どちらかと言えば生活地域でない地域での指導，Bタイプ）を実施する。また，セルフファミリアリゼーションは必要に応じて実施する。

3）指導者のつく位置

指導者は以下の点に留意して指導中のつく位置を考慮する（第6章参照）。
①視覚障害児・者の安全性を確保する。
②混雑地では視覚障害児・者から離れ過ぎないようにする。
③援助依頼の支障にならないようにする。

4）指導内容の難易度

指導に際して，以下の要素に留意してその内容の難易度が決定される（芝田，2000）。
①目的地——目的地は公共性が高い程，発見が容易となる。目的地は，デパート，地下街，劇場，会館などの公共の建物とし，その後，対象児・者の希望を考慮して発見が困難な民家などとしてもよい。
②乗り替えの回数——乗り替えの回数は少ない程，容易となる。必要に応じて主要駅・停留所のファミリアリゼーションは実施する。
③混雑度——混雑度は少ない程，容易となる。ただし，援助依頼は混雑度の高い方が他の通行者が多いため容易な場合がある。
④未知地域の口頭ファミリアリゼーションの量——未知地域の口頭ファミリアリゼーションの量は多い程，また詳細な程，容易となる。口頭ファミリアリ

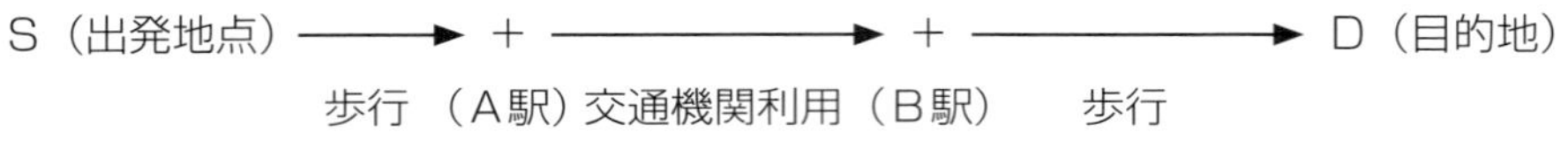

```
S（出発地点）────→ + ────→ + ────→ D（目的地）
          歩行　（A駅）交通機関利用（B駅）　歩行
```

図12-10　交通機関を利用しての歩行

ゼーション内容の程度がその指標となる。また，口頭ファミリアリゼーションを補うものとして，電話・パソコンなどを利用することによってセルフファミリアリゼーションの指導の前段階として位置づける。

⑤歩行ルートの形状──歩行ルートの形状は単純なほど，容易となる。出発地から目的地までのルート，電車の駅，バス停留所，ターミナルなどの構造などの形状がその指標となる。しかし，この歩行ルートの形状は口頭ファミリアリゼーションと関係しており，その形状が複雑であれば入念に口頭ファミリアリゼーションを受けても難易度は高くなる。

5）カリキュラムの例

電車の利用を中心としたカリキュラムの例を述べる（芝田，2000）。なお，ファミリアリゼーションをファムと略すことがある。

（1）現地ファミリアリゼーションタイプの指導

現地ファミリアリゼーションは，ルートファミリアリゼーション（線状ファミリアリゼーション）が中心であるが，必要に応じて面状ファミリアリゼーションも実施する。ホームでの歩行距離は安全性の確保から可能な限り短い方がよい。もし，歩行するならば，乗車駅と降車駅のどちらで長く歩行した方がより安全性が確保されるかを下見により考慮してファミリアリゼーションを実施する。

以下は標準的カリキュラムである。なお，カリキュラムの記述においては（　）内はその経路を表し，Sは出発地（startingp point），Dは目的地（destination）である。

①第1課　往路の現地ファムを実施する（往路，ファム：S ──────▶ D）
　　注：そのファムの実施を規定する要因（第16章参照）によってそのファムの量を考慮する。

②第2課　往路の歩行を実施する（往路，歩行：S ──────▶ D）
　　注：ファムの内容が記憶でき，往路の歩行が可能かの見極め，つまり確認である。復路のファムはまだ実施しない。

③第3課　復路の現地ファムを実施する（復路，ファム：S ◀────── D）

④第4課　復路の歩行を実施する（復路，歩行：S ◀────── D）
　　注：ファムの内容が記憶でき，復路の歩行が可能かの見極め，つまり確認である。

（2）口頭ファミリアリゼーションタイプの指導

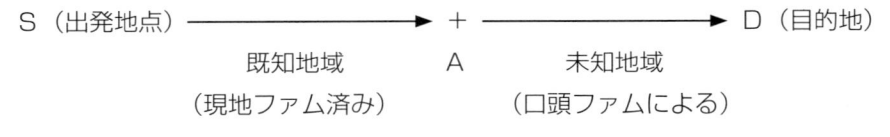

図12-11は，口頭ファミリアリゼーションタイプの指導における現地ファミリアリゼーションとの関係を示している。この図の出発地点Sから地点Aまでは，すでに現地ファミリアリゼーションが実施された既知地域であるため，単独での歩行が可能である。地点Aから目的地までが未知地域であり，口頭ファミリアリゼーションの対象である。必要に応じて援助依頼により歩行をする。実施に際しては，SD課題として出発地点まで戻ってくることになるが，この両者の比率が歩行の難易度を決定する。すなわち，未知地域が増加する程，困難が増すことになる。

```
S（出発地点）────────＋────────→D（目的地）
         既知地域        A       未知地域
       （現地ファム済み）       （口頭ファムによる）
```

図12-11　口頭ファミリアリゼーションタイプの指導の例

【引用・参考文献】

岩橋英行（監）　1968　失明者歩行訓練指導要領　日本ライトハウス

村上琢磨　1989　電車への乗車が不安な視覚障害者に対する訓練　第13回視覚障害歩行研究会論文集, 26-27.

日本ライトハウス　1975　視覚障害者のための歩行訓練カリキュラム（I）　日本ライトハウス

芝田裕一　1984　視覚障害者のためのリハビリテーション１歩行訓練第２版　日本ライトハウス

芝田裕一（編）　1994　視覚障害者の社会適応訓練第２版　日本ライトハウス

芝田裕一　2000　視覚障害者のリハビリテーションと生活訓練―指導者養成用テキスト―　日本ライトハウス

芝田裕一　2001　歩行養成30期・リハ養成７期（平成12年度）までの変遷と現状（２）　視覚障害リハビリテーション, **54**, 5-46.

芝田裕一　2003　視覚障害者のリハビリテーションと生活訓練第２版―指導者養成用テキスト―　日本ライトハウス（自費出版）

芝田裕一　2007　視覚障害児・者の理解と支援　北大路書房

芝田裕一　2010　障害理解教育及び社会啓発のための障害に関する考察　兵庫教育大学研究紀要, **37**, 25-34.

芝田裕一　2011　障害理解教育及び社会啓発のための障害に関する考察（２）―視覚障害児・者の活動能力と活動制限―　兵庫教育大学研究紀要, **39**, 35-46.

芝田裕一　2013　人間理解を基礎とする障害理解教育のあり方　兵庫教育大学研究紀要, **43**, 25-36.

芝田裕一　2015　視覚障害児・者の理解と支援［新版］　北大路書房

第13章　つまずきの指導

　つまずきの指導は，歩行指導の中で安全性の確保に直接関係するものであり，重要課題のひとつである。つまずきに対して，歩行の条件を基底としてつまずきの防止を主体とする指導（SH法）とつまずきの修正の指導の2側面から習得が目指される。

1．指導のあり方

1）つまずきの防止と修正

　つまずきとは，いわゆる道に迷った状態を含む「歩行になんらかの支障をきたした状態」を指す。その指導方法は，つまずきを起こさないようにする防止とつまずきを起こした後の修正の2側面が考えられる。当初から，つまずきに対する指導は，つまずきが起きるまで待ち，その後にどのように修正するかという指導を中心に実施されてきた。現在でもこの方法での指導は行われているだろう。

　しかし，一般的に，視覚障害児・者にとって歩行は大変な緊張感を伴う（芝田，2007，2015）。その中でもつまずきを起こさないかという不安は強いストレスとなる。このストレスを軽減するという個別性（歩行の条件）の検討から考えると，つまずきは起こさないようにするという防止を主体とすることが適切である。防止とは，指導者が対象児・者がつまずきを起こす前に，その歩行を止めるという意味ではなく，どのようにすれば，つまずきを起こさないですむかを意味している。つまり，医療で言えば，防止は予防にあたり，修正は治療（今後の予防のための早期治療）となる。この観点からみてもつまずきの指導は防止法を主体とするのが適切である。

2）つまずきの防止を主体とする指導法（SH法）

　筆者は，1985年頃からつまずきを起こさないようにつまずきの防止を主体とする指導法を考案した（芝田，2000）。それによって，数多くの視覚障害児・者の

歩行におけるストレスが低下し，結果として歩行指導自体も容易に進むという経験をしてきた。歩行訓練士の養成でもこのつまずきの防止を主体とする指導法（SH法）を取り入れたことで，修了者の中からこの指導法を取り入れた報告もみられるようになり（重岡・山梨，1998），現在は多くの指導者が採用するようになっている。当初から行われてきたつまずきの修正を主体とする指導法と区別するために，筆者の名前を取ってSH法と呼んでいる。

2．指導の考え方

指導の考え方は原則を示している。実際の指導では対象児・者の心理的課題，歩行能力，進度，その指導の環境・状況などに応じて適切な指導が必要となる。

1）防止と修正の指導

防止の指導は，つまずきを起こすことが予測できる時に，声かけをして歩行を止め，どこに注意すれば，また，どのように行動すればつまずきを起こさないようにできるかを中心に行われる。一方，修正の指導は，つまずきを起こした後，現在いる位置の認知とつまずきを起こした後，現在いる位置からの歩行方法の2点について行われる。

2）段階別の指導

指導初期では，つまずきの防止方法の指導に重点を置き，つまずきを起こさない歩行を目標とし，修正方法は必要に応じて指導する。指導が進んだ状態になれば，修正方法の指導も重視して実施する。指導初期はつまずきを起こした直後に声かけをして指導し，その後，指導が進めば徐々に対象児・者に思考する時間的余裕を与え，最終的に対象児・者が独自に修正できることを目標とする。

3）安全性の確保との関連

つまずきを起こすと安全性が確保されず，非常に危険な場合と，つまずきを起こしても大きな危険状態にならない場合とに分けて考える。

（1）非常に危険な場合

つまずきを起こすと非常に危険な場合は，より防止に重点を置いて確実に指導する。その例としては以下がある。

①走行中の車の回避――道路の右側を歩行中に，走行車を回避するため，より遠い道路の左側へ回避するなど
②歩道のある交差点発見・横断――横断中に車道方向へ偏るなど

③信号の利用——赤信号で横断するなど
④ホームの歩行——ホームから転落するなど
（2）上記ほど危険でない場合
つまずきを起こしても上記ほど非常に危険でない場合は防止に重点を置くが，修正についても確実に指導する。以下はその例である。
①危険性の低い駐車場などへの進入
②交通量の少ない歩車道の区別のない交差点横断——交差点が発見できないなど
③横断する交差点数の間違い，あるいは交差点でないところを交差点と誤認（地図的操作の問題）

3．つまずきの防止を主体とする指導法（SH法）

つまずきの原因と防止については，基礎的能力と歩行能力が大切である。特に，基礎的能力の知識，感覚・知覚，心理的課題，歩行能力の歩行技術の習得と駆使，環境認知，身体行動の制御が重要である。さらに，白杖操作技術，基礎的歩行技術の指導段階から各歩行技術，およびその他の歩行能力の指導を確実に実施していくことが必要である。白杖操作技術以下，つまずきの防止を主体とする指導法（SH法）の例をあげる。

1）白杖操作
（1）タッチテクニック
基本的なタッチテクニックの方法（手首の位置，振り幅，足と杖のタイミングなど）を確実に習得する。
（2）直進歩行（ビアリング）
ビアリング後の修正法（図11-2）による①の角度と②の角度のとり方，および①の角度をとってから②の角度をとるまでの距離を意識することによってビアリング後の修正を確実にし，加えて，ビアリングの少ない直進歩行をする（第11章参照）。これには，基礎的能力の感覚・知覚，歩行能力の歩行技術の習得と駆使，身体行動の制御が必要である。
（3）白杖による伝い歩き
白杖による伝い歩きを確実にする。白杖が1回でもガイドラインに触れなければそこで止まって足は動かさないようにして，白杖によってガイドラインを確認

する（第9章参照）。これは，1回目でその動きができなければならない。2回目，つまり，ガイドラインに2回触れない状態まで歩行を続けないようにすることによって大きなつまずきを防止することができる。このような小さなことから確実に指導しておくことで重大なつまずきを防止できる。これには，歩行能力の歩行技術の習得と駆使，身体行動の制御が必要である。

2）道路端と建物との境界

側溝，側溝蓋，門柱のレール，地面の質的差などを認識し，逸脱しないようにする。これには，基礎的能力の知識，歩行能力の歩行技術の習得と駆使，身体行動の制御が必要である。道路端との境界が明確でない駐車場，空き地などでは不可抗力として境界を越えて進入してしまうことがある。そういう場合，その駐車場などを室内ファミリアリゼーションの要領で各壁面などのファミリアリゼーションを実施することが必要である。生活地域での指導（Aタイプ，第6章参照）では，特にその必要度が高い。それによって，たとえ進入したとしても環境認知によって迷うことなく，道路へ戻ることができる。

3）障害物回避

障害物の所在状況およびその触れ方は5つの要因に集約されるが，多様である（障害物回避における5つの要因，第10章参照）。したがって，障害物回避後，進行方向を確実に維持するようにする。これには，基礎的能力の知識，歩行能力の歩行技術の習得と駆使，環境認知，身体行動の制御が必要である。

4）交差点発見・横断

歩車道の区別のない交差点横断や歩道のある交差点横断では，発見時の方向の維持を確実にする。SOCにおいても同様に直角の方向の取り方とその位置（すみきりでない所）を確実にする。これには，基礎的能力の感覚・知覚，歩行能力の歩行技術の習得と駆使，身体行動の制御が必要である。また，歩道のある交差点での横断は，横断後，歩道に乗ったかどうかの白杖による確認が欠かせない（第10章参照）。

5）ホームの歩行

ホームで方向を逸する，あるべきランドマークや階段などが確認できないなど環境認知ができずにつまずきを起こす時がある。この場合は，駐車場へ進入した時などとは異なり，白杖で周囲を探すなどは非常に危険で事故を誘発させることになるために行わない。すみやかに援助依頼をする（第12章参照）。

6）記憶違い・勘違い・注意不足

ファミリアリゼーションの内容，メンタルマップ，ランドマークなどについて，対象児・者の記憶違いや勘違い，その他全体的な注意不足のないように留意する。これには基礎的能力の心理的課題が必要である（第5章参照）。

4．つまずきの修正の指導

つまずきは，注意をしていても起きることがあるため，その後の修正方法の習得が大切である。

1）指導の考え方

つまずきの修正方法の指導の考え方は，前述のようにつまずきを起こした後，現在いる位置の認知と，つまずきを起こした後の現在いる位置からの歩行方法の2つがある。基本的には修正に必要な手がかりやランドマークの見つけ方とその使い方の指導となる。

つまずきの修正の指導方法としては，指導者主導によって修正方法を教える指導と，ヒントを与えて対象児・者が考えることによってその修正方法を導き出す指導に大別される（第4章参照）。後者の与えるヒントの量や対象児・者が考える時間には，さまざまなものが考えられる。それは，対象児・者の能力や指導の進度に依存している。この対象児・者自身が考えることによって修正方法を導き出す指導の例としては以下がある。

①つまずきを起こす前，どこまで確実であったか，どの地点から環境認知が不能となったかを明確にする。
②周囲の手がかりに気づくように導く。
③その手がかりからひとつの判断を導く。
④結論を出す。

つまずきの修正方法の指導では，指導者によるこれらの指導（声かけ）の時期とその内容，修正の方法が対象児・者に習得され，これ以降の歩行において，これらが対象児・者の内言語となるように（対象児・者自身がそれに気づくように）指導していくことが重要である。その場だけ修正が可能になるという指導は，修正方法を対象児・者が経験したという点では無意味とは言えない。しかし，広義の意味では，対象児・者が修正の能力を十分習得しないようになりがちであるため望ましくない。

2）声かけの時期と指導
（1）つまずきに気づかずに歩行している時
　対象児・者がつまずきに気づかずに歩行している時には，以下のような指導方法がある。ただし，指導の最終目標は，対象児・者が自らつまずきに気づき，自身で修正できることにある。

　①声かけをしてつまずきを直接知らせ，指導する。
　②声かけをしてつまずきに気づくようなヒントを与え，必要に応じて指導する。
　③つまずきに気づくまで声かけをせずにおく。しかし，その周囲に手がかり，
　　ランドマークが存在し，環境認知が可能となる範囲で声かけをする。

　このうち，③の段階では，指導者は対象児・者がつまずきに気づくであろうと考えて声かけをせずに見守る。しかし，指導者が対象児・者の歩行能力を過大に判断することによって，対象児・者が全くつまずきに気づかずに歩行したり，それを見過ごしたりすることのないよう留意が必要である。

（2）つまずきに気づき，迷っている時
　対象児・者がつまずきに気づき，迷っている時には，以下のような指導方法がある。

　①声かけをして最初から修正方法を指導する。
　②声かけをして修正方法について手がかりやランドマークを教え，対象児・者
　　に思考の時間を与える。
　③声かけをせずに対象児・者に思考の時間を与える。

　この③は上記，（1）の③に関連するもので，それと合わせて総合的な判断が必要である。

（3）つまずきに気づき，自ら修正した時
　対象児・者がつまずきに気づき，自ら修正した時はすぐに声かけをしてその修正方法について確認・指導する。ただし，指導が進み，すでに自力で修正する能力を持った対象児・者では，つまずきに気づき，自ら修正してもあえて声かけをして確認・指導する必要がない場合もある（第4章，間欠強化と連続強化の項参照）。それは，その歩行指導が終了した時にでも自ら修正した点を評価することで，対象児・者の歩行に対する自信や自己効力感の高揚につながり，意義がある（第5章参照）。

3）つまずきの修正後の歩行

つまずきの修正後の歩行の指導には，つまずきに気づいた位置からの場合と，つまずきを起こす前の位置からの場合がある。つまずきに気づいた位置からの歩行では，まず正規のルートに自力で戻るように指導する。この方法は，つまずきを起こしたものと考え，そこからまた歩行を始めるため，つまずきの修正を重視した方法である。

一方，つまずきを起こす前の位置からの歩行の指導は，つまずきを起こす前の位置か，あるいはその位置よりもさらに手前まで手引きによる歩行で戻って再度歩行をするという方法である。これは，つまずきは起こさなかったものと考え，つまずきの防止法を再度指導するものであるが，つまずきを起こす前にその防止法の指導を行うことが原則であるため，あまり現実的ではない。

5．つまずきと心理的課題

視覚障害児・者にとって，つまずきは，誤りというネガティブな印象を持たれやすい。歩行指導は，指導者と被指導者という関係で進められるため，つまずきを起こすことに非常に忌避的になり，テストで誤答をしたかのような印象を持つケースがある。指導者の中にもつまずきを過大に捉える場合が見られ，このネガティブな心理を助長させている。指導者は，視覚障害児・者のつまずきを起こすことに神経質になるこのネガティブな心理をよく理解しておかなければならない。つまずきやその指導に際して，基礎的能力における心理的課題や，その心理に対する十分な配慮は欠かせない（第5章参照）。

なお，指導者の声かけに敏感に反応する対象児・者もあるため，つまずきを起こした時だけ，つまり，その行動が誤っている時だけ指導者が声かけをするのでなく，つまずきを起こしていない時も適宜，声かけをしてその行動が適正であることを伝えるのも大切であり，指導として効果がある。

1）判断力と推理力

つまずきの防止と修正のためには，以下のような判断力と推理力が必要である。
①判断力の必要性——手がかり，ランドマークなどの事物と自己との位置関係における推測・予測と確認が適切にできること。
②推理力の必要性——つまずきを起こした位置・つまずきを起こす前の位置を判断するための推理，仮説と消去が適切にできること。

2）注意力

視覚に障害があるため，対象児・者によっては，そのつまずきの危険性を過小に，また過大に受け止めてしまう場合がある。事故にも繋がるため，つまずきの指導では，つまずきの危険性を正確かつ現実的に知らせ，対象児・者の注意力を喚起することが必要である。

3）ストレスと不安

対象児・者によっては，つまずきによって以下のような心理状態となることがあるため，歩行に対するストレスや不安を不必要に感じないようその性格や考え方も考慮して適切な指導が必要である。

①つまずきを起こしたことに対する精神的なショックやストレス
②つまずきを起こしたショック後の歩行や次の指導への悪影響
③再度つまずきを起こすのではないかという不安

つまずきに対して過剰にストレスや不安を感じる対象児・者には，必要に応じて「つまずきを起こさないに越したことはないが，不可抗力で起こしてしまうこともある。そのため，たとえつまずきを起こしたとしても確実に修正できればよい。」というように，危険性の少ないつまずきに対しては，やや気楽な姿勢で歩行に取り組むことも大切である。

【引用・参考文献】

芝田裕一　2000　視覚障害者のリハビリテーションと生活訓練—指導者養成用テキスト—　日本ライトハウス

芝田裕一　2003　視覚障害者のリハビリテーションと生活訓練第2版—指導者養成用テキスト—　日本ライトハウス（自費出版）

芝田裕一　2007　視覚障害児・者の理解と支援　北大路書房

芝田裕一　2015　視覚障害児・者の理解と支援［新版］　北大路書房

重岡伸治・山梨正雄　1998　視覚障害者の白杖歩行訓練中における「つまずき」に関する研究　第7回視覚障害リハビリテーション研究発表大会論文集，26-29.

第14章　歩行における援助依頼とその指導

視覚障害児・者の歩行における援助依頼（soliciting aids）は，視覚障害児・者側だけを注視せず，社会への手引き，援助の必要性のPRなど，啓発も考えなければならない。ただ，援助の必要性を社会に啓発する際，視覚障害児・者に申し出た援助を辞退された時には無理に援助をする必要がない場合があることを，あわせて啓発する必要がある（芝田，2007，2015）。

1．意義と内容

1）意義

視覚障害児・者の歩行指導は，必要に応じて一般社会の援助が依頼できる単独歩行（第5章参照）を指している。単独歩行に援助依頼は欠かせない。この援助依頼は情報の利用（歩行能力）に位置づけられている。視覚障害児・者にとって援助依頼は，その歩行範囲を左右するほど重要な能力である。未知地域の歩行ができる，道に迷った状態の助けになるなど安全性の確保，能率性の検討など歩行の条件を満足させる歩行が可能となる。

視覚障害児・者の中には，援助依頼は社会に対して申し訳ない，援助依頼せずに独力で歩行したいなどの思いや援助依頼に消極的なケースなどもみられる。しかし，晴眼者にも援助依頼は不可欠である。誰でも障害の有無にかかわらず，必要に応じて道・方向・方角などを尋ねられるから未知の場所が歩行できると言えよう。したがって，視覚障害児・者だから援助依頼を行うという訳ではなく，ごく一般的なこととして援助依頼を捉える姿勢が必要である。

2）内容

援助依頼の内容は，情報を得ることと手引きによる歩行を依頼することの2つに分けられる。

情報を得ることには，その情報には歩行前にあらかじめ得ておくものと歩行中

に得るものがある。たとえば，目的地の所在地，目的地へ行くための交通手段など，目的地に関するもの，道に迷った時など自分自身の歩行に関するものなどである。また，情報を得る手段には他者と対面するものだけでなく，電話やパソコンによるものも含まれる。このパソコンによって情報を得ることはコミュニケーション指導の分野と関連する。

　もうひとつは手引きによる歩行を依頼することである。一般の通行者から目的地や自分自身の位置に関する情報を得るだけでなく，必要に応じて手引きによる歩行を依頼するのである。この手引きによる歩行は単に情報を得るだけの援助と異なり，それによって目的地へ到達できたり，また，到達が容易になったりするため非常に有意義である。

2．援助依頼の要請

　援助依頼は，依頼の要請（声かけ）から始まる。一般にその要請には声かけとともにアイコンタクトが重要である。そのため，対象児・者にとって通行中の特定の人に要請するのは容易ではないことがある。結局，不特定多数に声をかけ，応答を待つという姿勢にならざるを得ない。これは非能率であり，不確実である。より能率的に要請をする方法として次のようなことが考えられる。

①被依頼者が通行中やその付近にいると予測される状況で足音や話し声などが手がかりにできる場合は，音源定位によって自分の真正面にいることや，真正面を通過する時を判断して要請する。

②電車・バスの車内，券売機前など被依頼者が静止している時に要請する。

③その機関，建物などの関係者に要請する。特に，駅では改札口や出口で要請すると援助が受けやすい。

④デパート，ショッピング街，地下街などではインフォメーションコーナーを利用する。

　この③と④は，援助の内容によっては歩行中の通行者よりも目的にそった援助が受けやすい。

3．援助依頼における留意点

1）明確かつ能率的な依頼内容

（1）範囲を狭めていく方法

明確かつ能率的な依頼内容には範囲を狭めていく方法がある。それは，場所に応じてその直前の目的地を尋ねるというようにその内容を変化させていくものである。たとえば，A駅においてB駅付近の北館と南館がある建物Cの南館にある商店「X」へ行く場合，次のような方法で行う。

① A駅で——B駅への行き方を尋ねる。ここで「X」を尋ねても明確な回答は得にくい。

② B駅で——まだ「X」への行き方を尋ねずに建物Cを尋ねる。

③ 建物C付近で——ここで「X」への行き方を尋ねてもよいが，まず，建物Cの南館を尋ね，その付近に行ってから「X」を尋ねる方がよい。

（2）その他の方法

その他として以下が大切である。

① 依頼したい内容を明確に援助者に伝える。

② ルート・方向，目的地の位置などは「あっち」，「こっち」といった指示語の使用や指さしによって説明される場合がある。これに対しては，方向・方角で尋ね直したり，対象児・者自身が指さしをして確認する。

③ 可能ならば，援助者が「はい」か「いいえ」で回答できるような質問をすると具体的な情報取得が容易である。

2）援助者の誘導

援助者に手引きによる歩行を依頼しても援助者がその目的地について不案内な時，対象児・者がその所在に精通していれば，援助者を口頭によって誘導することが考えられる。さらに，援助者が手引きによる歩行をしている時に正規のルートから逸脱した場合，対象児・者が援助者を誘導する必要がある。そのため，対象児・者は普段から手引きによる歩行時でも，その時の手引きによる歩行によって誘導される自身の身体の動きに注意し，現在どの方向・方角に向かっているのかに注意することが大事である。また，口頭で目的地までのルート説明ができるようにしておくことも必要である。

3）視覚的ランドマークの利用

援助者を誘導する時，また，単独歩行時にルートに関する情報を得る時などには晴眼者が使用する視覚的ランドマークの利用が有効である。たとえば，「Y銀行の角を右に曲がりたいのです」と依頼する。そのために必要な視覚的ランドマークを記憶しておく。

4）援助者と別れる際の確認

歩行ルートの途中で援助者から情報を得た後や，目的地までの手引きによる歩行が不可能で援助者とルート途上で別れた後に，対象児・者自身の現在地点，身体の向き，今後の進行方向を失念することがある。そうなると，新たな援助依頼の必要性が生じるので，このような非能率さを解消するために援助者と別れる際に自分の現在地と進行方向・方角の確認が欠かせない。これは，単に口頭だけでなく，実際に対象児・者の手や腕などで方向を指し示して確認してもらうことで確実性が向上する。

5）援助の辞退

申し出られた援助の中には不必要なものもある。その援助を受けたことによって現在地が分からなくなり，新たな援助依頼の必要性が生じることもあるため，不必要な援助は辞退する。せっかく申し出られた援助を辞退するのは非常に心苦しいことではあるが，丁寧な言葉で勇気をもって行いたい。

6）服装とマナー

服装とマナーはいわゆる一般常識的な問題なのであえて言うまでもないだろう。特に，援助の辞退にはマナーとしての言葉遣いは大切である。

7）弱視児・者と白杖

弱視児・者は，その保有視覚で道路上の歩行では問題がなくても電車の運賃表・時刻表，バスの行き先表示などが見づらく，社会の援助に頼らざるを得ない時がある。弱視児・者の中には白杖の携帯に抵抗を示す場合がみられるが，このような時，白杖を持っていないと一般社会が視覚障害児・者と認識しにくく，満足のいく援助が受けられないことが多い。一般的に社会は視覚障害児・者といえばすべて全盲と思いがちであるため，弱視者の存在を啓発する意味でも白杖の携帯は必要である（第21章参照）。

8）ハインズブレイク

視覚障害児・者の中には，せっかく援助をしてもらっているのだからとハイン

ズブレイク（後述）を行うことに抵抗を感じる場合がある。しかし，その目的を理解し，躊躇することなく，常にハインズブレイクができるようにしたい。

4．ハインズブレイク

1）ハインズブレイクの意味

　手引きによる歩行技術（芝田，2007，2015）は，視覚障害児・者が手引き者の肘を持つのが基本姿勢である。誘導者が視覚障害児・者の後ろからその背や腕を押す，あるいはその腕を持って引っ張るなどの方法は，歩行の条件からみて視覚障害児・者の恐怖感・不安感を喚起する（安全性の確保）。また，見た目に不自然である（社会性の検討）。そして，視覚障害児・者にとって歩きにくい方法である（個別性の検討）。以上のことから不適切なものである。しかし，適切な手引きによる歩行が周知されているとは言い難い現状がある。視覚障害児・者がこれらの不適切な誘導をされた時，適切な手引きによる歩行の形への変更を依頼することが必要となる。この不適切な誘導をされた時，肘を持たせてもらう手引きへの変更を依頼することをハインズブレイク（Hines break）と言う。

　なお，このハインズ（Hines）は，アメリカ，イリノイ州シカゴ市内南西部の地名である。ここには，退役軍人省付属病院（Veterans Administration Hospital）があり，その中に中央視覚障害リハビリテーションセンター（Central Blind Rehabilitation Center）がある（第3章参照）。このセンターで歩行指導の体系の基礎が形作られたことから，この名称となっている。

2）目的と方法

　ハインズブレイクの目的は以下の3つである。

①社会的啓発
②恐怖感・不安感の解消
③見た目の不自然さの解消

　ハインズブレイクの際，対象児・者はまず口頭で依頼する。必要に応じて自ら腕を動かして手引き者の肘を持つようにする。対象児・者によっては，誘導者に対する遠慮からハインズブレイクを行うことに抵抗を感じる場合がある。しかし，その目的，特に，社会啓発が重要であることを説明・説得し，積極的にハインズブレイクを行うよう指導する。

3）カリキュラムにおける位置づけ

ハインズブレイクは，手引きによる歩行の技術に含まれる。ただし，単独歩行時の援助依頼の際にも必要となる。したがって，手引きによる歩行の指導時にはまだ導入する必要はなく，その対象児・者にとって必要が生じた時に指導するのが適切で，環境主導型指導法（第4章参照）の対象である。

なお，ハインズブレイクは専門用語であるため，その実施にあたっては視覚障害児・者に対して「ハインズブレイク」ではなく，「適切な手引きへの変更」などとしておくのがよい（第5章参照）。

5．指導における留意点

1）心理的側面への配慮

視覚障害児・者の援助依頼に対する心理的側面に関する配慮は，援助依頼そのもの，依頼の要請（声かけ），援助の辞退，ハインズブレイクなどが対象となる。つまり，視覚障害児・者の中にはこれらの遂行に躊躇する，消極的な態度を示す場合がある。そのため，その意義を説明する，遂行するよう促す，指導者を相手としてシミュレーションを実施するなどによって指導する。それにより，心理的なわだかまりが氷解したり，援助依頼が受容できるようになったケースもある。指導者は無理のない程度でこの課題に取り組み，歩行指導の中で援助依頼が経験できるようにすることが必要である。

2）目的地到着後の指示

援助者の中には，目的地到着後に対象児・者はどうするのか，自分は対象児・者から離れてよいのか躊躇する場合がある。そのため，目的地到着後について対象児・者に指示をしておく。この指示は，「待ち合わせをしています」と援助者に伝えるのが適切であろう。

3）経験の必要性

援助依頼は，現実場面をもとに指導することが重要である。実際に援助依頼をすることによってそのタイミング，内容などが指導される。援助依頼が経験できる場面を指導の中で数多く実施しておくことが必要である。そのため，全歩行指導を通して援助依頼についてどのように対処すればよいか対象児・者に指示しておくことが大切である。また，その対象児・者の了解を得た上でトランシーバーやコーダー（録音）を指導に活用すること，依頼のタイミングや電話による情報

の収集を指導者を相手としてシミュレーション的に指導に取り入れることなども有意義である。

4）援助依頼に対する心得

普段の歩行指導の中で援助者があった場合は援助依頼の指導に切り替えてもよい。そのため，最初から対象児・者にそのことを伝え，予期しない援助者に出会った場合，適切に援助が依頼できるようにその対応を指導する。なお，道路における歩行，交通機関の利用などの指導時において，援助が不要な場面で援助者が現れた場合は指導者が丁重に断るようにする（第11章参照）。

【引用・参考文献】
芝田裕一　1991　視覚障害者の歩行における援助依頼　障害者の福祉，**11**（7），20-22.
芝田裕一　2003　視覚障害者のリハビリテーションと生活訓練第2版―指導者養成用テキスト―　日本ライトハウス（自費出版）
芝田裕一　2005　視覚障害児・者の歩行における援助のあり方と方法　兵庫教育大学研究紀要，**26**，41-50.
芝田裕一　2007　視覚障害児・者の理解と支援　北大路書房
芝田裕一　2015　視覚障害児・者の理解と支援［新版］　北大路書房

第15章　歩行における地図とその利用

　歩行能力の情報の利用には，他者からのもの（援助依頼）と地図からのものがある。視覚障害児・者が利用する地図の代表的なものは触地図（tactual map, tactile map）である。一般に，視覚障害児・者の歩行には，必ず触地図による補助が必要とは限らない。ケースや環境によれば触地図の理解が不十分，あるいは触地図による補助がなくても歩行は可能である。しかし，触地図の理解が高い方がより広範囲な環境における歩行の可能性は高くなる。
　なお，視覚障害児に対する地図の指導に関しては，第19章で論じる。

1．触地図と触覚的地図

　文字において，晴眼者が使用する視覚的文字（いわゆる"すみ字"）に対して，視覚障害児・者は6つの点を駆使してコミュニケーション体系が形成されている点字を使用する。点字は概念的，構造的に視覚的文字とは異質な触覚的文字，つまり，視覚障害に適した文字である。ルイ・ブライユ（Louis Braille）を中心にして発明・開発された点字が出現する以前，アルファベットの浮き出し文字，凸字や訓盲文字が，使用されていた。これらは視覚的文字の触覚化であり，視覚的文字と概念的に同質であった。したがって，点字は，視覚との比較において解像力と把握力が格段に低下する触覚を考慮に入れた最適な触覚的文字と言える。視覚的なものの触覚化とは，この点字を指す。

　地図の場合，現在の触地図は文字で言えば凸字などにあたる。視覚的地図を単に凸型に触覚化したものであるため，正確には凸型触覚的視覚地図と言える。文字でいう点字に相当する概念的に異質な触覚的地図が視覚障害には

表15-1　文字と地図における触覚的視覚と触覚

	視覚	触覚的視覚	触覚
文字	すみ字	凸字	点字
地図	地図	触地図	?

適しており，必要とされる。しかし，地図とはもともと視覚的なものなので，この定義において，真の意味での触覚的な視覚障害用の地図は存在しえないことになるであろう（表15－1）。

　また，継時的把握である触覚は，即時的把握である視覚と比較すると大きく劣位にある（芝田，2007，2015）。触地図は視覚的地図の触覚化ではあるが，この触覚の性質と点字ほどの概念的な意味を持たない点で，視覚的地図との比較において大きな制限を有している。

2．触地図の種類

　触地図（図15－1）は，その意味する情報のタイプによっていくつかの種類に大別できる。その類別化は利用法による分類ともいえる。

1）ルートマップ（線的地図）

　ルートマップ（線的地図）は，白地図のようなものに区画などの面的な形はある程度作られているが，その上に，ある地点から別の地点までのルート（道順）が，線的に強調して表現されているものである。ルート上には，必要なランドマーク，歩車道の有無，危険箇所など，歩行に必要な情報も表現されている。また，不要な区画がカットされ，単に交差点のためだけに他の道路が部分的に表現されているだけの非常に個人的なものもある。

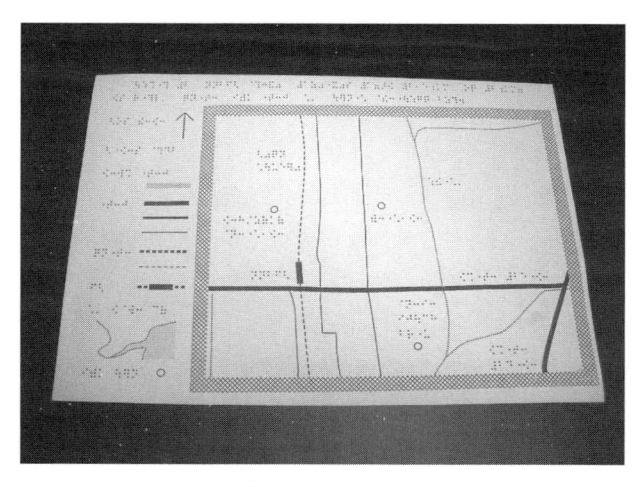

図15－1　触地図

2) 生活用の地図（面的地図）

　生活用の地図（面的地図）は，ある環境において，生活に必要なランドマーク，目的地などが詳細に表現されている地図である。前述のルートマップが線的地図ならば，こちらは面的地図と言えるだろう。また，ルートマップが数多く集められた地図という見方もできる。

3) 一般的な地図

　一般的な地図は，従来の視覚的地図を触地図化したものである。専門の製作者によって作成されたものが多い。前述のルートマップ，および生活用の地図が比較的個人的な地図であるのに対して，これは一般的な地図といえる。

3．触地図の利用と歩行

　触地図の利用方法は次の3つに分けられる。
　①指導者が指導（主に，ファミリアリゼーション）の補助具として用いる。
　②視覚障害児・者が目的地へ行くために用いる。
　③環境（地域）を概観する。

1) 指導の補助具

　歩行指導の際，必要に応じて触地図を使用することがある。以下がその主な目的である。
　①指導前に地域や目的地についての予備知識を得る。
　②指導中に地図的操作や環境認知を補助する。
　③指導後に歩行したルートを確認する。

　しかし，歩行指導に触地図が必ず必要であるとは限らない。触地図に依存せずにメンタルマップを作成することも非常に大切だからである。実際の日常生活における歩行では，常に触地図が身近にあるとは限らない。また，持参して歩行する蓋然性も低い。したがって，対象児・者の状態にもよるが，歩行指導ではメンタルマップの作成・活用に主眼が置かれる。

2) 歩行の利用

　以下は，視覚障害児・者が単独で歩行する際に考えられる利用法である。
　①歩行前の利用——歩行する前に予備知識として触地図をみる。これは，1人でみる場合と，家族・友人・知人などの説明を受けながらみる場合の2つが考えられるが，家族・友人・知人などの説明を受けないと理解しづらいこと

が多い。
②歩行中の利用——触地図が携帯可能であれば，歩行中に持参して必要に応じてみることができる。しかし，通常は難しく，現実には自分で確認するより尋ねる方が容易で確実なため，援助依頼をすることになる。
③歩行後の利用——歩行後，自分が歩行したルートや，つまずいた場所の確認のために触地図をみる。その際，必要に応じて家族などから説明を受ける。

以上の段階で触地図が利用できる。しかし，未知の地域までの距離やルートにもよるが，視覚障害児・者が，全く独自に触地図だけを利用して未知の場所へ歩行するには，相当高い歩行能力が要求される。つまり，触地図だけでその歩行ルートを理解したり，定位したりすることは非常に難しい場合が多い。他者からの説明を受けないと触地図の利用は難しいため，触地図に多くを期待し，活用している視覚障害児・者はあまり多くない。

3）地域の概観

歩行とは別に，知識や教養の一環としてその地域を概観するために触地図が利用される。ただ，この場合も独力で理解するのは比較的困難で，必要に応じて他者から説明を受けることが必要になる。

4）歩行における触地図の位置づけ

結論として，歩行における地図は，主としてメンタルマップであり，触地図は歩行指導の補助具的存在である。それは，以下がその主な理由であるが，結果として，視覚障害児・者が，触地図を活用しての歩行を望まない場合が多くみられる。
①晴眼者による補足説明がないと触地図だけでは理解が困難である。
②触地図を理解（触察）しながらの歩行は，安全性が低下する。
③触地図を理解（触察）しながらの歩行は，非能率的である。
④すべての地域についての触地図の入手は困難である。
⑤触地図はいつでもどこでも容易に入手できるものではない。
⑥一般的に，視覚障害児・者の歩行はファミリアリゼーションや習慣化を基礎とした歩き慣れた地域が主体となり，必要な場合は援助依頼をする。また，未知地域は家族・友人やガイドヘルパー・ボランティアなどとともに歩行するなど，触地図に依存する状況は多くない。

4．触地図の作成

1）触覚と触地図

　触地図は，視覚的地図を視覚障害用とするため考案されたもので，代理・代行といった性質がつよい。したがって，視覚的地図を単純に感覚的に視覚から触覚へ置換したものとして触地図をとらえるのは適切ではない。視覚的地図のすべての情報を触覚に変換した触地図は，作成することが難しい。視覚障害児・者の知覚の点でも効果が低くなることからも利用価値は低下する。

　触覚の継時的把握という点から言えば，視覚的地図に比して，触地図の形状を単純化することが把握の際に必要となるため，単純化しすぎれば伝達すべき情報量が限定され，地図として無意味なものになってしまう。可能な限り多くの情報をより単純化した形で伝えることが触地図の基本となる。製作にあたり，この形状の単純化と情報の多量化という相反する条件の接点を各々の触地図で見い出すことが重要なポイントである。

2）歩行と触地図

　前述したように，触地図は触覚的視覚地図である。そのため，触地図の作成に際しては，精緻かつ美的に高度なものを究極の目的にするのではなく，以下のようなことを考慮に入れておくことが大切である。

　①視覚障害児・者の能力的な面から理解できる触地図の有効性と限界
　②触覚と視覚の機能的な差異
　③触地図と視覚的地図の機能的な差異

3）触地図作成の留意点

　より専門的な触地図作成の技術を説明するのは本書の意図ではないので，ここではふれない。一般には，立体コピー，レーズライター，ゴム磁石の利用などで簡易な触地図は作成できる。ここでは利用者・指導者の立場から，それらによる触地図作成についての留意点を提示したい。

（1）凸型道路と凹型道路

　道路を凸，凹どちらで表現するかは，視覚障害児・者によれば触地図理解の条件のひとつとなるため，作成の際に考慮に入れておきたい。一概には言えないが，筆者の経験からいうと，先天視覚障害児・者の中には凸型道路が理解しやすく，中途視覚障害児・者の中には凹型道路が理解しやすいケースが多くみられる。

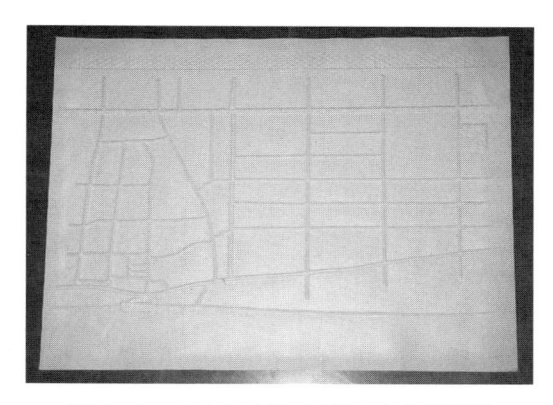

図15-2　2本の凸線で表現された触地図

（2）2本の凸線で表現された道路

　触地図では，凸型道路の場合，5mmの幅で道路が表現されていることが多い。しかし，これでは辿っていく時，指がすべって道路からはずれてしまい，改めて探さなければならないことがある。辿りやすさが，触地図理解の容易さにつながるため，道路がサンドペーパー様のもので作成されているものがあるが，より辿りやすいのは道路が2本の凸線で表現されるものである（図15-2）。たとえば，5mm幅の道路の場合，1～1.5mmのたこ糸状のもの2本（並行にする）で道路を表現し，その間，3～4mmをあけておくのである。

（3）触地図化の際の変更

　現実の環境を忠実に表現することは視覚的地図に課せられた使命であろう。しかし，触地図の場合はそれほど忠実さは要求されない。それは触覚を通しての理解度が視覚に比較して非常に低いからに他ならない。地域の概観が目的の触地図利用なら極端な変更は避けられるべきだが，その他の目的であれば触覚を通して理解可能な程度，また，その触地図によって描かれるはずのメンタルマップの構成・操作が容易な程度を考慮して概略に影響を及ぼさない範囲のデフォルメは必要となろう。

（4）表現の分割

　一部を理解しやすいようにデフォルメしてもそれには限度がある。比較的大きな環境や複雑な環境を表現する場合，その内容を分割するのも一方法である。その分割には，4分割の場合，視覚的地図では北西部分，南西部分，北東部分，南

東部分というように地域的分割がある。ここでいう表現の分割とは，触地図の内容的分割である。

　たとえば，ある駅のコンコースを表現する場合，コンコース全体の白地図を何枚か用意しておき，1枚目にはその白地図の上にコンコースへの出入口だけを表しておく。2枚目には改札口と自動券売機の位置，3枚目にはトイレと売店，4枚目にはそれらを結ぶ視覚障害者誘導用ブロックというようにしておく。これであれば何枚かの触地図を合成する能力は必要だが，複雑なコンコースも比較的理解しやすいだろう。

【引用・参考文献】
芝田裕一　1989　触地図の利用　視覚障害研究，**30**，33-40．
芝田裕一　2003　視覚障害者のリハビリテーションと生活訓練第2版―指導者養成用テキスト―　日本ライトハウス（自費出版）
芝田裕一　2007　視覚障害児・者の理解と支援　北大路書房
芝田裕一　2015　視覚障害児・者の理解と支援［新版］　北大路書房

第16章　ファミリアリゼーションとその実施

　視覚障害は，ICFの機能障害である「見えない」ことによって生起する活動制限，活動能力が多様であり，個人差が非常に大きいというのが特徴だが，その要因のひとつに環境における未知・既知がある（芝田，2007，2015）。つまり，視覚障害児・者は，その環境の既知度が高ければその活動能力が高揚するのである。この既知度を高める方法にファミリアリゼーション（familiarization）がある。ファミリアリゼーションとは，視覚障害児・者にとって未知状態にある事物，場所，地域などを指導者や支援者が触覚的聴覚的などさまざまな手がかりを用いて言語的，行動的に解説し，「よく理解している」既知状態にすることをいう（芝田，1985，2006，2007，2015）。なお，ファミリアリゼーションの体系，諸問題などについては，拙著『視覚障害児・者の理解と支援』（2007）および『視覚障害児・者の理解と支援［新版］』（2015）で詳述しているため，ここでは概要を示す。

1. ファミリアリゼーションの体系

　ファミリアリゼーションは，環境別・実施別分類，実施方法などによって体系づけられている（芝田，1985，2006，2007，2015）。

1）環境別分類

　ファミリアリゼーションの環境別分類とは，面状ファミリアリゼーションと線状ファミリアリゼーションである。面状ファミリアリゼーションは，サーベイマップ的で，部屋や建物（廊下）などの限定された範囲内を対象とする。一方，線状ファミリアリゼーションは，ルートマップ的で，歩行ルートを対象とする。

2）実施別分類

　ファミリアリゼーションの実施別分類とは，対象となる地域や場所で実際に行う現地ファミリアリゼーションと，その対象地では行わずに口頭により行う口頭ファミリアリゼーションの2つである。歩行指導における現地ファミリアリゼー

ションは，歩行ルート（ルートファミリアリゼーション）や新しい指導地域導入時にその地域の既知化（地域ファミリアリゼーション）などに使用される。一方，口頭ファミリアリゼーションは，その場所や地域の概略の理解に使用されるため，対象地の形状・内容が複雑な場合には不適である。

3）実施方法を規定する要因

対象となる地域の性質，視覚障害児・者の記憶力や理解力の次の5つの要因によってファミリアリゼーションが環境別，実施別のどの形態で，内容がどの程度詳細に実施されるかが判断される。

①ファミリアリゼーションの目的
②視覚障害児・者の歩行能力，記憶力，理解力
③ファミリアリゼーション対象地域の範囲，形状
④ファミリアリゼーション対象地域の中の必要な箇所の大きさ，形状，数量
⑤ファミリアリゼーションにかけられる時間

4）実施に際しての留意事項

視覚障害児・者の記憶と理解を確実にするために，ファミリアリゼーションの実施に際しての留意事項は以下の5がある。

①分散学習——適度な休憩が必要である。
②ネーミング——内容を記憶しやすいように整理する。
③言い換えと印象づけ——誤解や記憶違いを防止する。
④理解の確認と分習法——記憶を確認し，それが不十分な状態では次の段階へ移行しない。また，1回ですべてをファミリアリゼーションせず，記憶できる適度な量に区切って行う。
⑤補助具の活用——必要に応じて触地図などを利用する。

なお，ファミリアリゼーションは専門用語であるため，その実施にあたって視覚障害児・者に対して「ファミリアリゼーション」ではなく，「説明」などとしておくのがよい（第5章参照）。

2．歩行指導における位置づけ

ファミリアリゼーションの歩行指導における位置づけとしては以下のものがある（芝田，1985，2006，2007，2015）。

（1）指導地域とファミリアリゼーション

指導地域によって指導は，生活地域での指導（Aタイプ）と生活地域でない地域での指導（Bタイプ）がある（第6章参照）。Aタイプでは現地ファミリアリゼーションが有効とされるが，Bタイプでは口頭ファミリアリゼーションが主体となる。

（2）実際に歩行することの重要性

対象となる環境をまず手引きによる歩行でファミリアリゼーションを行うと有意義であるように考えられやすい。しかし，実際に視覚障害児・者が自分の手による伝い歩きや白杖による歩行によってファミリアリゼーションを実施することは，手引きによる歩行とは感覚・知覚的に大きな相違があるため，効果的であり，記憶も促進される。

（3）補助具としての地図

ファミリアリゼーションでは，その記憶を確かなものとし，理解を深めるために補助具として触地図が使用されることがある（第15章参照）。

（4）セルフファミリアリゼーション（self-familiarization）

セルフファミリアリゼーションとは，実生活で視覚障害児・者が，援助依頼を通して得た情報によって自身にファミリアリゼーションを行うことである。対象児・者がファミリアリゼーションに必要な方法・方略を習得し，家族，友人，あるいは一般通行者にその環境を知るために必要な内容と方法を指示することでセルフファミリアリゼーションとする。

3．室内ファミリアリゼーション

室内ファミリアリゼーションの対象には，教室，会議室，事務室，居室などがあるが，体育館，食堂などのより大きな対象や，屋上，駅のコンコース，マーケット内などの四角形やそれに準ずる形状の閉鎖的な空間についても適用できる。ここでは学校の教室程度の大きさの部屋を対象として解説する。

1）方法1──周囲

①指導者の指示により，対象児・者は入口を基点とし，手による伝い歩きにより，場合によっては手による防御を併用して壁にそって室内を一周して入口まで戻る（図16-1）。その際，今後の位置関係を明確にするため，壁に番号をつけ（ネーミング），それぞれ方角も説明する。たとえば，1の壁は南

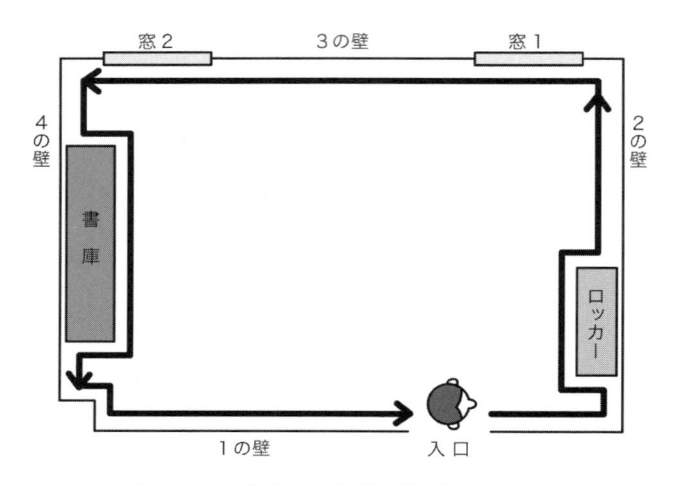

図16-1　室内ファミリアリゼーション1

の壁，2の壁は東の壁とする。

②入口に戻ったら，その部屋の大きさ（他の既知の部屋との比較など），形状（正方形か長方形か，その他の矩形かなど）を説明する。可能ならば対象児・者が判断して口述してもよい。

③再度周回しながら，今度は各壁にどのような物があるかを説明しながら入口まで戻る。たとえば，窓，ドア，ロッカー，書庫，黒板などである。その時，窓，ドア，ロッカー，など同じ物が複数あれば，窓1，窓2と区別すると分かりやすい。さらに，壁の形状はどのように（たとえば，突出している部分などの存在）なっているか，触れた感触はどのようになっており（たとえば，ザラザラしている，ツルツルしているなど），材質は何であるか（たとえば，木，コンクリート，合板など）を説明する。

④入口に戻ったら，説明した内容を対象児・者が口述してその記憶を確認する。記憶が不十分であれば，確実になるまで周回をくり返す。

　図16-1では，「この部屋は，2，4の壁より1，3の壁の方が長い，つまり，南北より東西に長い長方形である。1の壁には2の壁寄りに入口があり，2の壁にはロッカー，3の壁には窓1と窓2がある。4の壁には書庫があり，1の壁寄りに出っぱりがある。」となる。

2）方法2——中央部

① 部屋の周囲の状況が記憶できたら，部屋の中央部へ移る．この時，周囲の記憶が不十分であれば，まだ中央部へは移行しない．
② 入口から適当な壁まで行き，その壁で直角の方向を取って手による防御により部屋の中央部へ向かって歩く．その際，途中で物に触れれば，そこで止まってその物を説明する．たとえば，机，イス，ソファーなどである．可能ならば対象児・者がそれが何かを判断する．その物に触れたら，回れ右をして逆ルートで入口へ戻る．この時，一旦，入口へ戻ることが記憶が促進される意味で重要である．

　図16-2では，2の壁のロッカーまで行き，2の壁で直角の方向を取って手による防御により中央部へ向かって歩く．中央にあるテーブルに触れたら，それを説明する．そのテーブルで直角の方向を取って手による防御により2の壁へ向かって歩き，入口まで戻る．この時，2の壁とテーブル間の距離を理解しておく．

③ 対象児・者の理解度が高ければ入口へ戻らず，他の物，あるいは別の壁まで進んでもよい．

　図16-2では，そのテーブルの周囲を手による伝い歩きで周回し，その大きさ，途中で触れたイスとその数（イス1からイス6）などを説明する．あ

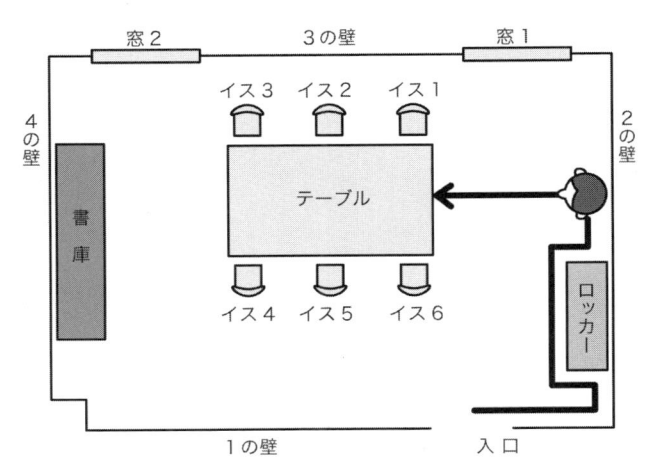

図16-2　室内ファミリアリゼーション2

るいは対象児・者が判断する。
　④上記②とは異なる壁まで歩き，同様に説明する。
　　図16-2では，3の壁の窓1まで行き，3の壁で直角の方向を取って手による防御により中央部へ向かって歩き，テーブルを確認する。
　⑤このように壁まで歩いて中央部へ向かうことで，対象児・者が室内にある全ての物に触れられるようにし，その物と位置を説明する。
　⑥部屋の中央部にある物，その位置と各壁からの距離が記憶できるまでくり返す。

3）方法3――歩行

　入口や各壁と中央部にある物との位置関係が記憶できたら，入口から物へ，壁から物へ，ひとつの物から別の物へと歩行する。それによって，その物，他の物や壁との位置関係の記憶を確認し，対象児・者がその室内を機能的に使用できるようにする。

　図16-2では，「入口からイス2まで行って下さい」「イス4から書庫まで行って下さい」「ロッカーから窓2へ行き，イス3で座ってから入口まで戻って下さい」などがある。

4）注意事項
　①適宜，休憩を入れる（実施に際しての留意事項①参照）。
　②記憶しやすいように壁，窓，物などに番号や名前をつけて区別する（同②）。
　③部屋の周囲の記憶が不十分であれば，中央部へは移行しないなど，記憶が確実になってから，次の課題へ移る（同④）。
　④室内が大きい，対象児・者の記憶力が高くないなど一度で記憶できなければ，記憶できる適度な量に区切って行う。さらに，何度も歩行することで記憶を深める（同④）。
　⑤必要に応じて方角を導入する。

4．廊下ファミリアリゼーション

　廊下ファミリアリゼーションは，その廊下の両側にある部屋の位置関係，廊下の長さや幅などが対象である。この廊下ファミリアリゼーションを連結させて学校や施設内の構造的なファミリアリゼーションが行える。なお，視覚特別支援学校や視覚障害者リハビリテーション施設では，相互の安全性の確保のため児童・

生徒など被指導者は右側通行を基本としているところが多いため，それに則して解説する。

1）方法1――一方の壁側

①廊下の端を基点Aとし，一方の壁側を右の手による伝い歩きで歩行しながら壁側にある部屋の名称と順序（配列）を説明する。必要に応じて部屋の機能も説明する。

　図16-3では，中央廊下の北側の基点Aから西に向かって，手による伝い歩きでその部屋のノブあるいは入口に来たらその名称を説明する。順に，1組教室，3組教室，トイレ，北廊下，図書室，そして突き当たりが西廊下となる。

②手引きによる歩行で基点Aまで戻る。この時，戻りながら反対側の部屋の名称と順序（配列）の説明はまだ行わない。

③基点Aで対象児・者は今記憶した部屋の名称と順序（配列）を口述する。

④記憶が十分でなかったら，手による伝い歩きで確認し，記憶できるまでくり返す。

2）方法2――反対の壁側

①最初の壁側の記憶が確認されたら反対側へ移る。廊下の反対側の端を基点Bとし，右の手による伝い歩きで歩行しながら壁側にある部屋の名称と順序（配列）を説明する。

　図16-3では，中央廊下の南側の基点Bから東に向かって，手による伝い歩きでその部屋のノブあるいは入口に来たらその名称を説明する。順に，南

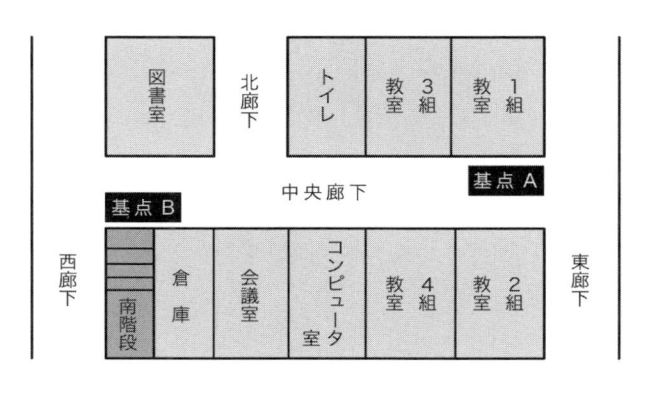

図16-3　廊下ファミリアリゼーション

階段，倉庫，会議室，コンピュータ室，4組教室，2組教室，そして突き当たりが東廊下となる。
②手引きによる歩行で基点Bまで戻る。この時，戻りながら最初に記憶した反対側の部屋の名称と順序（配列）の記憶確認をあえて行う必要はない。
③基点Bで対象児・者は今記憶した部屋の名称と順序（配列）を口述する。
④記憶が十分でなかったら，手による伝い歩きで確認し，記憶できるまでくり返す。

3）方法3——相対関係
①両側の部屋の名称と順序などが記憶できたら，基点Aから手による伝い歩きで歩行しながら各部屋の向かい側はどの部屋かという相対関係を説明する。可能ならば対象児・者が口述してもよい。
　図16-3では，中央廊下の北側の基点Aから手による伝い歩きで，西に向かって歩き，相対関係を説明する。順に，1組教室の向かいは2組教室，3組教室の向かいは4組教室，トイレの向かいはコンピュータ室，北廊下の向かいは会議室，図書室の向かいは倉庫と南階段，そして西廊下となる。
②手引きによる歩行で基点Aまで戻り，対象児・者は今記憶した部屋の相対関係を口述する。
③記憶が十分でなかったら，手による伝い歩きで確認し，記憶できるまでくり返す。
④この相対関係の記憶が確認されたら反対側へ移る。基点Bから手による伝い歩きで歩行しながら各部屋の向かい側はどの部屋かという相対関係を説明する。可能ならば対象児・者が口述してもよい。
　図16-3では，中央廊下の南側の基点Bから手による伝い歩きで，東に向かって歩き，相対関係を説明する。順に，南階段と次の倉庫の向かいは図書室，会議室の向かいは北廊下，コンピュータ室の向かいはトイレ，4組教室の向かいは3組教室，2組教室の向かいは1組教室，そして東廊下となる。
⑤手引きによる歩行で基点Bまで戻り，対象児・者は今記憶した部屋の相対関係を口述する。

4）方法4——歩行
①任意の部屋から他の部屋まで歩行して記憶を確認する。
　図16-3では，1組教室から図書室，倉庫から4組教室，南階段からトイ

レなどである。なお，1組教室からコンピュータ室までの歩行では，1組教室から北側をトイレまで歩き，そこで直角の方向を取って手による防御で南側へ中央廊下を渡り，コンピュータ室へ行くというルートとなる。

5）注意事項
①適宜，休憩を入れる（実施に際しての留意事項①参照）。
②図16-3のように廊下や階段には名称をつけておくとよい（同②）。
③一方の壁側の部屋の名称と順序などが明確に把握できるまで，向かい側の壁へは移行しない（同④）。
④廊下が長い場合は，途中で区切って把握するという分習法で行う（同④）。
⑤必要に応じて方角を導入する。
⑥学校や施設の機能によってはあえて記憶する必要のない部屋もある。

5．ルートファミリアリゼーション

ルートファミリアリゼーションは，ひとつの地点から別の地点までの歩行ルートを対象とするものである。屋外が対象となることが多いが，学校や施設では屋内でもルートファミリアリゼーションが必要になる。食堂などは右側通行，一方通行など通行方法を前もって定めておくことが大切で，それに基づいてルートファミリアリゼーションが行われる。

1）方法
①出発地Aから目的地Bまで（往路）を歩行し，ルートの地図的形状，歩行方法，活用できる手がかり・ランドマークなどを順次指導する。
②その際，必要に応じて，方角，左右，道路名を使用する。
③出発地Aまで手引きによる歩行で戻る。この時，戻りながら，復路のファミリアリゼーションはまだ行わない。
④往路が記憶でき，歩行できるまでくり返す（出発地A→目的地B）。
⑤往路が記憶できたら，目的地Bから出発地Aまで（復路）を同様に指導する。
⑥復路が記憶でき，歩行できるまでくり返す（出発地A←目的地B）。
⑦往路，復路を通して対象児・者が歩行することでルートが記憶できたか評価する。

2）注意事項
①適宜，休憩を入れる（実施に際しての留意事項①参照）。

②曲がり角など主要なポイントでは，ランドマークを含む，付近の状況を説明するのが望ましい（同②③）。
③目的地の発見には両隣の状況もあわせて説明するとよい（同②③）。
④ファミリアリゼーションを行いながら，目的地に着いた後，口頭でそのルートの再説明を行うと記憶しやすい（同③④）。
⑤往路の記憶が不十分な状態で，復路のファミリアリゼーションには移行しない（同④）。
⑥ルートの距離が長い場合，1回で記憶できる量を考慮して区切ってファミリアリゼーションを行う（同④）。
⑦ファミリアリゼーションの記憶確認のため対象児・者がルートを口述する，マグネットなどによって触地図を作成する，文章によるルート記述を行うなどもよい（同④⑤）。
⑧必要に応じて触地図などを補助具として使用する（同⑤）。

6．地域ファミリアリゼーション

　地域ファミリアリゼーションは，一般的カリキュラム（第6章参照）の中の応用的な課題として，主に区画整理された新しい単元としての地域で，指導を開始する際に実施される。道路名・歩道の有無・一方通行などの通行方法・何車線などによる道幅などの道路の特徴，道路の本数と順序，加えて，その地域の形状・特徴を記憶することによって，これから指導地域，あるいは生活地域として使用する地域の概略を把握する。

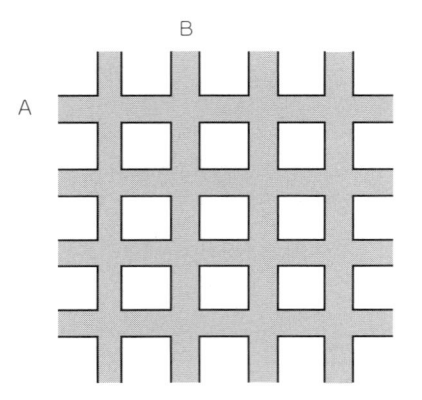

1）方法

①東西，南北の道路のうち，各1本をファミリアリゼーションのための代表として選ぶ。ここでは，その代表としての東西の道路をAとし，南北の道路をBとしておく（図16-4）。
②ファミリアリゼーションのために代表として選ばれた，東西の道路（A）について，道路名，道幅（車線），歩道の有無，通行のタイプ（一方通行か対

図16-4　地域ファミリアリゼーション

面通行か）など，その道路の概略を説明する。
③その東西の道路（A）にそって，その地域の東（あるいは西）の端から歩行し，順に南北の道路についての概略と順序を説明する。
④東西の道路（A）にそって，南北の道路のファミリアリゼーションが終了すれば，その各道路の概略と順序について口頭で述べることにより，記憶ができたかを評価する。
⑤東西の道路（A）にそって，南北の道路の概略と順序が確実に記憶されたらファミリアリゼーションのために選ばれた南北の道路（B）についてその概略を説明する。
⑥南北の道路（B）にそって，その地域の北（あるいは南）の端から歩行し，順に東西の道路についての概略と順序を説明する。
⑦南北の道路（B）にそって，東西の道路のファミリアリゼーションが終了すれば，その各道路の概略と順序について口頭で述べることにより，記憶ができたかを評価する。

2）注意事項

①適宜，休憩を入れる（実施に際しての留意事項①参照）。
②すべて終了すれば，まとめとしてこの地域の概略について説明して対象児・者の記憶を確認する。あるいは，対象児・者が記憶したことや感じたことを口述する（同②③）。
③ひとつの代表としての道路にそったファミリアリゼーション（たとえば，南北の道路）が終了すれば，指導者からのファミリアリゼーション以外の各道路の特徴について，何か感じたことがあれば対象児・者が述べ，それについて，確認・訂正をする。また，必要に応じて始める前に，これらの特徴を自ら見つけるよう働きかけておく（同③）。
④ひとつの代表として選ばれた道路にそったファミリアリゼーションが終了し，その道路の概略と順序が完全に記憶できるまで，次には移行しない（同④）。
⑤南北の道路（B）にそって，東西の道路のファミリアリゼーションから始めてもよい。
⑥対象児・者の能力に応じて，単独で歩行し，交差点の発見，横断を行うのもよい。ただし，これはファミリアリゼーションであるので，この段階で歩行そのものや交差点の発見・横断について指導する必要はない。ファミリアリ

ゼーション終了後，定められたカリキュラムの基に指導を実施する。
⑦対象児・者の能力に応じて，可能であれば，このファミリアリゼーションを自らの力で行うのもよい。すなわち，対象児・者が通行者から援助依頼の形で道路についての概略を得るセルフファミリアリゼーションである。

7．自動車ファミリアリゼーション

　視覚障害児には多くの事物に対して理解し，経験することが欠かせない。その理解促進のために系統的なファミリアリゼーションが必要である。ここでは，その例として，使用頻度の高い自動車に対するファミリアリゼーションを取り上げる。この方法は，電車，バスなどの他の交通機関，その他多くの事物にも適用できる。

1）方法
①自動車の周りを手による伝い歩きで周回することによって，その自動車の大きさ，形状，車種，屋根，ドア，タイヤ，給油口など自動車の外側に関する事項の名称，機能を対象児・者に説明する。同様に，サイドミラー，ドアノブ，ワイパーなど付属物についてもその名称，位置，形状，機能を説明する。
②対象児・者は自動車のドアを開けて助手席に着席する。ドア，ウインドウ，シートベルト，ヘッドレスト，オーディオ，エアコン，ダッシュボード，ミラー，エアバッグなどの名称，機能を対象児・者に説明し，実際にシートベルトの着脱，ドアとウインドウの開閉，オーディオ・エアコンの操作，ダッシュボードの開閉などを行ってみる。
③対象児・者は一旦外に出て，今度は運転席側からドアを開けて着席する。シートベルト，ドアとウインドウ，ハンドル（クラクションを含む），ペダル，ギア，手ブレーキ，計器類，方向指示レバー，エンジン・照明灯・ワイパーなどのスイッチなどを実際に触れながら名称，機能を説明する。
④対象児・者は一旦外に出て，次に今度は後部席側からドアを開けて着席する。シートベルト，ドア，ウインドウなどを同様に説明し，実際に操作してみる。

2）注意事項
①視覚障害児にとって自動車の運転はできないが，運転に関する事項は認識しておく必要がある（第18章遂行困難と未知・未経験の項参照）。
②自動車の周囲と内部に分けて，可能な範囲で触れ，操作しながら詳細に説明

する。
③可能であれば，自動車乗降の方法（第9章参照）についてもあわせて指導するとよい。
④視覚障害児には，多くの車種が経験できるようにする。
⑤中途視覚障害者でも，晴眼時の記憶と相違している場合があるので，必要に応じてこの自動車ファミリアリゼーションを実施する。

【引用・参考文献】
芝田裕一　1985　ファミリアリゼーション―歩行訓練の1課題―　視覚障害研究，**21**，76-100.
芝田裕一　2006　視覚障害児・者に対するファミリアリゼーションの体系及び諸問題　兵庫教育大学研究紀要，**28**，43-51.
芝田裕一　2007　視覚障害児・者の理解と支援　北大路書房
芝田裕一　2015　視覚障害児・者の理解と支援［新版］　北大路書房

第Ⅲ部
視覚障害児,弱視児・者の歩行指導

第17章　視覚障害児に対する指導1
──基礎的能力の内容・指導項目──

　基礎的能力は，知識，感覚・知覚，運動，社会性，心理的課題の5つである。これらを習得しておかないと歩行が不可能とはならないが，歩行指導が能率よく進まず，その歩行がある程度狭い範囲に限定される可能性がある（第1章参照）。つまり，比較的短期間の指導で歩行能力を習得するために，さらに，今後の歩行をより広範囲に展開するためには，この基礎的能力を前もって習得しておくことが非常に重要である。本章では，歩行指導を行うにあたって必要な基礎的能力には，どのようなものがあるか，どのようなものを習得しておく必要があるのかといったその内容，つまり基礎的能力の指導項目を詳細に示す（芝田，1986，1994，2003，他）。

　このうち，知識とは，知的能力と言語的能力を包括したものであり，思考，表現など，他の基礎的能力や歩行能力の習得，ファミリアリゼーションの理解に欠かせないものである。また，感覚・知覚は，歩行に必要な感覚・知覚的情報の入手や分析に関わるもので，歩行能力の環境認知に不可欠で，歩行上の感覚的な手がかりやランドマーク（第1章参照）にはどのようなものがあるのか，どのように利用するかといった習得と知覚の向上を意味している。

　主に知識などの基礎的能力の内容には，晴眼児が模倣などで学習するようなもの，家庭では晴眼児に教えないもの，さらに学校で教科教育の対象となりにくいものなど，いわゆる「常識」的な対象も含まれている。つまり，目の不自由でない指導者にとっては見過ごされやすく，「学習する」必要性を意識しない「当たり前」の内容も忘れず対象としなければならない。

　なお，これらは，視覚障害児の指導にとって大切な対象であるため，本書の構成上，この「第Ⅲ部視覚障害児と弱視児・者の歩行指導」で詳細な内容を示しているが，成人である視覚障害者にとっても重要なものが多い。

1．知識1：左右と方角

1）左右

左右は，ボディ・イメージ（body image, 身体像）に含まれるものであるが，歩行には特に左右の理解が不可欠である（ボディ・イメージの詳細は第18章参照）。

（1）左右以外のボディ・イメージ

① 身体面——身体の上下・前後・横など
② 身体各部——頭，耳，口，首，腕，肘，手，手首，指，もも，足など
③ 身体の動き——身体を横へ曲げる，前進する，跳ぶ，ひざを曲げる，腕をねじる，首をまわす，手を上げるなど

（2）自己中心の左右

自己中心の左右は自己中心的参照系（自分自身の位置を基準とするもの）であるが，次のようなものがある。

① 身体の左右——右ひざを触る，左耳を触るなど
② 事物に関連した左右——右手で箱を持つ，左手でボールを持つなど
③ 左右に関した動き——首を右へ曲げる，右手を左肩に乗せる，左手を頭に乗せる，左手で右腕を触る，右手で左肘を触るなど

（3）他者中心の左右

他者中心の左右は固定的参照系（目じるしを基準とするもの）に含まれるが，次のようなものがある。

① 他者と同方向を向いている場合，自分の左右と他者の左右は同じになる。
② 他者と向かい合っている場合，自分の左右と他者の左右は逆になる。
③ 物の左右では，向かい合っていても，その物の左右は自分の左右と同じになる。たとえば，テレビの右は自分から見ても右となる。

2）方角

方角は抽象的参照系（方角を基準とするもの）であるが，それには，方角の基礎，知識の環境に含まれる地図の理解につながる方角の応用，方角と名称などに関する理解がある。その例を次に示す。

（1）方角の基礎

① 方角と基点——方角には基点（中心）がある。
② 東西南北と自己との相互関係——北に面すれば右が東，左が西，後ろが南と

なる。

（2）方角の応用
①方角の基点の移動化と複数化――基点が移動することで方角が異なる。2人がテーブルを挟んで向かい合った場合，1人から見て南にあるテーブルはもう1人から見れば北にある。
②方角と左右の相互変換――北を向いて歩行し，右折すれば進行方向は東になり，さらに左折すれば進行方向は北になる。

（3）方角と名称
①方角を使った事物の名称――駅の東口・中央口・北口，南廊下，西階段，東館など。
②方角を使った名称と方角の関連――方角を使った名称と進行方向の方角などは直接関係がない。東口改札では西を向いても東口であり，西口とはならないことがある，「西口を北向きに入る」という言い方など。

2．知識2：環境

以下に示す環境に関する多くの事物に関して，その存在の認識，名称（表現）・機能・用途の理解が大切である。

1）歩行環境に関する事項

歩行環境に関する事項は，歩行する上での基礎となり，地図的操作，環境認知などに必要となる。中には，道路端と建物との境界を形成する事物（溝，壁，段差，縁石，ガードレールなど）など道路歩行の基礎となるものも含まれる（第11章参照）。これらは，歩行指導，ファミリアリゼーション，援助依頼などにおいて指導者や他の通行者が使用する用語でもあるため，視覚障害児は認識・理解しておく必要がある。

（1）道路・交差点・交通機関に関する事物とその名称
道路・交差点・交通機関などに関する事物には以下のような多くのものがある。
①道路――歩道，車道，側溝，側溝ふた，排水溝，縁石，エプロン，車乗り入れ口など

　　エプロンとは，歩道の縁石と車道の間にある白い部分であり，その下部に車道上の雨水などを流すための側溝がある。このエプロンと路面の質的な相違や車道の境界部分の段差が足底や白杖によって認識可能な場合がある（図

図17-1　エプロン　　　　　　　　図17-2　ドライブウェイ

図17-3　路面の文字・図形・矢印　　図17-4　すみきり

17-1）。また，車乗り入れ口とは，駐車場など，車の出入りのために歩道の段差が低く，車道に向かってスロープ化したもので，アメリカではドライブウェイ（driveway）という（図17-2）。

②路面——路面の文字・図形・矢印，マンホールなどのふた，鉄板（側溝ふた，工事用など），視覚障害者誘導用ブロックなど

　路面に書かれた文字・図形・矢印には，路側帯・横断歩道を示すなどの白線や「とまれ」などがある。これらは，足底で触覚的に路面との相違や些少な凸状態が認識可能な場合があり，基礎的能力の感覚・知覚と関連がある（図17-3）。

③交差点——交差点，四つ角，すみきり（図17-4），横断歩道と車の停止線の位置関係（車の方が後方に位置，図17-9），三差路，五差路，T字路，Y字路など

④交通機関——駅，ホーム（島型ホーム，両側ホーム，片側ホームなど），ホー

図17-5　インターロッキング

図17-6　駒止めブロック

図17-7　小川・河川（道路に隣接）

図17-8　電柱の支柱

　　ムの柱，ベンチ，白線，売店，跨線橋，切符売り場，みどりの窓口，自動券売機，自動改札機，改札口，停留所など

⑤その他――路地，インターロッキング（図17-5），砂利道，地道，石だたみ，敷石，ガードレール，駒止めブロック（うまのせともいう，図17-6），歩道橋，地下道，階段，橋，坂，段，踏み切り，遮断機，ロータリー，小川・河川（図17-7），芝生，雑草，融雪溝（流雪溝）など

（2）道路上の事物・建物とその名称

　道路上には，公共の事物から障害物，隣接した建物まで多くのものが存在する。それらは歩行する中で目にしたり，白杖で触れたり，また，その名称（表現）を耳にしたりする。さらにそれらがランドマークとなることもある。以下はその例である。

　①道路上の事物――電柱，電柱の支柱（図17-8），交通標識，信号コントロールボックス，街灯，ポスト，消火栓，パーキングメーター，街路樹，自動販

売機，視覚障害者用音響信号，車止め，公衆電話・公衆電話ボックス，バス停留所を示すポール，ゴミ箱，看板，駐停車中の自転車・自動車・トラック，ゴミ袋（ゴミ収集日）など

②道路端にある事物——塀，壁，垣根，石垣，フェンス，柵，金網，シャッター，門柱，玄関マット，門扉のレール，のれん，換気扇，エアコンの換気口，雨どい，花壇，庭，住居表示板など

③建物などに関連する事物——ガレージ，倉庫，空き地，広場，駐車場，駐輪場，公園，商店，工場，アーケード，郵便局，市場，病院，学校，銀行，スーパーマーケットなど

④建物群の総称——住宅街，商店街，ショッピングモール，繁華街，ターミナル，地下街（通路，階段，階段の踊り場などを含む）など

（3）交通規則・ルール

歩行する上で理解が不可欠な交通規則や関連するルールには次のようなものがある。

①主要な規則・ルール——人と車の通行方法（人は右，車は左），横断歩道，一方通行（〜行き一方通行），対面通行（交互通行），右側通行（左側通行），片側通行，歩行者優先，青赤黄の色とゴー・ストップの関係（青と赤に時間差があることも含む），車用信号と歩行者用信号（時間差があることも含む），スクランブル交差点，歩行者と右左折車との関係（通行の優先），音響信号機など

②その他——車線（4車線，6車線など），2車線以上の対面通行の通行方法，車の右左折の方法，車の右左折禁止，横断歩道と車の停止線の位置関係（車の方が後方に位置する，図17-9），通行止め，進入禁止，車のアイドリング，車のバックブザー・音声，車の右左折を示す音声，自転車用道路，一旦停止，歩行者天国，中央分離帯，グリーンベルト，車の追い越しと追い抜き，車の転回禁止，バス優先，立体交差，高速

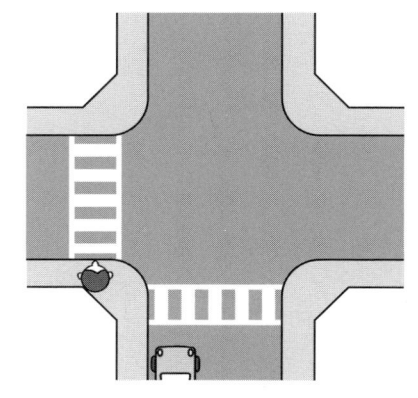

図17-9　横断歩道と車の停止線の位置

道路，インターチェンジなど
（4）材質を主体とした名称
事物は，具体的な言い方とは別に材質として表現されることがある（以下）。これらは感覚・知覚の触覚とも関連している。

アスファルト，コンクリート，セメント，砂利，砂，土，ブロック，レンガ，タイル，トタン，スレート，石，板，モルタル，アルミ，鉄，総称としての金属，ポリエチレン，プラスチック，ガラス，ゴム，ピータイルなど。

2）歩行環境の形状
①道路の形状（水勾配）——道路は一般的に，雨水などを道路端に流すために中央部がややもり上がり，両端へ向かってわずかに下りのスロープになっている。これは水勾配とよばれる。
②交差点の歩道端の形状（スロープ化と円形化）——歩道は交差点に向かってわずかに下りのスロープ（すりつけという）になっており，歩道端の縁石は円形になっている（図17-1参照）。
③交差点における角と歩道の形状——交差点における角と歩道の形状は，以下のように4つに大別できる（図17-10，第11章参照）。

　a．角が90°で一方に歩道がある場合
　b．角が90°で両方に歩道がある場合
　c．角がすみきりで一方に歩道がある場合
　d．角がすみきりで両方に歩道がある場合

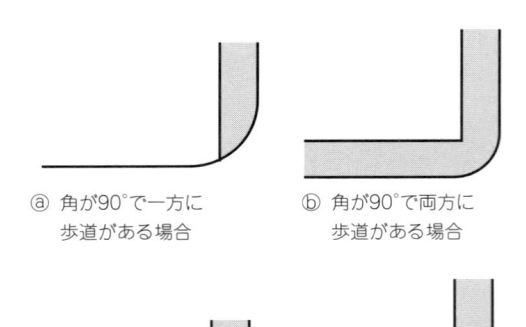

ⓐ 角が90°で一方に歩道がある場合
ⓑ 角が90°で両方に歩道がある場合
ⓒ 角がすみきりで一方に歩道がある場合
ⓓ 角がすみきりで両方に歩道がある場合

図17-10　角と歩道の形状のタイプ

3）歩行環境の概念的な性質と地図
（1）交差点，区画
次のような交差点，区画に関する概念的な性質と特徴の理解が必要である。

①道路には両側がある。たとえば，南北の通りには西側と東

```
         C    D    E    F
道路A ━┳━━┳━━┳━━┳━
       ┃   ┃   ┃   ┃
道路B ━┻━━┻━━┻━━┻━
```

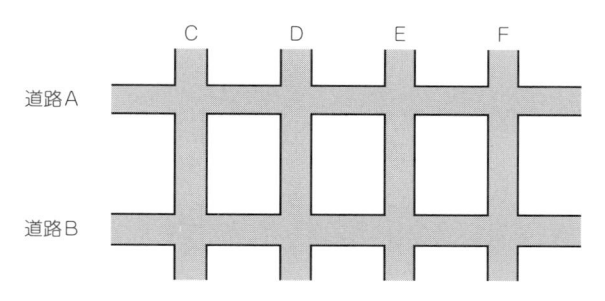

図17-11　道路が交差して形成される区画

側がある。

②交差点は，一般的には2本の道路が直角に交差したところである。

③2本の道路が交差することにより4つの角ができる。

④一般に，四つ角は方角によって区別できる。それらは，北東，南東，北西，南西の各角である。この時の方角の基点は交差点の中心である。

⑤交差点の方角・左右と道路の関係では，たとえば，南東の角に立って北を向いた場合，東西の道路は前に，南北の道路は左にある。

⑥区画は多くの道路が交わって形成される。碁盤の目状の区画とは，ある道路（A）を歩行していて，横断する道路の順序はそれと平行する道路，たとえば，1本となりの道路（B）を同様に歩行して横断する道路の順序と同じである（図17-11）ことの理解を意味する。

⑦道路に名前がついていることがある。なお，視覚障害児・者にとっては，道路に名称がつけられている方が理解が容易である（第16章参照）。

（2）左右，方角と地図

左右，方角と地図の関連では以下のようなものがある。

①環境と左右

　a．道路の往路と復路では左右の側は逆になる。

　b．区画で往路の曲がる方向は復路では逆になる。

②環境と方角

　a．道路は方角によって東西の道路，南北の道路とよばれる。

　b．東西の道路には南側と北側があり，南北の道路には東側と西側がある。

　c．東西の道路の南側に立って道路の方を向いた場合，自分は北を向いている。

d．北を向いて行けば帰りは南を向くことになる。
③メンタルローテーション――心的に地図を回転させること，方角と左右の相互変換に地図を付加したもの。
④メンタルナビゲーション――既知環境における心的地図を心的に探索すること，メンタルローテーションに動きを付加したもの。

（3）ルート作成と地理・地図

以下は，ルート作成と地理・地図に関する必要なことがらである。
①ルートの種類と曲がり角数――出発点から目的地までは複数のルートがある。そのルートによって曲がり角数は増減する。
②逆ルート――往路のルートを元に逆に戻る復路のルートがある。
③ルートの説明――横断する道路の本数と右左折を使用してルートの説明を行う。さらに，これに道路名と方角を加えて，より詳細なルート説明を行う。
④市町村内の主な建物の位置関係
⑤市内の各区やその都道府県内の各市町村の位置関係
⑥主要道路や鉄道・バス路線と各市町村との位置関係
⑦隣接する都道府県や各地方の都道府県の位置関係

3．知識3：言葉・用語

　歩行指導，ファミリアリゼーションは言葉・用語を用いて実施されるため，以下の言葉・用語・表現の理解が必要となる。一部，左右と方角の項目と重複している。
①歩行（動き）――手がかり，ランドマーク，向かう（～へ向かう），行く（～へ行く，～から行く），帰る，戻る，渡る，辿る，伝う，そう（～にそって歩く），～と平行（並行）に歩く，車と同方向に歩く，離れる（～から離れる，～から離れて歩く），出て行く，またぐ，のぼる，おりる，あがる，くだる，くぐる，飛び越す，かけ足，寄る，通る（～を通って行く），通りかかる，過ぎる，越える（～を越えて行く），経る（～を経て行く），経由，～寄りに歩く（右寄りに歩くなど），すれ違う，回避する，迂回する，向きが変わる，折れる，曲がる，曲がり込む，入る，入り込む，回る，回り込む，ぐるっと回る，一周する，周回する，元に戻る，落ちる，落ち込む，落ち込み，段差，迷う，行き止まり，交差する，交わるなど

②位置・方向・方角――方向，左，右，上，下，上方，下方，前，後ろ，前方，後方，右（左）斜め前，右（左）斜め後ろ，斜め向かい（筋向かい，はすかい），右向け右，左向け左，回れ右，向こう，手前，面する，正対する，～の横，～に向かって右（左），時計の文字盤を使った方向（3時の方向，9時の方向など，これをクロックポジションと言う，図17-12，芝田，2007，2015），まっすぐ，真ん中，反対側，～のまわり，前の方へ（右の方へなど），～より～（～より上，～より前），すぐ～（すぐそこ，すぐよこなど），たて，よこ，あっち・こっちなど，4方位（東西南北），8方位（北東，南西など），16方位（東南東，北北西など）など

③幾何――水平，並行，平行，垂直，直角，点線，実線，直線，斜線，曲線，対角線，中央，弧，円形，角度（45°，90°，180°など），三角形，四角形，正方形，長方形，楕円形，長円形，立方体，多面体，円柱，円錐（三角錐，四角錐など）など

④形態――大きさ（大きい，小さい），高さ（高い，低い），厚さ（厚い，薄い），広さ（広い，狭い），わん曲，カギ型，L字型，T字型，コの字型，ななめ，傾斜，ギザギザ，ジグザグ，くぼみ，一列など

図17-12　クロックポジション

⑤距離（長さ，深さ）――遠い，近い，そば，キロメートル，メートル，センチメートル，長い，短い，幅，距離，深い，浅いなど

⑥材質――粗い，滑らか，ザラザラ，固い，軟らかい，ツルツル，デコボコなど

⑦時間――遅い，速い，時間，時，分，秒，テンポ，リズムなど

⑧ルートの説明――出発点から目的地までのルートの文章化，～から～まで～を通って行く，～から～まで～を曲がり～を渡って行くなど

4．感覚・知覚1：聴覚

1）音質の弁別・知覚

屋内外に存在する各種の音を弁別し，知覚する。特に，屋外における多くの音の種類を知り，その弁別・知覚が必要である。以下は，歩行する上で手がかりとなる弁別・知覚の必要な音である。

①白杖が接触することにより発する音——交通標識などのポール，電柱，電柱の支柱，鉄板，駐車中のトラック・自動車・バイク・自転車，ゴミ箱，ポリバケツ，街路樹，各材質（金属，石，木など）など

②歩行環境における音——自動車の走行，自転車の走行，工場，工事，エアコンのファン，人声，水の流れ，ドアの開閉，ペットの鳴き声など

2）音源定位

音源定位には，音源の位置および動いている音源の方向の定位が含まれる。音源定位は左右では比較的定位しやすいが，前後は難しい。特に，真正面の音源は真後ろと誤認，また，その逆で，真後ろを真正面と誤認する可能性が高い。さらに，移動音源の方向定位では，左右の方向とともに，前後の方向，つまり，自分の方に向かってくるのか，自分から離れていくのかの判断が要求される。これは，走行中の自動車回避，道路横断，障害物回避，電車・バス乗降，信号の利用，目的地発見などに必要となる。

（1）音源定位の必要事項

音源定位には，音源までの距離と方向（位置）の判断，移動している音源の移動方向の判断などが必要である。

（2）静止音源の定位と歩行

静止音源の定位と歩行には以下のような例がある。

①障害物回避——立ち話の人声，駐停車中のエンジンのアイドリング音など

②信号のある交差点発見と横断開始位置の定位——停車中のエンジンのアイドリング音

　　ただし，これが必ず信号のある交差点発見につながるとは限らない。横断開始位置の定位では，車の停止線より横断の開始位置の方が前方にあるという停止線と横断歩道の相互の位置関係の認識が必要である（図17-9）。

③目的地発見

④騒音時の歩行
⑤バスの乗車口の発見——バスのエンジン音，ドアの開く音（ただし，ドアの開く音はあまり大きな音ではないので音源は定位しづらい）
⑥電車の乗車口の発見——ドアの開く音（ただし，ドアの開く音はあまり大きな音ではないので音源は定位しづらい）

（3）移動音源の定位と歩行

移動音源の定位と歩行には以下のような例がある。
①走行中の自動車・自転車回避——歩行する道路の走行音が近づいて来るのか・離れて行くのかの判断，およびその音源までの距離の判断など
②道路横断——横断する道路の走行車音が近づいて来るのか・離れて行くのかの判断，およびその音源までの距離の判断など
③信号の利用——走行車音が自分の進行方向と同方向に走る車か・進行方向の前を左右に走る車かの判断，走行車音が直進するのか・交差点で曲がるのかの判断など（ただし，この後者の判断は多少困難である）
④電車の利用——走行してきた電車が自分の利用する電車か・向かい側のホームで反対方向に走行する電車かの判断など

電車の利用で，複線線路を挟んでホームが互いに面しているような駅では，向かい側のホームに入ってきた電車を自分が利用する電車と錯誤する場合がある。この電車の走行方向を定位する場合は，先頭か後尾の電車音を利用する。電車は一般に何両も連結していて長いため，電車が前面を横切っている途中では移動音として捉えづらく，方向の判断は難しい。

3）エコー知覚

エコーは，閉鎖空間で起きるため開放空間との弁別が可能であり，それが手がかりとなって環境の変化や状態を判断することができる。この内容は，エコーの存在と，それがどのような状況でおき，何を意味しているのかを知ることが主である。つまり，エコーがおきている所はそうでない所とでは音質，音の強さ，音量，音の高低などの点でどのように相違しているのか，エコーはどのような場所で起きるのか，そして，エコーがおきているということは何を，あるいは，どのような状況を意味しているのかなどである。

（1）エコー知覚の必要事項

エコー知覚には，エコーの存在の理解，エコーのある所の理解（定位），エコー

がよく起きるような場所の理解，エコーのある所とそうでない所の弁別が必要である。

（2）エコー知覚と歩行
エコー知覚と歩行には以下のような例がある。
①エコー知覚と屋内歩行
　a．廊下を歩行していて曲がり角を判断する。
　b．廊下を歩行していて部屋の戸の開いている所を判断する。
　c．屋外から屋内へ入ったことを判断する。
②エコー知覚と屋外歩行
　a．屋内から屋外へ出たことを判断する。
　b．道路を歩行して，横に今まで続いていた壁や塀（主に背たけ以上の高さ）がなくなったことを判断する。壁などからあまり離れずに平行に歩いた場合はより理解しやすい。
　c．道路を歩行して，横に今までなかった壁や塀（主に背たけ以上の高さ）が現れたことを判断する。
　d．道路を歩行して，入口（屋内）や屋根のある駐車場のような閉鎖空間があることを判断する。
　e．屋外から屋根がついているような空間（アーケード，屋根つきガソリンスタンドなど）へ入ったことを判断する。
　f．道路を歩行して，幅の狭い路地などへ入ったことを判断する。

4）サウンド・シャドウ（sound shadows）

サウンド・シャドウ（音の影）は，音量が変化することによってその音源を遮蔽している物の存在を判断することをいう。たとえば，図17-13で交通量の多い道路の歩道を歩行している場合，一定であった車音量が車道端に停車している大型トラックの横を歩行する時だけ小さくなる。この音量の小さくなった部分をサウンド・シャドウという。ただ，バックにある音源の音量が一定である方が，また，比較的大きい方がサウンド・シャドウの

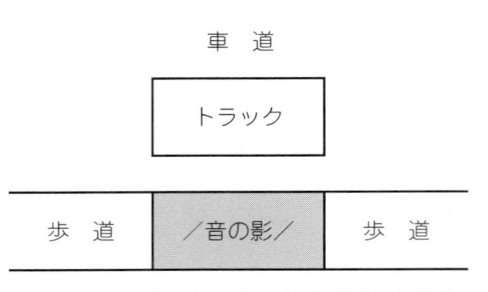

図17-13　サウンド・シャドウ（灰色の部分）

認知は容易である。
　(1) サウンド・シャドウの必要事項
　サウンド・シャドウには，それがある所とない所の弁別，サウンド・シャドウの大きさの判断，どのような物が音を遮蔽しているかの判断が必要となる。
　(2) サウンド・シャドウと歩行
　以下のような例がある。
①交通量の多い道路や工事などの騒音のある道路を歩行して大型トラック，乗用車などの駐車を判断する。
②交差点横断で走行車音が聞き取りにくい場合，曲がり角に駐車などがあることを判断する。

5) セレクティブ・リスニング (selective listening)

　セレクティブ・リスニングは，選択的注意のことで，代表的な例としてカクテルパーティー効果がある。歩行指導での例として，工事などの騒音のある交差点を横断する際，安全性の確保のために騒音に妨害されずに必要な車音の有無，その方向性の判断などがあげられる。歩行との関連では以下のような例がある。
①工事など騒音のある所での道路横断や信号の利用
②騒音のある駅での電車乗降――電車停止の判断，ドアの位置の判断など
③雑踏の中での援助依頼に必要な足音の判断――自分の近くにいるのか，自分の方へ近づいてくるのかなど

6) 物体知覚 (auditory objective perception)

　(1) 物体知覚に関する研究と用語
　全盲児・者の中にはその物に触れないでその存在を認知できる場合があり，これを物体知覚（障害物知覚）という。物体知覚は，1749年フランスの哲学者ディドロ (Diderot) によって学術的対象としてとりあげられたが，それには，感覚説，知覚説，オカルト説などの説があった（佐藤，1988）。その後，ダレンバック (Dallenbach) を中心とするグループが実験によって，物体知覚が聴覚的な手がかりが基礎となっていることを導き出した（Supa et al., 1944）。
　この用語は，現在，アメリカでは，auditory objective perception とされているが，以前は facial vision, obstacle perception, sixth sense of blinds などといわれた。わが国ではこの obstacle perception が訳されて「障害物知覚」といわれることもあるが，視覚障害児・者が認知するのは，障害物だけではないため「物体知覚」

図17-14　大型トラック　　　　図17-15　歩道橋の裏側

と呼ぶのが適切である（芝田，1996）。

（2）物体知覚とエコー

　物体知覚は，エコー知覚の一種であるが，エコー知覚のより高度なものと言える。ただ，これは学習によって習得されるものであるが，成人後に障害を負った者や障害を負ってから年月が比較的短い者では，この物体知覚があまりみられないことから容易に習得できるものではないと考えられる。

（3）物体知覚と歩行

以下のような例がある。
①身長と同じくらいの高さの物を白杖の接触なしに理解する。
②乗用車など中型の車を白杖の接触なしに理解する。
③トラックなど大型の車を白杖の接触なしに理解する。
　　特に，大型トラックの荷台に向かって歩行する場合，荷台が上部に突出しており，白杖が荷台の下に入り込むためその存在を認識できずに上半身などに当たることがある（図17-14）。また，トラックのサイドミラーも同様に危険な高さにある。こういう時，物体知覚が有効である。
④看板，信号のコントロールボックス，歩道橋の裏側（図17-15）など上半身部分の高さに突出した物体を理解する。

5．感覚・知覚2：その他

1）皮膚感覚（触覚）

　歩行指導では，コミュニケーション指導と異なり，触覚（正確には皮膚感覚であるが，ここでは触覚とする）は比較的重要度が低い。基本的に，各材質はどのような感じか，それは言語的にどう表現するのか，さらに白杖を介した場合はどうかなどについて知ることが必要である。なお，触察とは触って観察するという

意味である。次に例を示す。

①手による触察（主に，手による伝い歩きによる）——砂，土，樹木，合板，石，タイル，レンガ，プラスチック，ビニール，金属，アスファルト，コンクリート，ガラス，ゴム，化学タイルなど

②足底・白杖による触察——アスファルト，芝生，砂利，土，砂，レンガ，化学タイル，排水溝・マンホールなどのふた，道路に生じた割れ目などの破損部や凹凸，視覚障害者誘導用ブロック，ノンスリップタイル（ゴム製のすべり止め），触覚的に理解可能な路面に書かれた文字・図形・矢印（図17-3）など

2) 運動感覚

運動感覚は，自己受容感覚ともよばれるが，基礎的能力の運動，歩行能力の歩行技術の習得と駆使や身体行動の制御と関係するものである。運動感覚には次のようなものがある。

（1）手首

①手首の運動感覚——手首の感覚はタッチテクニック，白杖による伝い歩き，障害物回避などの各課題を習得するのに必要である。

②白杖を介しての手首の運動感覚には，次のようなものがある。

　　a．落ち込みの判断——溝，下り階段，ホームなど
　　b．歩道上にいて，車道への落ち込みの判断
　　c．上り段差の判断
　　d．車道にいて，歩道への上り段差の判断

（2）直進

直進方向の維持，直進から偏っているという判断である。

（3）曲がり（右左折を含む）

①受動的な曲がり——白杖による伝い歩きで縁石にそって歩行している際，その縁石が直線でなく，45°，90°など左右に曲がっているという判断，手引きで歩行している際の曲がりに対する判断など

②能動的な曲がり——視覚障害児・者自身の判断による45°，90°などの曲がり

（4）傾斜

①道路の水勾配の判断（前述）
②歩道の交差点付近のスロープ化の判断（前述）

③上り坂・下り坂の判断
④横への傾斜の判断
（5）距離
①受動的な距離感覚――手引きなどにより歩行してどれくらいの距離かの判断
②能動的な距離感覚――視覚障害児・者自らが歩行してどれくらいの距離かの判断
3）その他
（1）嗅覚
嗅覚は，あまり主要な感覚ではないが，歩行中の手がかりとなることがある。それらには，喫茶店，各種料理店，パン屋，理髪店，魚屋，花屋，化粧品店，香りのする草花などがある。
（2）平衡感覚
バランスなど平衡感覚は，運動感覚とともに，基礎的能力の運動，歩行能力の身体行動の制御に関係するものである。
（3）視覚
弱視児・者にとって，程度の差はあるが，保有視覚は非常に有効な基礎的能力である（第21章参照）。

6．運動

運動は，感覚・知覚の運動感覚，平衡感覚と関連が深く，歩行能力の歩行技術の習得と駆使および身体行動の制御に関する指導の基礎となる。
1）歩行運動
以下は，望ましい歩行運動の例である。
（1）内股と外股
①足が極端に内股，または外股にならずに歩行し，つま先がほぼ進行方向を向いている。
②片足だけが極端に内股，または外股にならずに歩行する。
（2）立脚期と遊脚期
歩行は，立脚期と遊脚期に2分される（図17-16）。立脚期は，足と地面が接触を保っている間で，踵接地，足底接地，立脚中期，踏み切りの4つに細分化される。歩行の1サイクルの60％を占める。遊脚期は，足が地面から離れている間で，

加速期，遊脚中期，減速期の3つに細分化され，1サイクルの40％を占める（明石，1983）。機能的に，そして，見た目に不自然でない歩行運動としては以下がある。

　①立脚期が，踵接地，足底接地，立脚中期，踏み切りと4段階に分かれており，足底全体が一気に接地せず，踵から地面に接触し，つま先で地面を蹴る感じの歩行をする。
　②遊脚期に入った足が地面を離れており，摺り足をしない歩行をする。
　③足の運びにあわせて，軽く手が振れる。

　なお，歩行中，左右の足がともに地面と接している時期（二重支持）があるが，これは一側では踏み切りの時期，他側では踵接地と足底接地の間に起きる。歩行の定義は二重支持があることで，走行には二重支持がない。

図17-16　立脚期と遊脚期
この図では右足が立脚期（立脚中期）で，左足が遊脚期（遊脚中期）

2）姿勢

機能的で，見た目に不自然でない姿勢としての身体，首の位置には以下のようなものがある。

　①身体——自然立位，つまり体操の「気をつけ」の姿勢，極端な側わんにならないこと，極端な円背（ねこ背）にならないこと
　②首——左右前後に傾斜せず，ほぼ正面を向いていること

7．社会性

社会性は，基礎的能力の知識，運動感覚，運動と関連する。歩行指導では特に援助依頼時に大切である。また，日常生活動作の指導と深く関係している。以下は，社会性の内容（自然で適切なもの）を示している。

　①表情・視線——視線やアイコンタクトは人声などの音源定位や握手（運動感覚）などが手がかりとなる。
　②マナー（言葉づかいなど）・身ぶり（おじぎ，会釈など）・礼儀
　③身なり（整髪や化粧などの容姿，服装など）

8. 心理的課題

心理的課題は，能力と呼ぶにはふさわしくないかもしれないが，やはり，歩行指導に欠かせない基礎的能力である。これらは，歩行能力の指導全体において影響する。特に，つまずきの指導には大きな関連がある。

①知的活動
　a．知的理解──基礎的能力における知識，社会性などの理解度を含む総合的な理解で，知的活動の基礎となる
　b．学習能力──知的理解を基幹とする指導課題の理解，記憶の保持といった教育的な能力
　c．推理力──歩行能力でいう環境認知，つまずき後の修正時の定位に必要な能力

②意思
　a．自立心──社会参加のための大きな目標で，歩行では「自ら歩こう」「歩きたい」という意思
　b．学習意欲──自立心を具現化するための心理的な活動

③生理・性格
　a．注意力──感覚・知覚的刺激に対して適切に反応する注意力
　b．反応時間──感覚・知覚的刺激に対する反応時間
　c．不安・自信──単独歩行に対する不安感・恐怖感，あるいは自信・自己効力感
　d．判断力・決断力──歩行中に多くの手がかりやランドマークを総合的に理解して適切な行動を起こすための判断力・決断力

【引用・参考文献】
明石　謙　1983　運動学　医歯薬出版
Diderot, D.　1749　*Letter sur les aveugles, à l'usage de ceuxqui voient* 1749　Alondres.　吉村道夫・加藤美雄（訳）　1949　盲人書簡　岩波書店
Lowenfeld, B.　1971　*Our blind children: Growing and learning with them*（3 rd ed.）Charles C Thomas Publisher, Springfield, Illinois.
佐藤泰正（編）　1988　視覚障害心理学　学芸図書
芝田裕一　1986　視覚障害児の歩行のための基礎訓練・指導項目―単独歩行をめざして―　視覚障害研究，

23, 7-41.
芝田裕一（編）　1994　視覚障害者の社会適応訓練第2版　日本ライトハウス
芝田裕一（編）　1996　視覚障害者の社会適応訓練第3版　日本ライトハウス
芝田裕一　2003　視覚障害者のリハビリテーションと生活訓練第2版―指導者養成用テキスト―　日本ライトハウス（自費出版）
芝田裕一　2007　視覚障害児・者の理解と支援　北大路書房
芝田裕一　2015　視覚障害児・者の理解と支援［新版］　北大路書房
Supa, M., Cotzin, M., & Dallenbach, K. M.　1944 "Facial vision" the perception of obstacles by the blind. *The American Journal of Psychology*, **57**, 133-183.

第18章　視覚障害児に対する指導2
——基礎的能力の指導——

　基礎的能力は，障害を負って視覚障害となった時から開始される豊富な経験に基づく指導が欠かせない（芝田，1987）。したがって，先天性の視覚障害であれば誕生時からの開始となる。また，この基礎的能力の指導は，全盲児だけでなく，弱視児に対しても同様に適用できる。なお，指導対象は，前章（第17章）で示した基礎的能力の各項目であるため，各々で対照されたい。

1．指導の背景となる概念とその習得過程

　基礎的能力の指導の背景となる一般的な概念とその習得過程（概念形成）を考える。基礎的能力の指導項目には，一般的に，「学習して記憶したもの」というより「見慣れているもの」「聞き慣れているもの」という表現がふさわしいと思われる対象が多い。つまり，基軸に「習慣化」の要因があり，それは，母国語の習得過程に酷似している。この考え方が，視覚障害児に対する基礎的能力の指導における基本であり，重要である。

1）概念
（1）概念の意味

　同様の具体的な経験がくり返されると，それらは意識され，記憶となっていく。その類似性や機能性によって共通項目が抽出され，抽象化，一般化して認識されたものを概念という。イメージは知覚対象のシンボル化・象徴化として成立しているが，概念は知覚対象そのものではく，知覚対象の意味的統合であり，その対象の抽象化，一般化，心的イメージといえる。また，概念を記号化したものが言語であるということもできる。なお，概念は，英語では，コンセプト（concept）というが，日本語でいうコンセプトは，「全体を貫く基本的な考え方，主張」を表すことが多く，本来の意味とは齟齬がある。

（2）概念化（概念習得）の過程と様相

　概念習得，つまり概念化の過程について，クラウスマイヤーら（Klausmeier et al., 1974）は，①具体的水準（concrete level），②同一性水準（identity level），③類別的水準（classificatory level），④形式的水準（formal level）の4つを示している（宮本，1982）。また，リドンとマッグロー（Lydon & McGraw, 1973）は，①具体的水準（concrete level），②機能的水準（functional level），③抽象的水準（abstract level）の3水準で説明している。

　概念化には，その前提として，「具体的水準」において多くの事物やことがらに関する経験が不可欠となる。その後，それらが十分になったところでそれを基に「同一性水準，類別的水準」あるいは「機能的水準」にステージを進めることができる。そして，最終的に「形式的水準」あるいは「抽象的水準」に至る。

2）知識の概念化と習得過程
（1）概念化の形態

　芝田（1984, 2007, 2009）は，視覚を主体として検討した場合，対象である事物によって概念化される形態を次のA，およびBの2つに大別化している。

　Aの形態は，視覚が概念化に効果的である形態で，名称・機能・用途とともに視覚によって成り立ち・理由などの意味も理解される。この形態による概念化は視覚によるため，容易にそして速く形成される。歩行に必要な基礎的能力の知識では，「環境」の中の「歩行環境に関する事項」「歩行環境の形状」（第17章参照）が主に該当する。

　一方，Bの形態は，視覚が概念化にそれほど効果的でない形態で，名称・機能・用途は理解されるが，成り立ち・理由などの意味は当初は認識されにくい。しかし，経験による気づき，および教育を通して徐々に理解されていく。成り立ち・理由などの意味の理解促進には視覚が効果的に作用する場合がある。歩行に必要な基礎的能力の知識では，「左右と方角」，「環境」の中の「歩行環境の概念的な性質と地図」，それに「言葉・用語」（第17章参照）が主に該当する。

（2）Bの形態の概念化

　幼児・児童（晴眼児）にとって，Aの形態の概念化は視覚によって比較的容易であるが，Bの形態の概念化はそれほど単純で容易に進められるものではない。Bの形態の概念化は，地域においてある目的地へは複数のルートが存在することの習得を例とすると以下のような過程を経ると考えられる（芝田，1987；寺本・

大西，2004)。

　幼児・児童は，生活地域の区画の成り立ちや地図の意味を理解する以前から，つまり，空間概念が形成される前から道路を歩行してその地域の既知化を進める。その過程で，ある地点からある地点へ決まったルート（第1のルート）の歩行をくり返す中で，道に迷った後に修正・定位するといった試行錯誤的な行動経験，家族や友人など，他者の歩行ルートの模倣や他者からの教授という，より積極的な働きかけを通して偶然的あるいは必然的に第2のルートを学習し，これをまた反復して使用する。同様の理由で第3，第4と新しいルートの経験（概念化の過程の具体的水準・機能的水準）により，ある時，ひとつの事実「ある場所から他の場所へは複数の方法（ルート）での歩行が可能である」（概念化の過程の抽象的水準）に到達し，それにその成り立ち・理由などの洞察（気づき）や他者からの意味づけによって概念化が進展する。

　このような既知化された具体的な地域での活動（歩行など）の反復と，その過程で成り立ち・理由などの洞察（気づき）や対象によっては家族（家庭）・教師（学校）などによる指導的意味づけを通して，地図などの空間概念が形成されると考えられる。このBの形態による概念化の方略は，視覚に比較的非依存の状態でも可能であるため，視覚障害児に対して有効である。ただ，晴眼児と比較すると経験における能率や経験の量に制約があるため，他者による適切な指導や働きかけが欠かせない。

2．指導における基本的考え方

　視覚障害児に対する基礎的能力の指導における基本的な考え方を次に述べる。

1）指導のあり方

　ここでは「指導」としているが，いわゆる「指導」ではなく，実際には日々の視覚障害児への「働きかけ」「対応」「周囲の配慮」などを主題とする場合もあるため，主に就学前の段階では「勉強・学習」的ではない面がある。主眼は，既知となる対象の増加，および知的好奇心の高揚である。

2）指導に携わる者と指導方法の考え方

　指導に携わる者は，就学前は家族・幼稚園教員・保育士などであり，就学後は教員・家族などとなる。つまり，常時指導に携わる者は家族である。したがって，ここで示す指導方法は，家族という非専門家を主対象とすることを目的とし，さ

らに，歩行指導の非専門の教員などにおいても容易に実施できることも目的としている。そのため，専門的な講習会などの受講がなくても実施できる平易なものを主体としている。既存の専門的といえる指導方法には，特別な用具によるもの，短期習得型として示されているものなどいくつか紹介されている。しかし，これまでの事例の現状（指導結果）や長期的視野に立脚した場合，これらの指導方法では望ましい結果が見られないことが多い。

　家族や非専門の教員を対象とする平易な指導方法とはいえ，ここで示すものは，筆者の経験・研究（芝田，1984，1987）や他の指導者による事例などから時間は要するものの視覚障害児の基礎的能力習得における確実で有効なものである。また，これまでに述べてきたように，多くの対象を経験することが概念化には不可欠であるため，長期間をかけた着実な指導が欠かせない。

3）指導方法

　指導方法は，視覚以外の言語を含む感覚・知覚（聴覚，皮膚感覚，嗅覚，運動感覚など）を主体とする。以下が具体的な指導方法である。詳細は後述する。

（1）状況の提示と必要に応じた機能の説明――語りかけ

　たとえば，基礎的能力の知識の中の「環境」では，当初（幼少時）は，このような事物が道路上にある，道路はこのようになっている，ここはこういう材質でできている，こういう場合はこういうように表現するといったように，理由よりも名称などを語りかけの状態で提示し（状況の提示），可能ならば触れさせる。また，必要に応じてその機能・用途を簡単に説明する。

　主に就学前では，習得程度を評価することなく，一方的な提示・説明となる場合が多いが，それで十分である。この段階では，どちらかと言えばひとつのことに対する深い理解よりもより多くのことにふれること（提示と説明）が必要である。これはヘレン・ケラー（Helen Keller）の教育にもみられるように古くから取り組まれており（Sulivan，1973），実践する指導者の負担はあるが，重要な方法である。

　また，指導は指導者主体による時だけでなく，視覚障害児がその事物に遭遇・経験した際にも提示・説明を心がけたい。さらに，状況や用語に関しては，大人の基準でその難易度を判断せず，視覚障害児が事物に触れる，用語を聞く機会を大切にする。基礎的能力の指導では日々の小さな積み重ねを心がけることが非常に重要である。

（2）家族など周囲の用語の使用――家族間の会話

家族など周囲の者が事物などを指し示す具体的な言葉や用語，方角などを使用することで，聴覚的な学習を高める。

（3）主体的な行動

周囲の者が安全性を確保した上で視覚障害児が主体的に自由に動くことでより質の高い経験とする。

（4）機能性を主体とする指導

（1）と関連するが，その対象にふれた当初は「〇〇（名称）とはこういう意味である」よりも「こういう状況，状態を〇〇とよぶ」という方法で行う。したがって，当初は「なぜか」という理由による定義的な解説という指導ではなく，機能性を主体とする事例（実態）を具体的に体験させることを重視する。その後，適宜定義などの解説を行う。

（5）視覚的イメージが介在する対象の指導

色彩などその理解に視覚的イメージが介在していても，そのイメージに左右されず，視覚障害児にとって，晴眼者と同様，入手した情報に対して適切な応答，つまり，社会の習慣に則した応答ができるよう指導する。

（6）具体的な対象との連合

左右，方角，地図などには具体的な対象，たとえば，既知の教室内の事物と連合（具体的な対象に置き換え）させ，基礎とすることで理解を促進させる。

4）指導の留意点

（1）楽しい学習――カリキュラムは定めない

指導対象である基礎的能力の各項目は日常的なものであり，さらに量的に膨大である。あえてカリキュラムは定めず，生活の中でその指導項目に関することに遭遇した時点，あるいは，その指導項目が必要になった時点で，指導を行う（環境主導型指導法，第4章参照）。

指導順序が定められているカリキュラムのような指導は，ややもすれば視覚障害児（特に就学前）にとってストレスとなりがちである。この方法によって指導された方が視覚障害児にとって楽しいし，理解も容易となる。カリキュラムが定められている方が指導者にとって指導しやすいが，視覚障害児の視点に立脚してこの方法をとりたい。そのため，指導者には常に基礎的能力の各項目すべてに対する認識と指導する意識が必要とされる。

（2）日常的なくり返し――概念化

　視覚障害児は，概念化の過程でふれる物があまりに多くないため，事物によってはなかなか「抽象化」や「一般化」の水準に達しない。晴眼児の視覚による自然な独習量は膨大なものである。彼らが自然に学習（独習）したものを視覚障害児には人工的に経験させるという方法によって指導が行われる。ところで，日本語の基礎は，文法的解説を経ずに，多くの他者（主に大人）の言葉（日本語）を常時，聞き，時には意図的に反復させられ，修正させられるという過程をくり返すことによって習得される。そこには，模倣による学習化の要因，くり返しという強化の要因，修正というフィードバックの要因が加えられ，渾然となっている。文法（規則性）はその過程で自発的に創造されていく（内田，1999）。この日本語の習得過程のように，基礎的能力の習得にはその各項目を日常的に聞く，触れる，体験するなどのくり返しが重要である。

（3）情報の処理（刺激の認識・理解）――データ駆動型処理と概念駆動型処理

　外界情報の処理には，①データを基にボトムアップ的に処理されるデータ駆動型処理と，②概念（先行知識）を基にトップダウン的に処理される概念駆動型処理がある（Lindsay & Norman, 1977）。実際は，両者が混在した形態で情報が処理されているが，晴眼児（者）と比較すると視覚障害児（者）においては，データ駆動型処理は容易ではない。したがって，一般的に概念駆動型処理が可能となるように，知識の概念化が確実に行われることが重要である。

（4）遂行困難と未知・未経験

　視覚障害児にとって，行動や言語におけるつまずき・誤り・認識不足などの遂行困難なことには，次の点で留意が必要である。まず，遂行困難の理由が「既知・経験済みであるが，遂行困難である場合」と「未知・未経験あるために遂行困難である場合」とがある。この後者の場合とならないよう指導が必要である。

　また，視覚に障害があることから利活用しづらい，あるいは利活用不可である対象があるが，これらも未知・未経験の状態としておくのでなく，既知となるよう指導する。つまり，「見えないから使えない」ような対象でも「知らなくて良い」ことはないのである。したがって，総合的に未知・未経験の対象がないよう，多くの対象が既知となり，経験できるような配慮の基に，指導が進められなければならない。

（5）気づかせ，考えさせる指導

すでに一度以上経験している対象など，可能であれば視覚障害児に気づかせ，考えさせ，答えさせるよう働きかける。ただし，年齢によっては評価されているという面が強く出ないような配慮が必要である。それは意欲や好奇心の低下の遠因となりかねないからである。

（6）指導環境・補助具

独歩できない年齢から抱いて屋外へ出，語りかけていくことは当然，行われるが，より活発に行われなければならないのは，独歩できる状態，コミュニケーションができる状態になってからである。また，主に就学後には，指導項目によっては触地図，模型，剥製などの補助具が活用される。

（7）就学後の指導

就学後などで理解が進めば適宜，意味，定義，因果などの指導・解説が行われる。上記（1）〜（6）はこれらの指導・解説が促進されるための基礎となる。また，これらの指導・解説のうち，教科対象となるもの以外に関する配慮が大切である。つまり，主に「Aの形態（視覚が概念化に効果的である形態）」の対象となる事項は「常識」であり，「当たり前」となっていることから教科の範囲に挿入されていないことが多い。そのため，教員によってそれらに関する指導・解説について配慮・考慮しておくことが重要な点となる。

（8）各指導内容・方法の年齢別実施時期

前述の各指導内容（以下①〜⑥）の実施時期を年齢別の4段階に分類して示す（芝田，2015）。

①状況の提示と必要に応じた機能の説明——語りかけ
②家族など周囲の用語の使用——家族間の会話
③主体的な行動
④機能性を主体とする指導
⑤視覚的イメージが介在する対象の指導
⑥具体的な対象との連合

段階1（0歳，あるいは視覚障害となった時から開始・その後継続）…①，②
段階2（ハイハイができる時から開始・その後継続）…③（①，②に追加）
段階3（コミュニケーションがとれる時から開始・その後継続）…④，⑤（①，②，③に追加）

段階4（就学後から開始・その後継続）…⑥（①，②，③，④，⑤に追加）

3．知識に関するつまずき

　以下は視覚障害児や先天性視覚障害者における基礎的能力の知識に関するつまずきの例である。このようなつまずきからどのような点に留意して指導を行う必要があるかが読み取れる。

1）左右
　ボディ・イメージから自己中心の左右という水準までは，あまり問題なく学習できるが，他者中心の左右のレベルでつまずきとなることが多い。すなわち，「向い合った他者の左右は自己の左右とは逆になる」という事実である。

2）方角
　例として，方角に関する視覚障害児の疑問・質問を次に示す。
①方角の基礎──「A室の東側の壁はなぜ，接している廊下の西側の壁なのですか？」（図18-1），机をはさんで視覚障害児と向い合わせにすわっていて「私がもし後ろを向いたら，なぜ先生と同じ方角を向いていることになるのですか？」（方角の基点が理解されていない）
②方角の応用──「南北廊下の南の端にあるB室の出入口をなぜ北口というのですか？　南口ではないのですか？」（図18-2），「この駅の東口は改札を出る時は東向きだから東口というのは分かりますが，帰りは西向きに入るのにやはり東口というのはなぜですか？」（方角を使った事物の名称の意味が理解されていない）

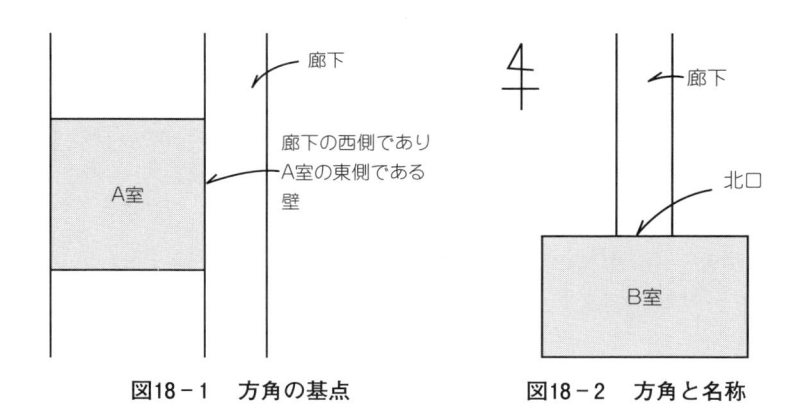

　　　図18-1　方角の基点　　　　　　図18-2　方角と名称

③「先生は，なぜ方角，方角と言うのですか？両親は使っていません」（教員や家族も率先して方角を使用する必要がある）

3）環境

以下のようなつまずきの例がある。

（1）歩行環境に関する事項

①すみきりとなっている角——これを知らず，横断後に間違える。たとえば，図18-3でA地点から西へ横断後，B地点に着く。そこで，角を白杖による伝い歩きで歩くが，すみきりの知識がないためC地点ですでに西に曲がり込んだものと思い，D地点さらに曲がって点線のように行かなくてはならないが，実線のように歩行してしまう。

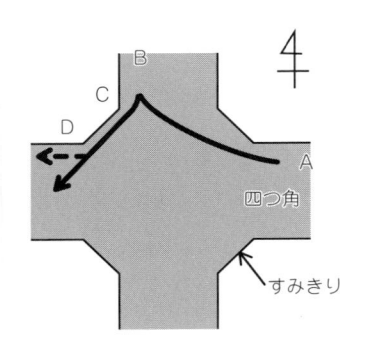

図18-3 すみきりとなっている角

②車乗り入れ口——これを交差点の歩道の切れ目と間違える。

③横断歩道と車の停止線の位置関係（車の方が後方に位置，第17章参照，図17-9）を知らず，車音が真横に聞こえる地点を横断開始地点と間違える。

④歩行指導，ファミリアリゼーションにおいて指導者や他の通行者が使用する用語の中で知らない，あるいは理解できないものがあるため，歩行指導やファミリアリゼーションが滞る。

（2）歩行環境の形状

歩道端の円形化——これを知らず，道路の中央へ出てしまう。たとえば，図18-4で，A地点から東に点線のように横断しなくてはならないが，歩道端の円形化を知らないため縁石で直角の方向をとって実線のように歩行してしまう。

（3）歩行環境の概念的な性質と地図

①往復と左右——往路に右へ曲がれば，その角は復路は左に曲がらなければならないが，往路と同様，右へ曲がる。

②「道路の右側を歩く」という意味が理解できない。

③道路と方角——「東西の通りというけれど，なぜ東西の通りというのですか？」という視覚障害児の疑問・質問がある。これに東西に人も車も歩行・走行するからという説明では十分な解答にならない。横断する時，南北にも歩行するからである。習慣的に道路は，視覚的に線とみなしてこのように表

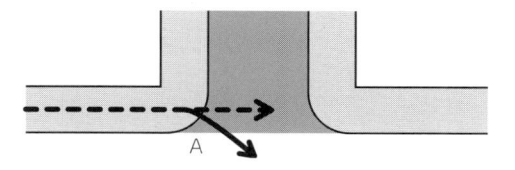

図18−4　歩道端の円形化

現されていることが理解されていない。
④東西の通りになぜ，南側と北側があるのかが分からない。

図18−5　交差点と方角

⑤交差点と方角——南北（A通り）と東西（B通り）の南西の角に立って「今，立っているところが，A通りとB通りの南西の角なのに，ここにある建物の北東の角？」という視覚障害児の疑問・質問がある（図18−5）。動いていないのに北東と南西では大きく異なるからである。交差点，地域を方角で区別する際の基点の位置が理解されていない。
⑥今の地点（南西の角，図18−5）からB通りを北へ渡れば北西の角ということ，また，南東の角で北を向けばA通り，B通りはそれぞれどの位置になるのかといったことが理解できない。

以上のことに関連して，アイゼンバーグ（Eisenberg, 1968）は，視覚障害児にとって理解が難しい課題（つまずき）として次の4つをあげている。これらには方角も含まれているが，基礎として環境に関する知識が十分でないことから問題化しているものである。

①交差点を横断してもその横断した道路は左右に続いている。つまり，横断した道路は交差点部分しか存在しないと考えてしまうのである。
②交差点における道路と角との関係，たとえば，南東の角に立って北を向いた場合，東西の道路は前に，南北の道路は左にある。
③交差点に4つの角があり，方角で区別する（北東，北西，南東，南西）。
④ひとつの場所から他の場所へ行くためのルート作成をする。

4）言葉・用語

歩行指導，ファミリアリゼーションにおいて指導者や他の通行者が使用する言葉や用語の中で知らない，あるいは理解できないものがあるため，歩行指導，ファ

ミリアリゼーションが滞る。

4．知識の指導

　語りかけなど視覚障害児に対して話す用語は，既述のように視覚障害児がその言葉にふれる機会を大切にするため，大人の基準でその難易度を判断せず，日常的なものであれば，視覚障害児にとっては多少難しいと思われても使用することが重要である。

1）状況の提示と必要に応じた機能の説明——語りかけ

①視覚障害児と遊ぶなど接している時に語りかける。たとえば「これが口」「ここを手首と言う」，実際に曲げさせて「膝はこんなに曲がる」「こっちに歩いてきて」「バンザイしてみよう」「こっちが右手」「これがお母さんの左肩」などがある。

②視覚障害児がたまたまある動きや行動をしたのを見かけた時に語りかける。例として，たまたまその子が頭の方へ手をやった時に「それが頭」，肘を曲げているのを見た時に「肘，曲げてるの？」，その他にも「あとずさりしているの？」「左手でおもちゃに触っているの？」「ここはお母さんの右側」などがある。また，はっきりとコミュニケーションができるようになれば，「どっちが○○ちゃんの左手？」「お母さんは，どちらの肩にバッグをかけてるの？」というようにゲーム的にたずねてみたり，より詳細な部位，動きなどを指導する。

③抱く，手をつなぐ（就学前は必ずしも手引きの基本姿勢にこだわることはない，芝田，2007），手引きで屋外へ出た時，目についたものについて提示・説明をし，また，その物の方へ本人の手をとって指さしをする，手や足で触れるのもよい。

　　a．左右と方角の例——「右に電柱がある」「北へ向って歩いている」「東の方に神社が見える」「行く時，北を向いて行ったから，今は南を向いて帰っている」「この道は東西の道路だ」「南東の角から○○通りを渡って南西に行った」「ここは駅の東口だ」「西廊下を通って○○へ行こう」など

　　b．環境の例——「歩道を歩いて行こう」「この角は三差路だ」「こんなところに駐車場がある。ここは車を止めておくところだ」「ひとつ目の交差点は曲がらずにまっすぐに行く」「これは理髪店の看板だ」「きょうは別の道

から行ってみよう」「昨日は交差点を3回曲がったけれど，今日は2回しか曲がらなかった」「交差点に立つと，四方が見わたせる」「今日は，遠回りをした。いつもより時間がかかった」など

④年長など，理解が進めば，「どの道から行こうか？」，「これは何だと思う？」「今はどの道を歩いていると思う？」「これで何回，四つ角を曲った？」というように視覚障害児に考えさせるのもよい。その他，社会見学の形で，銀行，郵便局，図書館，デパート，商店街，繁華街などへ出かけ，機能や様子を経験させることも取り入れておく。

⑤地理・地図については，遠方から親せきや親の友人などが来たり，旅行に出た時などにその都市名や県名，どれぐらい遠いかなど話題にするのもよいし，単に隣接する市区町村へ出かけた時に語りかけるという方法もとれる。

⑥言葉・用語では，方向，位置，動きに関するものは，感覚的（主に聴覚，触覚）刺激も同時に提示するようにすれば，より理解しやすくなる。たとえば，車の走行音に伴なって，「こちらに向かってきた」「離れていった」「走り去った」「曲がった」「急停車した」「通り過ぎた」「追い越した」「すれ違った」「車と同方向に歩いている」などがある。

⑦あちら，こちらといった指示語は，一般的に視覚障害児・者には使用しないのが望ましい。しかし，これは，これだけでは方向や位置が理解できないというのが理由であって，決して，こういう用語を知らなくてよいというわけではない。このため，視覚障害児には，前述の感覚的刺激を伴なわせて経験させておくことが大切である。

2）家族など周囲の用語の使用——家族間の会話

家族間や保育の場で，周囲が視覚障害児に語りかける時以外でも，積極的に「左右と方角」「環境」「言葉・用語」に関する事項などを使用する。「ここが痛い」とか「そこのボタンがとれている」「あっちにある」などと指示的な言い方だけでなく，明確に身体の各部や名称や左右を使用する。たとえば，「すねの上の方が痛い」「袖口のボタンがとれている」「新聞は右の方にある」「駅の東に店ができた」「南側の窓を開けよう」「散歩で公園の周囲をぐるっと回ってきた」などである。

3）主体的な行動

エイカーンとヴィゴローソ（Eichorn & Vigoroso, 1967）は，視覚障害児に屋

内外を問わず，探索させることの重要性およびそれに必要な環境的配慮をあげている。はいはいまでは語りかけ（提示・説明）と，おもちゃなど各種の聴覚，触覚，嗅覚を中心とした刺激が主である。はいはいができるようになれば，前述の語りかけとともに周囲の者が安全性を確保した上で視覚障害児が自由に主体的に行動できるようにすることが重要である。主体的に行動することによって，自ら触れた対象は深く印象づけられ，知的好奇心が高揚するなど，質の高い経験や意義深い学習が可能となる。主体的な行動が脳の発達に有効であるのはヘルドとハイン（Held & Hein）の子ネコの実験でも確認されている（今田ら，1991）。

4）機能性を主体とする指導

以下のような手続きで，視覚障害児が「交差点」「複数の道路が平行になる」「区画」「区画を一周して元に戻る」などとはどういう構成・意味なのかについて，考え，気づくように働きかける。筆者は，盲学校卒業者に対してこの「機能性を主体とする指導」で理解が促進された事例を報告している（芝田，1984）。

この事例では，この指導法によって，指導に使用していた道が他県にある自宅まで繋がっているという事実に気づく，歩行ルートの選定が可能となるなど，それまで不安であった歩行に自信を持ち，その後，電車乗降も可能となるなど大きな向上がみられた。さらに，筆者は盲学校生徒に対しても同様，成果があった指導経験を持っている。以下は就学後を対象とした指導例である。

（1）区画についての指導例

図18-6で東西通りのMを西から東に歩行し，横断する南北通り（A，B，C，Dの順）はファミリアリゼーションにより既知とする。

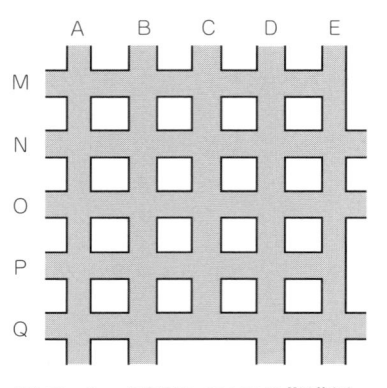

図18-6　区画についての指導例

①手引きにより，Mより南にあり，それと平行（意味的ではなく，音韻的な「ヘイコウ」でよい）のNを西から東に向かってDまで歩き，各交差点に来た時，順にA，B，C，Dであることを伝える。Mと同様という点を意識させる。

②同様に，Mと平行でNよりひとつ南のOを歩いて，同じように伝える。あるいは学齢によっては各交差点に来た時に南北通り名を質問する（解答できなければ

③同様に，Mと平行でOよりひとつ南のPを歩いて，同じように質問する。
④以降，P以南で同様に実施する。
こういう要領で継続していくことにより，正解が導き出せる。

（2）T字路についての指導例

T字路では，「T」の形から指導することはせずに，「T字路とはこういう状態のところをT字路と呼ぶ」というように指導する。したがって，T字路は「T」の意味は説明せず，音韻的な「ティージロ」として指導する。ひとつのT字路で以下の3セットの指導を行う。

①図18-6でMをAからEへ向かって歩き，Eとの交差点に来た時，「MはEで終わり，これ以上東（直進）へは行けないが，北（左）と南（右）には曲がれる。こういう交差点をT字路（ティージロ）と言う」と告げる。
②手引きによりEをNから北上し，Mとの交差点まで来たら，「北（直進）へは行けるし，西（左）へは曲がれるが，東（右）へは行けない（曲がれない）。こういう交差点をT字路（ティージロ）と言う」と告げる。
③手引きによりEを南下してMとの交差点まで来たら，「南（直進）へは行けるし，西（右）へは曲がれるが，東（左）へは行けない（曲がれない）。こういう交差点をT字路（ティージロ）と言う」と告げる。

同様に，CとQ，EとPなどでも同様の3セットの指導を行う。こういう要領で継続し，適当な時期で「こういう交差点を何と言うか」という質問を行なうことにより正解が導き出せる。

5）視覚的イメージが介在する対象の指導

視覚的イメージが介在する対象の指導については，ものを見た経験がなく，視覚的記憶を持たない視覚障害児や先天視覚障害者を対象として論を進める。

（1）視覚障害児と視覚的イメージ

視覚障害児・者の中にはその会話や文章に，バーバリズム（後述）状態ではない視覚的な表現が含まれているものが多数みられる。たとえば，ヘレン・ケラー（Helen Keller）は視覚的に描写された優れた文章を著している（Keller, 1966）。それは，視覚障害児・者が努力して習得したものであって，晴眼者と同様の視覚的イメージの保持によるとは考えにくい。また，視覚障害児や先天視覚障害者がみる睡眠中の夢には視覚的なものがあると言われているが，これも視覚的な表現

法の習得に基づくものであろう。実際には，視覚障害児・者の夢は聴覚，皮膚感覚，運動感覚などが主体となったものであると考えるのが自然であり，実際，筆者は視覚障害児・者からそのような夢の報告を多く受けている。

（2）指導の考え方

色彩など視覚的イメージが介在する対象は，そのイメージがなければ会話などのコミュニケーションは困難と判断されがちである。しかし，実際にはそうではないことを多くの視覚障害児・者が実証している。たとえば，視覚障害児にとって色彩に関する視覚的なイメージの認識は非常に困難である。しかし，色彩に関する会話などは，習慣・常識などに則った感覚的，情緒的な言葉が用いられておれば社会的には十分であるため，色彩の視覚的なイメージの理解はあまり重要ではない。「きれいな夕焼けですね」という表現に対して「そうですね。まるで燃えているようですね」という応答は経験や指導によって視覚的イメージの介在がなくても習得できる。

したがって，大切なことは，視覚的イメージの指導ではなく，視覚的イメージが介在する対象に関して入手した情報に対して適切に応答できる自然な会話や文章表現などのコミュニケーションが可能となるように経験的に指導することである。これは，全盲児だけでなく，弱視児に対しても同様である。

6）具体的な対象との連合

具体的な対象と連合させることによって左右，方角，地図を学習する指導方法である。つまり，具体的な対象に置き換えて左右，方角，地図を学習するのである。これは，就学後の段階での実施が望ましい。これによって，自分が移動しても他は動かないこと，左右や方角は変化することなど，自己中心的参照系（自分自身の位置を基準とするもの），固定的参照系（目じるしを基準とするもの），抽象的参照系（方角を基準とするもの）の理解を高める（地図の指導については第19章参照）。なお，以下の例では指導の対象は視覚障害児のAとする。

（1）左右

① 人を具体的な対象とする例——図18-7のようにAの前にB，後ろにC，右にD，左にEが立ち，Aはその位置関係を確認・記憶する。Aが回れ右をした場合のAからみた左右の状況，つまり右にE，左にDというようになることを学習する。何度かくり返してこの状況が理解されたら，Aが右を向いた場合，左を向いた場合などと順次行う。A以外は視覚障害児でもよいし，

晴眼児や教員などでもよい。また，全員が視覚障害児の場合は次にB，C…と中心位置を交代して行う。この指導方法についてはミシガン盲学校も類似のものを示している（芝田，1991）。

②事物を具体的な対象とする例——教室でAの前に教卓，後ろに黒板，右に机，左にイスを置き，Aはその位置関係を確認・記憶する（図18-8）。Aが右を向いた場合，そこから回れ右をした場合などでAからみた事物の

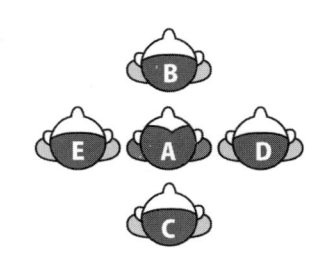

図18-7　人を具体的な対象とする指導例

位置関係がどのように変化するかを学習する。同様にAが左を向いた場合，そこから回れ右をした場合の事物の位置関係を学習する。

また，Aが教卓を手による伝い歩きで歩行し，90°動いて教卓の右へ来た時の黒板の位置（黒板は左），90°動いて教卓の左へ来た時の黒板の位置（黒板は右），180°動いて教卓の向こう側へ来た時（黒板の方を向いている）の黒板の位置（黒板は前方）などの確認も行う。

（2）方角

既知でその内部の事物の位置関係に習熟している教室を使用する。その教室の中央にAが立ち，前方で北は黒板，右で東は廊下，左で西は窓，後ろで南はロッカーを確認し，その位置関係と左右と方角の連合を記憶する。Aが左を向けば前方は窓であり，右は黒板，後ろは廊下，左はロッカーとなる。それぞれの方角との連合から，自分は西（窓）を向いており，右は北（黒板），後ろは東（廊下），左は南（ロッカー）と理解できる。

これは，自宅の自室，自宅前の道路など既知の環境においても同様に実施可能

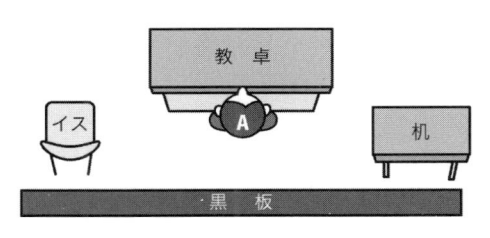

図18-8　事物を具体的な対象とする指導例

である。さらに，この方法は視覚障害児・者だけでなく，晴眼児・者においても可能な方法である。また，（1）左右の①，②の例に方角を連合させることもできる。

7）ボディ・イメージとその指導

クラティー（Cratty, 1971）はボディ・イメージについて詳述しているが，そのスクリーニングテストも明らかにしている（Cratty & Sams, 1968）。就学前の段階では，このテストをあえて実施する必要はないが，ボディ・イメージの指導内容の例として参考になる。これは質問形式になっているが，それぞれを指導項目と考え，この内容やこれらに類することをゲーム的に取り入れるなどして指導するとよいであろう。

また，ボディ・イメージの指導には指導者の身体を触らせて確かめたり，模倣したりするのもよい（五十嵐，1993）。その他，運動を主体とするムーブメント教育は，ボディ・イメージ（body image，身体像）に身体図式（body schema）や身体概念（body concept）を加えた総合的な身体意識の向上に有効とされている（Frostig, 1970）。

これはテストであるのでイスにすわったり，マットで飛んだりしているが，指導の場合必ずしもこれに則る必要はない。用語は「触れる」を「触る」などに言い換えるとよい。クラティーらは類別的に5段階に分けているが，指導としてはこのような枠に必ずしもこだわる必要はないなど対象児に応じてアレンジするとよいであろう。なお，このテストが盲学校小学部生に対して行われた調査では，正答率は全体で85.1%という結果が報告されている（牟田口・金子，1983）。各々では，（1）身体面が93.2%，（2）身体各部が81.5%，（3）身体の動きが85.2%，（4）自己中心の左右が90.6%，（5）他者中心の左右が76.9%であった。

（1）**身体面**（body planes）

①身体の認識（子どもは立っている）

　a．頭の上に触れて下さい。b．足の裏に触れて下さい。c．身体の横（側面）に触れて下さい。d．身体の前（お腹）に触れて下さい。e．背中に触れて下さい。

②外面，水平面，垂直面に関する身体面（子どもはマットの上に寝たり，立ったりする）

　a．体側がマットに触れるように寝て下さい。

b．次に，動いて，身体の前面がマットに触れるようにして下さい。
　　c．次に，動いて，背中がマットに触れるようにして下さい。
　　d．壁を手で触れて下さい。そして，動いて，体側が壁に触れるようにして下さい。
　　e．壁を手で触れて下さい。そして，動いて，背中が壁に触れるようにして下さい。
　③身体面と事物との関係（子どもは箱を持ってイスにすわっている）
　　a．箱が体側に触れるようにして下さい。b．箱が身体の前（お腹）に触れるようにして下さい。c．箱が背中に触れるようにして下さい。d．箱が頭の上に触れるようにして下さい。e．箱が足の裏に触れるようにして下さい。
（注：「身体面」では，身体の前，後，横についての知識が主題になっている。横についてはまだ左右の分化は入れず，単に身体の横（体側）という知識である。）

（2）身体各部（body parts）

　①身体各部の認識：単純（子どもはイスにすわっている）
　　a．腕に触れて下さい。b．頭に触れて下さい。c．脚に触れて下さい。d．肘に触れて下さい。e．膝に触れて下さい。
　②顔の各部（子どもはイスにすわっている）
　　a．耳に触れて下さい。b．鼻に触れて下さい。c．口に触れて下さい。d．目に触れて下さい。e．ほほに触れて下さい。
　③身体の各部：複雑（四肢の各部，子どもはイスにすわっている）
　　a．手首に触れて下さい。b．太ももに触れて下さい。c．腕（前腕）に触れて下さい。d．腕（上腕）に触れて下さい。e．肩に触れて下さい。
（注：原文では，前腕や上腕となっているが，このような用語はわが国ではやや専門的であるため，就学前ではともに「腕」でよいであろう。）
　④身体の各部（手指の各部，子どもはイスにすわっている）
　　a．親指を示して下さい。b．人差し指を示して下さい。c．小指を示して下さい。d．中指を示して下さい。e．薬指を示して下さい。
（注：ここでは，身体の各部の名称の学習が中心である。この他にも一般的に使用頻度の高いと思われる部位が対象となる。）

（3）身体の動き（body movement）

①身体の動き：静止状態での胴体の動き（子どもは立っている）

　　a．身体をゆっくりと後ろの方へ（向こう側へ）曲げて下さい。そして止まって下さい。

　　b．身体をゆっくり前の方へ（こちら側へ）曲げて下さい。そして止まって下さい。

　　c．身体をゆっくりと横へ曲げて下さい。そして止まって下さい。

　　d．膝をゆっくり曲げてしゃがんで下さい。そして止まって下さい。

②身体面に関した動き（子どもは立っている）

　　a．前進して私の方へ歩いて下さい。そして止まって下さい。

　　b．後退して私から離れて歩いて下さい。そして止まって下さい。

　　c．ジャンプをして下さい。そして止まって下さい（着地後）。

　　d．横飛びをして下さい。そして止まって下さい（着地後）。

　　e．反対側へ横飛びをして下さい。そして止まって下さい（着地後）。

③四肢の動き（子どもは立っている，または，マットにねている）

　　a．肘で腕を曲げなさい。　b．腕（手）を上へあげなさい。

　　（仰向けに寝たままで）

　　c．膝を曲げて下さい。　d．腕（肘）を曲げて下さい。　e．腕（肘）をまっすぐにして下さい。

（注：これらの「身体の動き」以外にも，首，肩，手首，指，股，足首などの動きや，動きの中にも，ねじる，回す，倒すなどと表現されるものがある。ここでは身体の各部がどのように動き，それがどのように表現されるのか，また歩行，跳躍といった動きもあることが対象となっている。この「（3）身体の動き」は，「（2）身体各部」までよりやや高度になっている。なお，ここではまだ左右は含まれていない。）

（4）自己中心の左右（laterality）

①身体の左右：単純な方向（子どもはすわっている）

　　a．右膝に触れて下さい。　b．左腕に触れて下さい。　c．右脚に触れて下さい。　d．身体をゆっくり曲げて左足に触れて下さい。　e．左耳に触れて下さい。

②事物に関した左右（子どもは箱を持ってイスにすわっている）

a．箱が身体の右側に触れるようにして下さい。b．箱が右膝に触れるようにして下さい。c．左手で箱を持って下さい。d．身体をゆっくり曲げて箱が左足に触れるようにして下さい。e．右手で箱を持って下さい。
③身体の左右：複雑な方向（子どもはすわっている）
　　a．左手で右手に触れて下さい。b．右手で左膝に触れて下さい。c．左手で右耳に触れて下さい。d．右手で左肘に触れて下さい。e．左手で右手首に触れて下さい。

（5）他者中心の左右（directionality）
①他の人々の左右（子どもは立っている）
　（検査者は子どもと向かいあってすわる。子どもの手は検査者の身体各部に触れている。）
　　a．私の左肩をたたいて下さい。b．私の左手をたたいて下さい。c．私の身体の右側をたたいて下さい。d．私の右耳をたたいて下さい。e．私の首の左側をいて下さい。
②事物の左右（子どもは箱を持ってイスにすわっている）
　　a．箱の右側に触れて下さい。b．箱の左側に触れて下さい。c．左手で箱の右側に触れて下さい。d．右手で箱の左側に触れて下さい。e．左手で箱の左側に触れて下さい。
③他者の動きに関する左右（子どもはすわっている）
　　a．（検査者は子どもの横に同方向を向いてすわる。子どもの手は検査者の肩に置かれている。検査者が右側へ曲げて）私は左右どちらに曲げましたか？
　　b．（aと同様の態勢で，検査者が左側へ曲げて）私は左右どちらに曲げましたか？
　　c．（検査者は子どもに背を向けてすわる。子どもの手は検査者の肩に置かれている。検査者が左側へ曲げて）私は左右どちらに曲げましたか？
　　d．（cと同様の態勢で，検査者が右へ曲げて）私はどちらに曲げましたか？
　　e．（検査者と子どもは向かいあって立っている。検査者が左へ動いて）私は左右どちらに動きましたか？
（注：この「他者中心の左右」のレベルは，なかなか困難なもので本当に理解するのはケースによれば就学後になるであろう。）

5．感覚・知覚の指導

　感覚・知覚面，主に聴覚，触覚（皮膚感覚），運動感覚，嗅覚については，その各刺激にはやくから気づかせるように配慮する。特に，屋外には感覚的刺激が多数存在しているため，それらについて，感覚・知覚と連合させた「状況の提示と必要に応じた機能の説明（語りかけ）」を行う。内容によっては，「知識」を随伴させて指導する。具体的には，第17章で述べた感覚・知覚の内容（指導項目）を実際の環境を選定して対応する。

　その指導には，①指導者が教える，②視覚障害児とともに考える，③視覚障害児が答えるなどの方法が含まれる。また，音の種類・位置・動き，手や足底で触った物の名称，においってきた物の名称などを指導者と当て合うゲームもいいだろう。なお，すでに述べたように，話す用語は視覚障害児にとって聞く機会が大切であるため，視覚障害児にとっては多少難しくても日常的なものであれば使用していきたい。

1）聴覚

（1）音質の弁別・知覚

①白杖が接触することにより発する音——白杖を差し支えのない物体に接触させて発する音を確認し，その物体を実際に触察して名称・機能・用途などを指導する。たとえば，「白杖が電柱に触れるとこんな音がする」などである。

②歩行環境における音——手引きなどによる歩行で周囲の音を確認し，名称・機能・用途などを指導する。可能な物体は実際に触察する。たとえば，「今，走ったのは自動車だ」「自転車が通り過ぎた」「人の足音がする」「水の音がする。川かな？」「車がバックする音だ」などである。

（2）音源定位

①静止音源の定位——手引きによる歩行などで，立ち話の人声，駐停車中のエンジンのアイドリング音，工場の音，音響信号などの音に気づいたら，a．その音は何か，b．その音は何を意味するか，c．それまでの距離はどれくらいかを指導する。たとえば，「これは自動車が停車している音だ」「向こうで鳴っているのは踏み切りだ」「（水音に）この音は何かな？」などである。

②移動音源の定位——手引きによる歩行などで，人の足音，自動車・バイク・自転車の走行音などに気づいたら，a．その音は何か（自動車，バス，トラッ

クなど），b．その音は近づいて来るのか・離れて行くのか，c．それまでの距離はどれくらいか，d．それは何を意味するか（交差点，駐車場など）を指導する。たとえば，「自動車が近づいてくる」「前を人が歩いている足音が聞こえる」「今，追い越していったのは自転車だ」「車が近づいてきた音をどちらが早く分かるかな？」などである。

③交差点における移動音源の定位——交差点のひとつの角に立って，車の流れ（直進，右左折など），走行車音が自分の進行方向と同方向に走る車か・進行方向の前を左右に走る車か，走行車音が直進するのか・交差点で曲がるのかなどを指導する。たとえば，「車が一斉に発進した」「今，自動車が右に曲がっていった」「（バスが通過して）今の車音はどんな車かな？」などである。

④駅における移動音源の定位——ホームに立って，走行してきた電車が自分の利用する電車か・向かい側のホームで反対方向に走行する電車かなどを指導する。たとえば，「今，右からこのホームに電車が入ってきた」「今，入ってきた電車は向かい側のホームだ」などである。

（3）エコー知覚

エコー知覚での指導は，①エコーの存在を知ること，②エコーが起きている所はそうでない所とでは音質，音の強さ，音量，音の高低などの点でどのように相違しているのか，③エコーはどのような場所で起きるのか，④エコーが起きているということは何を，あるいは，どのような状況を意味しているのかが対象となる。たとえば，①屋内を手引きなどによって歩行して曲がり角に来た時，「ここに曲がり角がある」，②閉鎖空間と開放空間のある環境を手引きによる歩行で，「今，屋内から屋外へ出た」「屋根のある駐車場へ入った」などである。

（4）サウンド・シャドウ（sound shadows）

サウンド・シャドウでは，その違いを明確に理解・意識するよう指導することが必要である。これは指導によって，対象児によればより小さな面積の遮蔽物でも理解することが可能となろう。

①指導の例——手引きによる歩行などで車道にトラックが停車している時，交差点横断をしようとして角に駐車がある時（図18-9）などである。

②サウンド・シャドウにおける注意事項

歩行指導時，a．走行中の自動車回避の際，b．交差点横断の際，c．信号の利用の際などのような場面（主にその指導課題の指導初期）で，指導者が視覚障

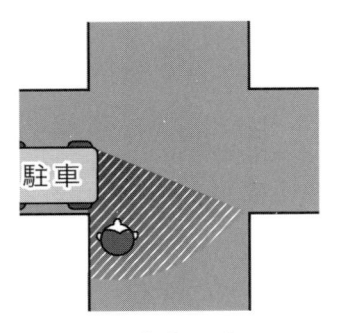

図18-9　駐車サウンド・シャドウ（斜線がサウンド・シャドウとなる）

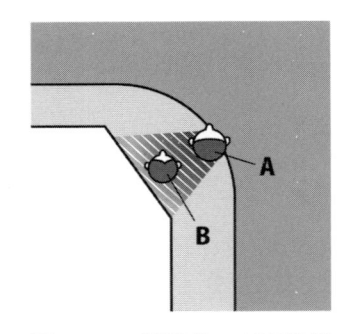

図18-10　指導者Aが車道側にいることでサウンド・シャドウ（斜線）となる例

害児・者と音源の間に位置して自分がサウンド・シャドウとなり，視覚障害児・者の聴覚における障害とならないように注意しなければならない。ただし，応用段階の場合はこの限りではない。また，サウンド・シャドウの指導以外に，指導・レクリエーションなどにおける手引き時，指導者が視覚障害児にとってサウンド・シャドウとならないように（視覚障害児が車音などを聞くための障害とならないよう）配慮する（図18-10）。ちなみに，これは歩行指導時の歩行訓練士の立つ位置においても必要な配慮である（第6章参照）。

（5）セレクティブ・リスニング（selective listening）

セレクティブ・リスニングは，その音に集中することが必要となるため低年齢児では難しい場合がある。たとえば，工事など騒音のある所で「今，自動車が走ってきた」，交通量の多い交差点で「今，曲がっていった車があった」などである。

（6）物体知覚（auditory objective perception）

物体知覚は，短期間に習得するのは容易ではないが，特に指導を受けた経験がなくてもそれを習得している視覚障害児・者が多いことから，その存在と可能性を意識づけておくことが大切であろう。

2）触覚（皮膚感覚），運動感覚，嗅覚，視覚

触覚などにおける「状況の提示と必要に応じた機能の説明（語りかけ）」の例として，「今，踏んでいるのは点字ブロック（視覚障害者誘導用ブロック）だ」（触覚），「白杖でじゃり道に触れるとこのような感じだ」（触覚），「今は登り坂を上がっ

ている」（運動感覚），「花屋の香りがする」（嗅覚）などがある。なお，運動感覚に関連する指導は次の運動の項でまとめてふれる。

6．運動の指導

1）運動におけるフィードバック

晴眼児が視覚遮蔽状態でバランスや姿勢を保持できるのは，8歳以上にならないと難しいといわれているが（Woolacott & Shumway-Cook，1989），運動や運動感覚・平衡感覚と視覚は深く関係している。一般に，四肢や体幹などの運動の基礎となる運動感覚は，視覚からの適切なフィードバックなしには有効な知覚とはなりにくく，視覚への依存度は少なくない（芝田，1986）。

運動感覚だけでは，首，肩，肘，手首などの動きが適正なものか分かりづらく，視覚によるコントロールやフィードバックによるところが大きいが，運動感覚は視覚を遮蔽した状態で身体意識に貢献できるというグッドウィン（Goodwin）の指摘があるようにその独立性や向上性は可能である（樋口・森岡，2008）。

視覚障害児・者には，視覚に代わる他者からの適切な言語的，あるいは実際に身体に触れることによる行動的なコントロールやフィードバックによって自然な運動面の習得の可能性はあるが，難しさのある指導分野である。視覚障害児の運動的発達は，晴眼児と比較すると遅れているところが多いが（五十嵐，1993），指導には晴眼児の発達過程が参考になる。

指導は，教員，指導者，家族などが指導時に限らず「鏡の役目」を担い，歩行運動（すり足をせず，立脚期と遊脚期に分かれていること），姿勢・首（姿勢が自然立位であること，首が左右前後に傾斜せず，ほぼ正面を向いていること）などについてコントロールやフィードバックを行うことが大切となる（芝田，1994）。また，身体の動きを誘発し，動機を得やすい環境整備も大事である（香川，2005）。これらの考え方は，基礎的能力の運動や歩行能力の歩行技術の習得と駆使および身体行動の制御にも関係する重要なものである。

2）視覚障害児の防衛姿勢とファミリアリゼーション

視覚障害児の歩行姿勢について，中村ら（1990）は背筋の前傾，頭部の斜前方への屈曲，腕の振りがない，肘関節の伸展，股関節の小さい伸展と屈曲が晴眼児との比較において見られるとしている。また，歩行運動は摺り足で，歩行の立脚期が踵接地，足底接地，立脚中期，踏み切りの4段階に分離されていないケース

がみられ，文部省（1984），矢野ら（1978），五十嵐（1993）なども視覚障害児の姿勢の総合的な拙劣さを指摘している。加藤はその原因として運動量の絶対的不足と運動経験の制限をあげている（佐藤，1991）。

しかし，それだけではなく，新規の環境に対するファミリアリゼーションの欠如や不十分さも大きな要因である（芝田，2006）。つまり，新規の環境の把握が不完全であることから起きる衝突，落下などの危険な経験をすることによってこのような視覚障害児に特徴的な防衛ともいえる姿勢が自然と獲得されたのである。

したがって，新規な環境での行動にあたっては始歩の時期からファミリアリゼーションの実施が大切で，その他，視覚特別支援学校，特別支援教室を持つ通常学校などへの入学時，交流教育実施校などの初利用時などにおいても適切なファミリアリゼーションが行われなければならない（芝田，2007，2015）。

7．社会性の指導

社会性は，歩行に限らず，ICF でいう「参加」における人間関係に不可欠な内容である。特に，礼儀や挨拶は非常に重要で将来の就労などにおいても欠かせない。たとえば，教室で先生に後ろから声をかけられたら，適切に答えるだけでなく，その先生の方を向いて答える，イスに座っていたら立って答えるなど，教育場面や日常生活の中で習慣化していくようにする。また，目上に対する丁寧語や尊敬語などの言葉遣い，適切なお礼や謝罪なども同様である。

社会性には，アイコンタクトを含む被依頼者に正対する能力があるが，これには被依頼者の声などから判断される聴覚，握手から判断される運動感覚を活用する。すなわち，被依頼者の声を両耳で捉えることによって顔や視線を被依頼者の方へ正確に向ける，また握手によって被依頼者と自身の手や手首を適正に位置づけることによって被依頼者に正対するのである。さらに，キャロル（Carroll，1961）も指摘しているように適切な会話の能力（適切な表情・身振り・声量，相手の意図の理解など）も大切である。

8．心理的課題の指導

心理的課題は基礎的能力ではあるが，他の能力とは異質で，歩行能力の指導の中においてもその向上が目標とされる。発達途上にある視覚障害児の場合，心理的課題自体がまだ不十分となる面があるのはいたしかたないが，これが十分な状

態にあるかどうかが単独歩行の指導を開始するための判断材料となる（第20章参照）。また，これは人格形成としても必要である。以下，心理的課題の指導とその留意事項をあげるが（第4章，第5章参照），これらは成人である視覚障害者にも共通している。

1）情緒的安定と心理的課題

心理的課題の根底には視覚障害児だけでなく，障害児全体にとって大切となる情緒の発達と安定がある（Lowenfeld，1971）。それには，家族が視覚障害児を誇りに思う心情，家族による視覚障害児に対する適切な賞賛，家族における障害の理解・受容などが養育態度に反映されていることが重要となる。

さらに，視覚障害児の情緒的安定は，自立活動（第1章参照）でもひとつの柱とされているように大切であるが，それには，支援・指導として視覚障害児に接する際の家族・教員など周囲の者の情緒的安定も忘れられてはならない。これらは，視覚障害児だけでなく，障害児全体にも言えることであり，心理的課題における家族に対する支援・指導の大切な基礎理念のひとつである。

このような育みが視覚障害児の主体性，協調性，共感性などにおける望ましいパーソナリティー，自己概念，人間関係を構築するための能力などに結びつき，就労を含む社会生活における精神的自立，社会的自立，経済的自立などの基礎となる（芝田，2007，2015）。

2）知的活動

（1）知的理解

知的理解に関することとして選択能力があるが，これは歩行指導の進め方に大きく影響する。知的理解は高学歴であるほど，その程度は高い傾向にあるが，ケースによって例外もみられる。また，知的障害を伴う重複障害児・者に対しては，指導において平易な用語の使用，理解の確認などの一層の配慮が必要となる。

（2）学習能力

学習の内容は，歩行指導として指導される知識に関するものと運動に関するものに大別される。つまり，知識的学習能力と運動的学習能力である。ケースによっては前者の能力は高いが，後者は劣るといったように，両者の程度において均一な能力を示さない場合もある。

3）意思
（1）自立心
　歩行指導は，視覚障害児・者の自立心に立脚して実施されるもので，「指導者が歩かせる」ものであってはならない（第5章参照）。しかし，指導を受けるに際して強固な自立心があっても指導の習得度，課題の困難度など，あるいは他の個人的，社会的要件によってその自立心に揺らぎがみられることがある。そのため，指導者などによる適切なケースワーク的，心理的な支援が欠かせない。

（2）学習意欲
　学習意欲は，自立心を持つ視覚障害児・者が歩行指導を希望し，その受講にあたって学習意欲を保持しているはずである。しかし，心身の状態によってあまり高い意欲を示さない時もある。その時，意欲が向上するよう，達成感が持てる指導課題の提示，指導時間の短縮などの配慮，励ましなどによる心理的な配慮が必要となる（第4章，第5章参照）。

4）生理・性格
（1）注意力
　注意力は歩行全体に必要であるが，特に，安全性の確保に不可欠なものである。したがって，注意力が低いケースであれば，環境によっては歩行が不可となるなど歩行地域が限定されることになる。

（2）反応時間
　溝，階段，ホームなどで白杖による落ち込みの認知，走行中の自動車回避，交差点横断などで接近してくる車音の認知などにおける，すみやかな反応は安全性の確保には欠かせない。

（3）単独歩行に対する不安感・恐怖感，あるいは自信・自己効力感
　視覚に障害がある場合，基本的に単独歩行には不安感や恐怖感が随伴する。歩行指導の開始当初は，当然，対象児の不安感・恐怖感は高いことが多い。そのため，指導ではこれを低減するため多くの配慮が必要となる（第5章参照）。

（4）判断力・決断力
　ケースによれば，この判断力・決断力が遅すぎる，あるいは早すぎることによって，安全性の確保や能率性の検討が不十分になることがあり注意が必要である。

9. 総合的留意事項

1）歩行指導に関する留意事項
歩行指導に関する基礎的能力の指導の総合的な留意事項は以下である。
（1）内容の指導順序と難易度
ここで示した指導方法によって第17章で示した内容をすべて網羅するように心がける。内容の指導順序はあまり重要ではない。また，視覚障害児にとってはやや難しいと思われるような用語でも，機会を捉えて「提示・説明（語りかけ）」を行う。難しいかやさしいかは大人の判断であって，子どもには最初は単なる音のつながりにすぎないものである。当初はバーバリズム（verbalism，実態を理解せず，定義的な言葉だけによる理解を意味する）の傾向となるかもしれないが，積み重ねていくことで解消される。なお，バーバリズムはすべての子どもが言葉を学習する際に通過する状態であり，視覚障害児に特化したものではない。
（2）日常的な積み重ね
語りかけ的な提示・説明は，視覚障害児の周囲の者の独り言のようになってしまうことがあるが，日々積み重ねていくことが非常に大切である。
（3）耳慣らし的な意味合い
多くの情報の中で自ら学習，訂正できない視覚障害児には，1回の情報の貴重さや正確な用語の必要性を重要視する。就学前では，知識などの内容は本人に発音させてもよいが，一般的にはそれよりも耳慣らし的意味合いが強い。
（4）公共交通機関の利用
マイカーの普及によって公共交通機関の利用は減少していると言われている。しかし，視覚障害児にとって手引きにより公共交通機関を利用することは，切符購入・改札の通過・アナウンス・公共交通の構造などにふれる機会であり，基礎的能力について多くの学習・経験を可能とするものである。
（5）歩行能力の指導との併用
歩行指導は歩行能力と基礎的能力の指導で成り立っている。つまり，歩行指導には，歩行能力だけでなく，基礎的能力の指導も含まれている。歩行能力の指導時においても必要に応じてこの基礎的能力の指導が継続される必要がある。
（6）指導計画
指導対象の大部分は屋外に存在しているため，屋外での指導計画が立案されな

ければならない．知識，感覚・知覚などでは，グループでの活動やゲーム的な活動をもり込むことが大切である．また，運動，社会性，心理的課題は日々の生活や教育活動の中で視覚障害児の意識を高揚させるようにする．

（7）手引きによる歩行

就学後はもちろん，就学前であっても可能であれば手引きによる歩行の方法を習得し（芝田，2007，2015），必要な環境では適正な手引きによる歩行によって基礎的能力の指導を行う．

（8）ファミリアリゼーションと視覚障害児の安心感

運動の指導において述べたように，原則として新奇な環境については既知環境とするために確実なファミリアリゼーションを実施する．それは基礎的能力の指導を含む生活全体を通して大切な視覚障害児の情緒的安定につながる安心感を確保（第1章参照）するためである．

2）歩行以外に関する留意事項

関連して歩行以外の基礎的能力の指導における留意事項の概要を簡潔にふれておく．その大きなものは，歩行以外の社会適応能力（第1章参照）であるコミュニケーション（点字・パソコン・すみ字など），日常生活動作（身辺管理・家事など）である．コミュニケーション，日常生活動作には，その指導の中で必要な基礎的能力も併せて指導され，育まれていく内容が多い．したがって，歩行能力と異なり，これらの能力（社会適応能力）は，それに関する基礎的能力と未分化であることが多い．

（1）コミュニケーション

①基礎的能力の内容

　a．知識——基本的な日本語（会話，読み書き）の理解，漢字の正確な読み仮名，点字の分かち書きと切れ続きに必要な文法，パソコンなど情報機器に関する基本的知識，会話における適切な動作・声量に関する知識などがある．

　b．感覚・知覚，運動——点字，触地図（歩行とも関連がある）などの理解に必要な物体の触察による認知・弁別がある．

②基礎的能力の指導

読み書きの指導に入る前に，周囲の話しことばが聞ける環境だけでなく，子供用の絵本などの読み聞かせをするなど，積極的に基本的な日本語を数多く聞かせ

ることが大切となる。
 (2) 日常生活動作
①基礎的能力の内容
　　a．知識——食品，日用品，雑貨などの身辺管理，家事に関する商品に関するもの，クロックポジション（位置を時計の文字盤に置き換えてテーブルの上のコップや灰皿などの位置の説明を意味する，図17-12，芝田，2007，2015）の理解に必要なアナログ時計の文字盤の理解，指示語の意味などがある。
　　b．感覚・知覚，運動——触知式時計の認知・弁別（触覚），布製品の材質に関する触覚的認知・弁別，食材の嗅覚的・触覚的認知・弁別，調理における聴覚的（沸騰，フライパンの油の温度など）・嗅覚的（煮炊きなど）・運動感覚的（包丁による切断など）な認知・弁別，重量，長さなどに関する認知・弁別，などがある。
②基礎的能力の指導
　身辺管理，家事などに関連する商品・事項などについて歩行の知識と同様，「提示・説明（語りかけ）」をする。なお，視覚障害児にクロックポジションの理解を日々の生活の中で身に付けさせるため，触知式の時計を普段から所持する（腕時計），あるいは家庭や教室に設置しておくことが必要である。
 (3) ブラインディズム
　ブラインディズム（blindism）とは，特に全盲児にみられる目を押す，手を振る，頭を揺らすなどの行動をさし，運動，社会性，心理的課題と関連するものである。これは，刺激が不足するために起きる自動的自己刺激で（Cutsforth, 1951），成長後にもみられる場合がある。また，知的障害を伴う重複障害に多くみられ，知的障害児や自閉症児などにもみられる。
　ヘッブ（Hebb）は晴眼の大学生を対象に感覚遮断の実験を行い，被験者は当初は自己刺激的な行動をするが，その後，精神的な理由から3日以上は耐えられないと報告している（今田ら，1991）。このことから，人は視覚優位でその情報の多くを視覚から得ているため，視覚障害は感覚遮断の状態に近いといえる。したがって，理性や知性で抑制の難しい視覚障害児などにとってブラインディズムは情緒的安定を図るものとしてQOLの観点から基本的にはやむを得ないと考えてよいだろう。

ブラインディズムは，身体的な動き，外界への関心，遊びなどを通して減少するとされ（香川，2005），また，筆者の経験などから集中した言動時にはみられないことが多い。そのため，ブラインディズムは行動療法的に抑制されるのでなく，歩行を通した行動，他者とのコミュニケーションなど外界や他者とのインタラクションを進めること，成長とともに視覚障害児がその抑制に気づくことなどを主体とした対応が望ましい。同時に，視覚障害児や重複障害児のブラインディズムに対する容認の必要性を社会に啓発的に働きかけることも大切であろう。

（4）その他

①絵本（知識）──「さわる絵本」があり，玩具として効果的であるが，晴眼児用の絵本が持つような教育性は乏しい（芝田，1987）。

②乳幼児期の玩具（知識，感覚・知覚，運動）──音，手触りなどに変化のある感覚的なものもよいが，晴眼児と変わらないものを与えるのが経験的，学習的には意味がある。

③晴眼児との遊び（知識，感覚・知覚，運動，社会性，心理的課題）──就学前など晴眼児と遊べる環境設定が重要である。

【引用・参考文献】

Carroll, T. J. 1961 *Blindness: What it is, what it does and how to live with it*. Little, Brown and Company, Boston.

Cratty, B. J. 1971 *Movement and spatial awareness in blind children and youth*. Charles C Thomas Publisher, Springfield, Illinois.

Cratty, B. J., & Sams, T. A. 1968 *The body-image of blind children*. American Foundation for the Blind, New York.

Cutsforth, T. D. 1951 *The blind in school and society: A psychological study*. American Foundation for the Blind, New York.

Eichorn, J., & Vigoroso, H. 1967 Orientation and mobility for pre-school blind children. *The International Journal for the Education of the Blind*, **17**, 48-50.

Eisenberg, R. A. 1968 Concepts development in preparation for the cane or dog. *Long Cane News*, **2**(4), 12-22.

Frostig, M. 1970 *Movement education: theory and practice*. Follet Publishin Company, Chicago Illinois.

肥田野直・茂木茂八・小林芳文（訳）1978 ムーブメント教育―理論と実際― 日本文化科学社

樋口貴広・森岡 周 2008 身体運動学―知覚・認知からのメッセージ― 三輪書店

五十嵐信敬 1993 視覚障害幼児の発達と指導 コレール社

今田 寛・宮田 洋・賀集 寛（編）1991 心理学の基礎改訂版 培風館

香川邦生（編）2005 視覚障害教育に携わる方のために三訂版 慶應義塾大学出版会

Keller, H. *The Story of My Life*. 岩橋武夫（訳）1966 私の生涯 角川書店

Klausmeier, H. J., Ghatala, E. S. & Frayer, D. A. 1974 *Conceptual learning and development.* Academic Press, Inc. New York.

Lindsay, P. H., & Norman, D. A. 1977 *Humann information processing an introduction to psychology 2nd edition.* Academic Press, Inc. New York. 中溝幸夫・箱田裕司・近藤倫明（訳） 1983 情報処理心理学入門Ⅰ 感覚と知覚 サイエンス社

Lowenfeld, B. 1971 *Our blind children: Growing and learning with them* (3 rd ed.). Charles C Thomas Publisher, Springfield, Illinois.

Lydon, W. T., & McGraw, M. L. 1973 *Concept Development for Visually Handicapped Children.* American Foundation for the Blind, New York.

The Michigan School for the Blind (Ed.) 1965 *Pre-cane mobility and orientation skills for the blind; Curriculum guide.* The Michigan School for the Blind, Lansing, Michigan. 芝田裕一（訳）1991 視覚障害児の白杖使用前の歩行訓練―カリキュラムガイド― 歩行訓練研究, **6**, 42-71.

宮本茂雄（編） 1982 概念形成―発達と指導Ⅳ―（講座「障害児の発達と教育」） 学苑社

文部省 1984 視覚障害児の発達と学習 ぎょうせい

牟田口辰巳・金子 修 1983 盲児のボディイメージ―CrattyとSamsの「盲児の身体像に関する検査」を実施して 第7回視覚障害歩行研究会論文集, 4-5.

中村貴志・Rahardja, D.・中田英雄・谷村 裕 1990 全盲児の歩行姿勢の分析 日本特殊教育学会第28回大会発表論文集, 18-19.

佐藤泰正（編） 1991 視覚障害学入門 学芸図書

Sulivan, A. M. 遠山啓序・槇恭子（訳）1973 ヘレン・ケラーはどう教育されたか―サリバン先生の記録― 明治図書

芝田裕一 1984 先天視覚障害者の歩行における概念形成訓練 視覚障害研究, **19**, 20-36.

芝田裕一 1987 就学前視覚障害児の歩行のための基礎知識の指導 視覚障害研究, **25**, 6-51.

芝田裕一（編） 1994 視覚障害者の社会適応訓練第2版 日本ライトハウス

芝田裕一 2000 視覚障害者のリハビリテーションと生活訓練―指導者養成用テキスト― 日本ライトハウス

芝田裕一 2003 視覚障害者のリハビリテーションと生活訓練第2版―指導者養成用テキスト― 日本ライトハウス（自費出版）

芝田裕一 2006 視覚障害児・者に対するファミリアリゼーションの体系及び諸問題 兵庫教育大学研究紀要, **28**, 43-51.

芝田裕一 2007 視覚障害児・者の理解と支援 北大路書房

芝田裕一 2009 視覚障害児に対する地図学習指導プログラム「既知地図化法」―基本的考え方― 第5回視覚障害教育歩行指導研究会資料, 1-4.

芝田裕一 2015 視覚障害児・者の理解と支援［新版］ 北大路書房

寺本潔・大西宏治 2004 子どもの初航海―遊び空間と探検行動の地理学― 古今書院

内田伸子 1999 発達心理学―ことばの獲得と教育― 岩波書店

Woolacott, M. H., & Shumway-Cook, A. 1989 *Development of posture and gait across the life span.* University of South Carolina Press, Columbia, South Carolina. 矢部京之助（監訳） 1993 姿勢と歩行の発達 大修館書店

矢野 忠・伊藤忠一・大川原潔 1978 盲人（児）の姿勢 日本特殊教育学会第16回大会発表論文集, 306-307.

第19章　視覚障害児に対する指導 3
──地図の指導──

　地図は，基礎的能力の知識の一部であるが，第18章の続編として本章で論じる。一般的に，地図には高度な理解が求められる内容や，視覚障害における活動制限・活動能力および視覚障害児・者の生活・歩行からみると晴眼者と異なりさほど必要とされない内容もある（芝田，2007，2015）。

　したがって，地図のすべてを視覚障害児に指導することを前提とはせず，能力や生活・歩行に応じた必要な内容が指導の対象とされる。また，一般的な地図に関する学習や活用は，晴眼児・者にとってもいわゆる「方向おんち」といわれる状態（新垣・野島，2001）があるように難解な面があり，ストレスとなる場合もある。そのため，視覚障害児の能力に応じた内容で楽しく地図に取り組めることが大切である。

　なお，空間認知や空間概念は，地図だけでなく，左右を含むボディ・イメージ，方角，建物・道路・交差点などの環境など他の基礎的能力の構造的な理解，自己中心的参照系，固定的参照系，抽象的参照系の構造的な理解，あるいは，自己中心的参照枠（観察者中心参照枠），環境・対象中心参照枠の構造的な理解（空間的参照枠，乾・安西，2001）などによってなされるより高度なものである。

1．歩行指導と触地図

　一般に，視覚障害児・者にとって，触地図の理解が高い方がより広範囲な環境における歩行の可能性が高くはなる。しかし，触地図による補助が歩行に必ず必要と言うわけではない（第15章参照）。触地図の理解が不十分，あるいは触地図による補助に依存しなくても歩行が可能となるケースは少なくない。したがって，歩行指導において地図の指導は重要であるが，「触地図で歩行を学習すること」は歩行からみれば，あまり重要な課題ではない。

　しかし，総合的な教育の中では，視覚障害児にとって触地図の触察方法，その

意味するものの読み取り方（理解の方法）の学習は大切である。ところが、現状では、視覚障害児は地図の理解・作成に困難を示すことが知られている（Golledge, 1991；芝田, 1984）。それは、地図が視覚的な環境を対象としていることの他に、視覚障害児の場合、視覚から情報が得られず、概念化の過程（第18章参照）において最終レベルである抽象的水準に到達するために、その前レベルである具体的水準・機能的水準において必要な多くの具体的な事物に対する理解に必要な経験が不足していることが大きな理由だろう。

2．視覚障害児のルート記憶の方略

筆者の経験によれば、視覚障害児や先天性視覚障害者のルートの記憶にはある方略がみられる。それは、視覚的ではなく、言語的・文字的に方向（左右）と運動（進む・曲がる）がつながっているものである。たとえば、「家を出て左に曲がる。まっすぐ行ってA通りを渡る。まっすぐ行ってB通りを渡る。まっすぐ行ってC通りまで来たら左へ曲がる。…」のようになる。

これは、口頭によるルート表現のようではあるが、ルートマップ（メンタルマップ）ではなく、ルートを言語的・文字的に連鎖して記憶する視覚的・地図的イメージが介在しない方略である。そのため、歩行途中でのルート変更は難しく、また復路のルートは改めて記憶しなければならない。これは、視覚障害児・者だけでなく、晴眼者にもみられるもので、ルート記憶の方略として有効ではあるが、視覚的な図である地図とは呼べない。

3．触地図使用に必要な基礎的能力

以下は、触地図の使用に必要な基礎的能力である（芝田, 1989, 2003）。
1）触察力
触察力（感覚・知覚、運動）には、凹凸差、図と地、材質差などの理解力、辿りの力といった感覚レベルとその構図や表現の理解力といった知覚レベルの能力が必要である。
2）地図表現と実際の地理的環境との相互変換の理解
触地図上を触察して道路などを辿る時の指や腕の動きが実際の地理的環境における身体の動きを意味していることの理解（知識、感覚・知覚、運動）である。たとえば、触地図上で指や腕が前方へ向かい、そして右へ曲げるというように表

現されている場合，実際の地理的環境では，身体が前方へ向い，そして右へ曲がるという動作を意味している。

3）相似関係の理解

縮小と拡大に関する相似関係の理解（知識，感覚・知覚）である。視覚障害児にとって模型によって実物を理解するのと同様，相似関係の理解は難しい。例として，箱を利用し，①まず掌に入る程度の大きさの箱，②次いで両手で抱える程度の大きさの箱，そして，③視覚障害児が中に入れる程度の大きさの箱というように段階的に大きくした箱の理解によって相似関係の指導を行う方法がある。しかし，この方法によって十分な相似関係の理解が図られるかは判断のしづらいところである。

4）公的な地図の表現における規定の理解（知識）

公的な地図（主に道路地図）の表現における規定の理解には，以下がある。
① 3 次元の環境を 2 次元の平面で表現する。
②北が上（ノースアップ）となる。なお，道路標示などでは自分の進行方向が上（ヘディングアップ）となることが多い。
③実際の環境の一部を表現する。
④道路は線で表現し，距離の表現では遠いほど長く表すが，道路の幅は実際の縮尺よりは広く表す。
⑤基本的に，距離と方角で示し，位置関係とルートの理解を目的にする。
⑥ランドマークは，一部の公的なもののみを示す。

4．地図学習指導の問題点

現状の視覚障害児に対する地図学習において成果が表れにくい理由，つまり，地図学習の問題点には以下の 4 点が考えられる（芝田，2009）。
①視覚障害児にとって未知の環境が地図学習の対象となっている。
②慣れている環境が対象とされてはいても，その既知化が不十分である。つまり，系統だった方法による確実なファミリアリゼーション（未知対象の既知化）が不十分なため，歩行は可能でもここでいう既知化の水準に達していない。その場合は指導者にファミリアリゼーション実施方法に対する理解の不足があると考えられる。
③実際の地理的環境と触地図表現との相互変換の理解といった触地図使用に必

要な基礎的能力が不十分である。
④結果として，視覚障害児にとって地図学習が難解となり，それが学習のためのストレスとなる。

5．地図の基礎学習指導プログラム「既知地図化法」

　地図学習指導の問題点を解消し，そして地図の理解・作成に必要な概念化（概念習得）と認知の発達を促すためのより効率的な地図の基礎学習指導プログラムとして既知地図化法がある。これは，筆者が案出したもので（芝田，2009），その有効性は芝田ら（2009）や正井ら（2009）によっても報告されており，いくつかの視覚特別支援学校でも確認されている（芝田，2011；芝田・出井・正井，2011）。

　この既知地図化法の考え方は，基礎的能力の知識の概念化と習得過程（Ｂの形態の概念化），および機能性を主体とする指導（第18章参照）が基底となっている。これは触覚的視覚地図（第15章参照）である触地図の習得と理解の基礎となり，それに必要な概念化を主目的としている。つまり，既知地図化法は地図や空間を理解するための基礎，あるいは導入として有効な方法である。また，前述のように，地図学習は視覚障害児にとって難解な面があるが，この方法は，既知となった環境を対象としているため不要なストレスがなく，楽しく学習に取り組める。次にその指導概要（ステップ１～３）を示す。

1）ステップ１；環境の既知化
（１）目標

　既知地図化法の対象となる具体的な環境を系統だったファミリアリゼーションとその後の歩行によって確実に既知化する。本指導法ではこの確実な既知化が重要である。視覚障害児にとって環境（教室内，廊下・道路などの歩行ルート）が既知化されているとは，次のようなことを指す。

①迷わずに歩行できること。
②一時的に定位できなくなっても環境認知によって再定位が可能であること。
③その環境内で一時的に歩行を止めて以下の質問に，正答できること。
　　a．現在の地点
　　b．出発地点，目的地，あるいはその環境内の既知の地点の指さし
④その環境内である目的地へ向かって歩行中に，当初意図していなかったその環境内の他の既知の地点への歩行を指示してもそれが可能であること。

（2）方法

①具体的な既知化の対象となる環境を選定する。当初は，教室内などのような面的な空間よりは，廊下・道路などの歩行ルートのような線的な空間とするのが望ましい。

②その環境を系統だったファミリアリゼーションの実施によって既知化する。あるいは，既知地図化法を実施する以前にすでに習慣化によってある程度，既知化されている状態であれば，不足している箇所のファミリアリゼーションを実施する。それを通して自己と他の事物との関係を理解する。

③ファミリアリゼーションによっても十分ではないことがあるため，その環境を習慣として歩行・活用・体験することによって十分な既知化を図る。

2）ステップ2；既知環境の地図化

（1）目標

既知化された具体的な環境を用いて地図の意味，作成法，読み取りといった地図化の方法を指導する。

（2）方法

①当初は，指導者が触地図を作成してみせる，対象児の地図作成を補助するなどしてもよい。目的は，対象児に地図の描き方を指導することである。

②対象児が描けるのであれば，行わせればよい。はじめは，触地図の描き出しが自分中心のスタートの方向であったり，上を北としなかったり，いつも同じ方向であってもかまわない。あらゆる角度から描ける，上を北とするなどの難度の高い応用的な課題は当初の目標ではない。それは，この既知地図化法が地図学習の基礎とすることを目標としているからである。

③地図作成において不十分な状態がみられたら，それを「課題」として次へ進むというようなことはしない。触地図が作成できなかった時点で，同ルートを使用してその作成方法を指導し，対象児が作成できるまで継続する。

④ルートの口述は，地図作成とは相違した面がある。そのため，あえて実施しなくてもよい。もし実施するのであれば，触地図が描けた時とする。

（3）留意点

①方法の基本は，前述の触地図使用に必要な基礎的能力を参照のこと。

②地図化は，当初はマグネットを使用するのが望ましい。その際，実際の距離感に対応した各種の長さのマグネット棒（パーツ）を用意しておくことが必

要である。指導が進めば，表面作図器（レーズライター），模型などの利活用も有効である。

③当初は，道路よりも詳細な歩行軌跡（図19-1）を歩行ルートとして表現するケースがある。その場合，この歩行軌跡を作成する方法から開始してもよい。そこには地図には記載されないランドマークを表現されるものよいだろう。

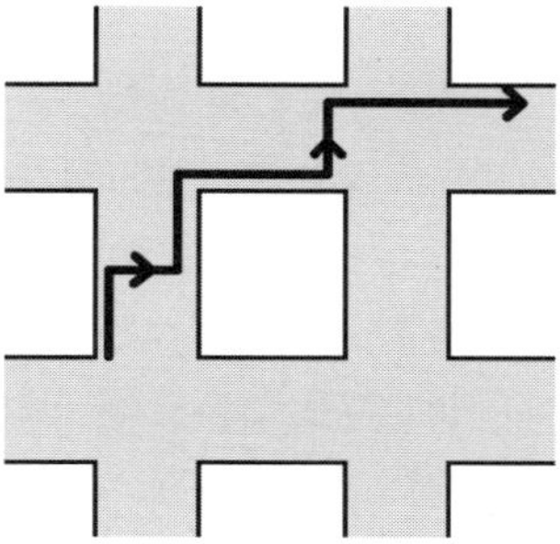

図19-1　道路と歩行軌跡

④地図は道路が主体となっているため，理解が進めば歩行軌跡から道路を主体とする地図（道路地図）を歩行ルートとして表現できるようする。

⑤この時点で指導が進みにくい場合，既知化が不十分であることが多い。

⑥適切な段階で既知環境を使用して地図などの成り立ち・理由などの意味づけを行う。

3）ステップ3；他の環境での上記1・2の実施

このステップ1とステップ2の組み合わせ，すなわち，既知地図化法を他のいくつかの環境で実施し，最終的に対象児が自身で地図化できるように指導するなど，これらの積み重ねによって，地図に対する総合的な理解を進め，地図の概念化を図る。同様に，適切な段階で既知環境を使用して地図などの成り立ち・理由などの意味づけの指導を行う。その指導の基本は，前述の触地図使用に必要な基礎的能力に基づく。

4）既知地図化法の展開

この既知地図化法は，歩行ルートから開始されるが，その理解が進めば，シムヤキン（Shemyakin）が子どもの認知地図がルートマップ型からサーベイマップ型へと発達すると仮定しているように（羽生，2008），学校近隣や自宅近隣の区画などのより高度なサーベイマップ型の理解にも適用できる。さらに，教科学習において，小学校社会の学習指導要領にある地図の効果的な活用という目標で，自分たちの住んでいる身近な地域を白地図にまとめて調べ，考えるという課題に必要な地図の読み取りや学習にも適用できる。その他，既知地図化法によって地図に対する概念化が形成されれば，視覚障害児によっては詳細な内容・段階が定められている地図に関連する学習方略（文部省，1985；和田・古川，1987）の習

得も容易となる。
　ただし，この詳細な内容・段階が定められている地図に関連する学習方略には，次のような注意点や問題点があるため，使用には留意と慎重さが必要である。なお，これらは地図に関する指導だけでなく，そのケースの地図に関する理解度をみるチェックリストとして使用することもできる。
　①視覚障害児の歩行（基礎的能力，歩行能力）を踏まえた学習方略となっていない部分がある。
　②既知地図化法の考え方にある確実に既知化された具体的な環境が常に使用されているとは限らない。既述のように，既知化された環境と習慣的に歩けている，知っている環境とは異質である。
　③ファミリアリゼーションの考え方と実施が導入されていない。
　④地図的に高度なもの，難解なものが含まれている。それらは晴眼児・者にとっても高度で，難解である。
　⑤直接地図とは関係の薄い図形や難易度の高い図形の学習が含まれている。
　⑥段階的に定められている学習内容が緻密すぎ，指導に際して活用が難しい部分がある。
　⑦晴眼児の一般的な発達的理解は，この段階的に定められている学習内容に必ずしも則しておらず，体験・経験した内容から順次習得されている。視覚障害児にとっても，段階的に定められている学習内容に則さず，体験・経験した内容から順次習得していく方がストレスなく学習に取り組める。
　この詳細な内容・段階が定められている地図に関連する学習方略の実施に際しても，既知地図化法の考え方により既知の慣れた環境を対象とすること，歩行指導と同様，環境主導型指導法（第4章参照）を主体とする楽しい学習（第5章，第18章参照）を基盤とすることで，視覚障害児は過剰なストレスを受けること無く地図の学習に取り組める。その他，視覚障害児の能力に応じた内容を心がけることも重要である。

6．ファミリアリゼーションの必要性と重要性

1）空間の理解とファミリアリゼーション

　視覚障害児には空間の理解（空間認知，空間概念，空間定位など）が不十分であるという声をよく聞く。たとえば，「教室内から廊下へ出るドアの位置がまだ

分からない」「歩き慣れているはずなのにまだ校内で迷う」「長期休暇後にそれまでは迷わずに歩行できていた校内で迷う」などである。これらの例は，空間認知などの対象というよりは，単にその場所に対する未知の部分が多く，既知度が低い結果といえる。つまり，これらの多くはファミリアリゼーションの不十分さに起因している。空間の理解には，既知地図化法でも述べた教室内，校内，自宅・学校近隣の道路などの身近な環境から開始される「確実」で「きめの細かい」ファミリ

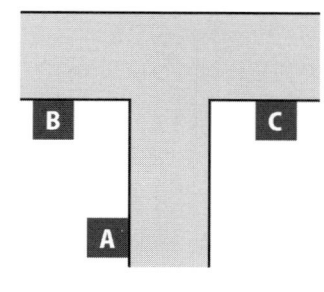

図19-2　ファミリアリゼーションの例

アリゼーションと，関連する基礎的能力の知識などの指導を積み重ねることによって環境に対する概念化を図ることが必要である。

　たとえば，図19-2のような屋内で，まずAB間のファミリアリゼーションを実施し，AB間の歩行が可能となるまでくり返すことでその行き来を可能とする。このファミリアリゼーションとそれに続く可能となるまでのくり返しの歩行が「確実なファミリアリゼーション」を意味している。次に，同様の指導でAC間の歩行も可能となっても，BからCへ行けるとは限らないため，BC間のファミリアリゼーションが必要となる。これが「きめの細かいファミリアリゼーション」を意味している。

　これは，晴眼児の発達過程においてみられる，各ルートが連合しているだけで構造的に結合されていない段階に相当する（Steiner, 1988）。この方略で他の場所でも実施をくり返すことで空間の理解における概念化が図られると，成長とともにBCの間のファミリアリゼーションは不要となっていく。教員にとっては単純な環境でも視覚障害児にはスモールステップの指導が切要である。

2）ファミリアリゼーション実施の必要性

　視覚障害児の防衛姿勢も不充分なファミリアリゼーションに起因している（第18章参照）。その他，既知となった環境では視覚障害児・者の活動能力が向上すること，環境に対する理解の不十分さが安全性の低下や事故の発生のつながることなどファミリアリゼーションの必要性は高い（第5章参照，芝田，2006，2007，2015）。現在の視覚障害教育では，このファミリアリゼーションが看過され，他の児童・生徒からの説明や視覚障害児の独習による粗略な理解に立脚しているに

も拘わらず，表面上は習慣化によって歩行できていると周囲に判断されている現状がみられる。リハビリテーション施設では，入所時にわが国でもアメリカでも時間をかけたファミリアリゼーションが実施されており，スターコ（Suterko, 1973）も指摘しているように教育機関でも学校入学時における確実なファミリアリゼーションが必要である。それは，視覚特別支援学校，通常学校入学時だけでなく，交流教育実施校や福祉関係施設などの初利用時でも同様である。

　現状では，視覚障害児に対するファミリアリゼーションは，まだその重要性・必要性の認識と普及が十分ではないといえる。さらに，現在実施されているファミリアリゼーションには視覚障害児が地図や空間を理解するには確実性ときめの細かさにおいて不十分なものが散見される。くり返しになるが，地図の指導には，この確実できめの細かいファミリアリゼーションが不可欠である（第15章参照）。なお，ファミリアリゼーションの実施者である家族，教職員には適切な講習会の受講が必要で，それによって専門的なファミリアリゼーションの実施が可能となる（芝田，2014；芝田ら，2014）。

　　付記：本章で紹介した既知地図化法の研究は，平成20年度～平成22年度の科学研究費補助金基盤研究Cの助成を受けている（課題番号；20530886，研究代表者；芝田裕一，研究協力者；視覚特別支援学校5校，教員7名）。

【引用・参考文献】

Golledge, R. G.　1991　Tactual strip maps as navigational aids. *Journal of Visual Impairment and Blindness*, **85**, 296-301.
羽生和紀　2008　環境心理学―人間と環境の調和のために―　サイエンス社
乾　敏郎・安西祐一郎（編）　2001　イメージと地図（認知科学の新展開4）　岩波書店
正井隆晶・芝田裕一・出井博之　2009　視覚障害児に対する地図学習指導プログラム「既知地図化法」に関する研究（2）―事例からみた有効性―　日本特殊教育学会第47回大会発表論文集，340.
文部省　1985　歩行指導の手引　慶応通信
芝田裕一　1984　先天視覚障害者の歩行における概念形成訓練　視覚障害研究，**19**，20-36.
芝田裕一　1989　触地図の利用　視覚障害研究，**30**，33-40.
芝田裕一　2003　視覚障害者のリハビリテーションと生活訓練第2版―指導者養成用テキスト―　日本ライトハウス（自費出版）
芝田裕一　2005　視覚障害児・者の歩行における手引き―その考え方・方法及び歩行訓練としての指導法―　視覚障害リハビリテーション，**62**，59-84.
芝田裕一　2006　視覚障害児・者に対するファミリアリゼーションの体系及び諸問題　兵庫教育大学研究紀要，**28**，43-51.
芝田裕一　2007　視覚障害児・者の理解と支援　北大路書房
芝田裕一　2009　視覚障害児に対する地図学習指導プログラム「既知地図化法」―基本的考え方―　第5

回視覚障害教育歩行指導研究会資料，1-4．
芝田裕一　2011　視覚障害児に対する地図の基礎学習指導プログラム「既知地図化法」の内容と方法　平成20〜22年度の科学研究費補助金（基盤研究C 一般，課題番号：20530886，研究代表者：芝田裕一）に基づく研究関連報告書
芝田裕一　2014　視覚障害児童生徒の歩行指導における教員の連携に関する研究―歩行訓練士と歩行訓練補助員の連携―　平成23〜25年度の科学研究費補助金（基盤研究C 一般，課題番号：23531291，研究代表者：芝田裕一）に基づく研究関連報告書
芝田裕一　2015　視覚障害児・者の理解と支援［新版］　北大路書房
芝田裕一・出井博之・正井隆晶　2011　既知地図化法による視覚障害児に対する地図の基礎学習に関する指導事例　兵庫教育大学研究紀要，**38**，31-42．
芝田裕一・出井博之・正井隆晶・山田秀代・中野純子・千葉康彦・桝岡良啓・井上芳子　2014　視覚障害児童生徒の歩行指導における教員の連携―歩行訓練士と歩行訓練補助員の連携―　兵庫教育大学研究紀要，**44**，61-72．
芝田裕一・正井隆晶・出井博之　2009　視覚障害児に対する地図学習指導プログラム「既知地図化法」に関する研究（1）―基本的考え方と指導過程―　日本特殊教育学会第47回大会発表論文集，339．
新垣紀子・野島久雄　2001　方向オンチの科学―迷いやすい人・迷いにくい人はどこが違う？―　講談社ブルーバックス
Steiner, G.　1988　*Lernen : Zwanzig Szenarien aus dem Alltag.* Verlag Hans, Bern.　塚野州一・若井邦夫・牧野美知子（訳）　2005　新しい学習心理学―その臨床的適用　北大路書房
Suterko, S.　1973　Life adjustment. In B. Lowenfeld（Ed.）*The visually handicapped child in school.* The John Day Company, New York.
和田純枝・古川伸子　1987　白杖前歩行完成期の指導内容と方法について　視覚障害教育実践研究，**3**，26-40．

第20章　視覚障害児に対する指導 4
――歩行指導に関する留意点――

　視覚障害児の歩行指導は、直接的な歩行能力の指導だけでなく、関連する基礎的能力の指導も含まれている。したがって、視覚障害児には、先天性なら誕生時から、あるいは障害を負った時から基礎的能力の指導が始められなければならないことはすでに述べた（第18章参照）。その後、学習能力や必要性などが高まれば歩行能力の指導が開始されるが、並行して基礎的能力の指導も継続して進められる。また、視覚障害児の指導では、その年齢に応じた内容と成長後に必要な内容を相互に検討することが非常に大切である。

1．歩行指導の目標

　視覚障害児に対する歩行能力を主体とする歩行指導の目標は次の2点である。このうち、目標Aでは基礎的能力が不十分でもファミリアリゼーションを主体として歩行能力の習得は可能となることがある。ただし、目標Bでは基礎的能力が必要である（芝田, 2000, 2007, 2015）。

①目標A「その時点で必要な目的地までの歩行指導」――通学などその学年・年齢に応じて必要な目的地までの歩行指導

②目標B「将来の単独歩行に必要な歩行指導」――視覚特別支援学校の卒業後や成年時を見据え、その時に必要となる歩行指導

2．単独歩行の開始時期とその考え方

1）歩行指導と白杖操作技術の指導

　一般的に歩行指導というと白杖操作技術の習得と勘違いされ、安易にその導入時期だけに関心が集中しがちである。しかし、白杖操作技術は歩行能力の歩行技術の習得と駆使の一分野である。歩行指導は白杖操作技術の指導のみが対象ではなく、多様な基礎的能力と歩行能力を総合的に向上させるものである。この点が

視覚障害児本人だけでなく，保護者，担任など教員に十分理解された上で，歩行指導および単独歩行の開始時期が検討されなければならない。

2）単独歩行の開始時期の検討
（1）開始時期の検討事項
単独歩行の開始時期の検討に必要な事項には，以下の6つがある（芝田，2000）。

①体力・体格——白杖操作のための最低限の体力が必要である。
②意欲・学習力——周囲の者の意見や希望ではなく，基本的に本人が単独歩行しようという意欲と指導内容の学習力が必要である。
③単独歩行の必要性——実際に単独歩行する必要性（目的地など）があることが大切で，それが意欲などにもつながる。
④基礎的能力——その歩行に必要な基礎的能力に問題がなく，不足分に関する十分な学習能力が必要である。
⑤歩行技術の習得と駆使以外の歩行能力——歩行技術の習得と駆使以外の地図的操作，環境認知，身体行動の制御，情報の利用に関する歩行能力の十分な学習能力が必要である。
⑥判断力などの精神的発達——判断力（基礎的能力の中の心理的課題）などに問題のない十分な精神的発達が必要である。

（2）検討事項と歩行指導の程度・進度
たとえば，開始時期の検討事項①②③が十分であっても，基礎的能力や歩行技術の習得と駆使以外の歩行能力の習得程度などに関する検討事項④⑤⑥が不十分であれば，広範囲な地域の歩行が難しく，限定した範囲内の歩行となる。検討事項④⑤⑥は広範囲な地域の歩行指導を進めていくかどうかの検討事項ともなる。それらの主なものは以下を指している。これらがまだ不十分であれば学習可能となる年齢まで待つことになる。

①安全性の確保・確認が可能か。
②つまずきが起きた場合，指導者からの指導内容が理解でき，その習得が可能か。
③信号の利用など，準繁華街歩行が可能か。
④交通機関の利用が可能か。
⑤ハインズブレイクが可能か。
⑥援助依頼が可能か。

3）歩行指導の目標 A の考え方

　通学など視覚障害児に対する歩行指導の目標 A「その時点で必要な目的地までの歩行指導」は，開始時期の検討事項で①②③が十分であれば開始されてもよいだろう。その時，検討事項④⑤⑥がやや不十分であっても，安全性が確保でき，歩きやすいなど歩行環境の状況によれば，指導を何度もくり返すことによって歩行の可能性はある。なお，目標 A として実施される歩行指導のルートは，通学や帰省のための学校と自宅の間，移行支援として現場実習の場所と学校の間や就業場所と学校あるいは自宅の間などが考えられる。

4）歩行指導の目標 B の考え方

　視覚障害児に対する歩行指導の目標 B「将来の単独歩行に必要な歩行指導」は，それまでに基礎的能力の指導が十分実施されていれば，極端な場合，後期中等教育レベル（視覚特別支援学校高等部普通科）から歩行能力の指導が開始されても遅くはなく，十分習得が可能だろう。それは次のような中途視覚障害者に対する歩行指導から判断される。

　基礎的能力に大きな問題点が見られない成人が障害を負った場合，一概には言えないが，入所型施設や在宅型施設で，約半年から1年程度の歩行指導受講によって単独歩行が可能となるケースが少なくない。これは，晴眼状態で成人になるまでに，主に歩行に必要な知識や社会性などの基礎的能力が十分習得されているからに他ならない。ただし，こういうケースでも基礎的能力の中の感覚・知覚に関しては指導が必要な場合が多い。したがって，歩行指導の目標 B では，性急に単独歩行の指導に取り組むよりは，基礎的能力中心の指導に十分時間をかけることを心がけたい。なお，目標 A で通学や帰省のための指導に信号の利用や交通機関の利用が含まれておれば，それは目標 B の一部となる。このように，目標 A では，目標 B を視野に入れた指導となり，目標 B ではその不足を補う形の指導となる場合が考えられる。

3．歩行の条件，基礎的能力，歩行能力の留意事項

1）歩行の条件

（1）安全性の確保

　第5章で述べているように安全性確保のための考え方が確実に習得できるようにする。特に，単独歩行に不可欠な以下について具体的な状況の体験を伴った指

導を行う。
　①その状況では危険性はなくても異なった状況では危険な場合がある点の指導
　②事故につながるような危険な行動（歩行）を避ける方法の指導
　③事故につながるような危険な場所に関する知識の指導

（2）能率性の検討

　歩行能力の指導の中で，何が能率性なのか，能率的な考え方や行動はどのように行うのかなどについて指導する。

（3）社会性の検討

　見た目に自然な動きや容姿の習得を働きかける。晴眼児の場合，これらは視覚により模倣や他との比較で自然に習得され，その中で個性も発揮できる。しかし，視覚障害児の場合，内容によっては習得の前に必要な「なぜそのようにするのか」など理解が困難な場合がある。これらはきまりやルールではないため，指導者による押しつけは望ましくない。そこで，「周囲の人たちはこのようにしている」「このような動きをする人はほとんどいない」など社会の状況を指導者が視覚障害児に解釈を加えずに伝達する「鏡の役目」を担うことによる指導を心がけるとよい。

（4）個別性の検討

　個別性の検討は，どちらかといえば成人である視覚障害者が対象となる。それは発達途上にある視覚障害児と異なり，成人は独自の考え方や行動などをすでに保持しており，中にはその変更に対する柔軟性が乏しいケースがあるためである。視覚障害児にとって自己決定力を育む指導は必要であるが，基本が安全性の確保にある歩行指導においては，「基本となる標準的な指導内容・方法」の基に指導を進めることを基本とし，前期，後期中等教育の段階などで視覚障害児の希望があれば個別性の検討を行うという考え方が妥当だろう。

2）基礎的能力

　基礎的能力の指導も重要な歩行指導の一部であり，きめ細かく指導する。また，歩行能力の指導においても必要とされる基礎的能力があるため，並行して指導を行う。たとえば，歩行ルート上にある交差点の歩道と車道の形状（知識），道路横断時の車音（聴覚），援助依頼時のマナー（社会性）などである。

3）歩行技術

（1）手引きによる歩行

　手引きは，その方法である形態（第5章参照）の学習（基礎）は比較的容易で

ある。ただ，質の高い手引きの行い方・され方の向上は容易ではなく，時間をかけて習得していくことが必要な歩行技術である（芝田，2005）。したがって，基礎的能力の指導の段階から開始され，歩行技術の向上が目指されなければならない。白杖操作技術を中心とした単独歩行の指導時においても並行して指導を行う。

　この手引きによる歩行はその方法である形態の学習だけに焦点化され，視覚障害児の質の高い手引きのされ方の向上がなおざりにされる傾向があるため，注意したい。歩行指導時だけでなく，他の授業の活動時，レクリエーション時，家庭における日々の活動時などにおいても指導者や保護者は視覚障害児の手引きのされ方の向上を意識した手引きによる歩行を心がける。それには，歩行訓練士（専門教員）以外の教員，事務職員，家族など視覚障害児の手引きを行う人たちには手引きによる歩行についての適切な講習会が必要となる（芝田ら，2014）。

　幼児期など体格的，体力的に基本の形態では手引きの条件から勘考して困難や不都合が生じる場合は，手を繋ぐ，手を握るといった形態が有効である。成長度に応じて適切な時期に手引きの種類のAの方法（歩行指導としての視覚障害児・者の手引き技術向上のための方法）によって手引きによる歩行の指導が実施される。それ以前の幼児・児童期でも，基礎的能力の指導など状況に応じてBの方法（介助（歩行）としての手引きの方法）によって手引きによる歩行を実施する。なお，詳しくは拙著『視覚障害児・者の理解と支援』(2007)，及び『視覚障害児・者の理解と支援［新版］』(2015) を参照されたい。

（2）補助具を使用しない歩行

　補助具を使用しない歩行は，手引きによる歩行のように早期に実施する必要はないが，屋内での単独歩行やファミリアリゼーションに不可欠である。必要となった時期に確実に指導する。手による伝い歩き，上部防御など時間の経過とともに安全性の確保において不十分なものになりがちであるため，指導された方法が維持・継続されるような働きかけが大切である（保科・芝田，2007）。

（3）白杖による歩行

　基礎的能力の指導時に白杖を保持することはあるが，単独歩行としての白杖による歩行指導はその開始時期に十分な考慮が切要である。白杖による歩行の指導が開始されたら，立案されたカリキュラム（指導計画）に基づいて着実に各課題（第8〜11章参照）が習得されるよう進める。

　白杖の長さは，視覚障害児の成長によって適宜変更される。石突きはボール状，

ローリング状などがあり（第7章参照），そのケースに応じたものが採用されればよい。他の障害がなければ当初は，通常の石突きで練習するのが適切である。それは次のような理由からである。

①ボール状，ローリング状はタッチテクニックやスライド法による道路歩行では使用しやすいかもしれないが，階段昇降，電車乗降などで石突きが引っかかり，安全性が低下した事例がある。

②総合して指導者には，指導の目標を達成するために，視覚障害児の可能性を最大限に引き出そうとする姿勢が必要である（第4章参照）。

③多少使用しづらいかもしれないが，通常の石突きで歩行できる力を高めたい。

なお，白杖は単独歩行には折りたたみよりは直杖が適している（第7章参照）。

（4）盲導犬による歩行

視覚障害児が盲導犬によって歩行する蓋然性は低いが，将来の可能性を考えて，盲導犬の成育と訓練，日常の盲導犬との生活，白杖による歩行との相違，歩行において盲導犬のできることなどの事項について指導する（第5章参照）。盲導犬施設の見学なども意義があるだろう。

4）総合的な歩行能力

歩行技術の習得と駆使を含む総合的な歩行能力の指導内容・方法などについては，基本的にこれまでに論じてきた第Ⅰ部，第Ⅱ部に則る。その中で視覚障害児に対する留意点は適宜，既述している。視覚障害児の歩行指導では，基礎的能力とともに軽視されがちな手引きによる歩行とファミリアリゼーションにもっと力を注ぐ必要があることはすでに述べた。

なお，これまで論じてきた「視覚障害児」には弱視児も含まれている。特に，基礎的能力の指導などは，全盲児だけでなく保有視覚のある弱視児に対しても実施されなければならない。この弱視児に対する歩行指導は，次章（第21章）に詳しい。

4．重複障害児の歩行指導

視覚特別支援学校では，児童・生徒総数は減少傾向にあるが，重複障害の占める率は上昇しているのが現状である。

1）網膜色素変性とその発見

重複障害の原因となる代表的な疾患に未熟児網膜症とともに網膜色素変性（RP；retinitis pigmentosa）がある。それは，3,000人から4,000人に1人くらいの

割合で起こるとされる遺伝性素因の疾患で，次のような症状がある。
　①視野が徐々に狭くなって中心だけが残る求心性視野狭窄を起こす進行性であり，その結果として夜盲（夜間に見えづらくなること）となる。
　②視力が低下する。
　③眼底の変性が起きる。
　④小学校時くらいから症状が出始めることが多いが，中学校，高校からのケースもある。
　⑤失明に至る場合もある。
　⑥難病（特定疾患）に指定されており，難治性である。

このうち，夜盲の症状は夜間だけでなく，夕方や日中でも薄暗い部屋や廊下においてもみられる。その上，この網膜色素変性には以下のような重複障害となる合併症がある。特に，視覚と聴覚の重複障害では，網膜色素変性によるものが全体の1/3といわれている。
　①アッシャー症候群――網膜色素変性，聴覚障害（ろう）
　②コケイン症候群――網膜色素変性，知的障害，聴覚障害（ろう），早老など
　③ローレンス-ムーン-ビードル症候群――網膜色素変性，知的障害，肥満，性器発育不全など

知的障害や聴覚障害（ろう）は視覚障害より早期に発症することが多いため，そういう児童・生徒は当初から特別支援学校（養護学校，ろう学校）に在籍している。その児童・生徒が年長になるにしたがって，上記のように，夕方や日中でも薄暗い部屋や廊下において不活発な歩行を含む動きを示した場合，眼科を受診する必要がある。その上で，網膜色素変性と診断されれば，視覚特別支援学校，視覚障害者リハビリテーション施設などと連携をとって，障害受容への対応，歩行や，読み書きなどのコミュニケーションに対する指導（第21章参照）の検討を行う。

2）指導の基本的概念

総合的な視覚障害児・者に対する歩行指導の基本的概念と留意事項（第1部参照）の中で特に以下の点が強調され，重要とされる。
　①自立――自立には，精神的自立，身辺管理的自立，生活的自立，社会的自立，経済的自立などという様相があるが，中でも，まず精神的自立が保障されなければならない。
　②QOLと教育――教育の基底には，活動能力向上における可能性の追究がある。

しかし，重複障害の場合，障害児主体という考えに基づき，本人にとって何がベストであり，幸せであるのかというQOL中心のスタンスが第一義とされなければならない。

③卒業後の進路・移行——QOL，精神的自立，自己決定，アドボカシーなどの検討が大切である。

④重複障害児の多様性と実態把握——多様であるためその障害の実態を把握することが重要である。

3）知的障害を伴わない場合の指導の考え方

知的障害を伴わない場合，あるいは知的障害でも非常に軽度な場合では，基礎的能力の習得，そして歩行能力の習得の程度によって，地域は限定されるが「基本となる標準的な指導内容・方法」に基づいた歩行指導が可能となる場合がある。肢体不自由を伴う場合や聴覚障害を伴う場合は，その障害の程度によって，単一障害に準じた歩行か，あるいは，後述する知的障害を伴う場合に準じた歩行となる。

4）知的障害を伴う場合の指導の考え方

（1）指導の目的

一般的な目的にそった歩行指導が難しい場合，以下のような主として基礎的能力の向上による児童・生徒のQOLの検討が主たる目的となる。

①知識・社会性——体験，経験の量を増やす。

②運動——健康維持の一環とする。

③心理的課題——自立の一環，自信の獲得，学習（記憶）の経験などがある。

（2）心理面・体力面への配慮

単一障害の場合よりもさらに，次のような対象児の心理面（第5章参照），体力面への配慮を心がける。

①屋外歩行に対する不安，恐怖の程度を把握し，それを考慮した指導を行う。

②ラポートがしっかり構築できるように配慮する。

③対象児にとって楽しい歩行を心がける。

④無理をせず，対象児の体力と持続力を考慮した指導時間を設定する。

（3）指導の留意事項

障害の程度によるが，以下のような歩行指導の留意事項がある。

①指導法では，行動主体指導法に主眼を置いた指導を行う（第4章参照）。

②指導の考え方における視覚障害児・者における選択能力は，その環境や状況

に応じて，どのような歩行技術を使用するか，地図的操作や身体行動の制御を通じてどのような方法で歩行するかを適切に選択できるという能力であるが，この選択が困難な場合は，適切な歩行技術や歩行方法を指導者が定めてそれを指導する（第5章参照）。

③カリキュラムでは，生活地域での指導（Aタイプ）が主となる（第6章参照）。

④安全性の確保が困難であれば，指導者などが付き添った歩行は行えるが，単独歩行は控える（第5章参照）。

⑤指導を受けた地域の歩行が可能となる場合はあるが，他地域への応用は難しい。

⑥歩行能力において応用力に欠け，つまずきが起きると修正できないことがある。可能ならば，つまずきに備えた簡単な内容の援助依頼の指導が必要となる。

⑦手引きによる歩行を重要視し，繁華街歩行，交通機関・エスカレーターの利用などの経験を含む手引きによる歩行を指導する。

⑧左右を中心とするファミリアリゼーションを主体とする指導を行い，可能な限り多くのランドマークを活用する。

⑨白杖操作技術は，スライド法，白杖による伝い歩きを主体とする。

⑩交差点横断は，一旦入り込む交差点横断（SOC）を主体とする。

（4）指導事例

筆者は，上記のような指導理念・考え方によって知的障害を伴う，視覚障害児・者の歩行を指導した経験は少なくない。その事例として10－2（第10章），事例11－2（第11章）を参照されたい。

5．視覚特別支援学校における歩行指導

1）指導者

（1）歩行訓練士（専門教員）

歩行指導は，視覚障害児・者の安全性の確保などの歩行の条件の充足と効率的な指導の必要性から，基本的に歩行訓練士によって実施される（第2章参照）。視覚障害者リハビリテーション施設では歩行訓練士が歩行指導（歩行訓練）を担当しているのが常態である。しかし，視覚特別支援学校では，以下の理由から歩行訓練士（歩行指導の専門教員）だけでなく，非専門教員によっても実施されている。

①歩行訓練士が在籍している視覚特別支援学校は少なく，在籍していても少数である。

②視覚特別支援学校に歩行訓練士を配置する取り組みが遅れている地域がある。
③異動によって，視覚特別支援学校の歩行訓練士数が減少する，あるいは皆無となることがある。

　これらは，従来から指摘されている視覚障害教育における大きな問題点である（出井・芝田，2009；芝田，2003，2012，2013，2014b；太幡，2004；山田，2004）。歩行訓練士の養成に熱心に取り組んでいる自治体や視覚特別支援学校がある反面，取り組みが遅れている自治体や視覚特別支援学校がまだあり，両者の歩行指導の充実性における格差の広がりが懸念される。児童・生徒のQOLの向上やニーズの遂行，および保護者の希望を第一に考え，財政的，人的な理由など行政・学校の状況に難しさはあるが，費用と時間をかけてでも歩行訓練士の養成に力が注がれる取り組み，および歩行訓練士数の減少に結びつく無理な異動の見直しによる歩行訓練士の増加が喫緊の課題である。そのための努力が惜しまれてはならない。

（2）歩行訓練士と非専門教員（歩行訓練補助員）

　歩行訓練士が少ない現状では，歩行訓練士と非専門教員（非専門の指導者）が連携・協働して歩行指導にあたることが必要となる（芝田ら，2006；太幡，2004；山田，2004）。その非専門教員（寄宿舎指導員を含む）が担当できるのは次の内容である。その指導に先立って，歩行訓練士による研修受講が必要であるが，その研修内容・方法は定められており，それを習得した非専門教員を歩行訓練補助員という（芝田，2014a；芝田ら，2014）。

①基礎的能力の指導
②手引きによる歩行の指導
③補助具を使用しない歩行の指導
④ファミリアリゼーションの実施

2）指導の設定

（1）標準カリキュラムと系統的な指導

　一般に，視覚特別支援学校は，幼稚部，小学部，中学部，高等部（普通科，専攻科など）と学部が分かれているが，その学部内で歩行指導の開始と終了という形態は児童・生徒にとって適切ではない。小中高一貫した系統的な指導が行われなければならない。視覚特別支援学校は生活地域でない地域での指導（Bタイプ）として進められる歩行指導であるが，視覚特別支援学校として小学部，中学部，

高等部などを通した一貫した標準カリキュラムが作成される（第6章参照）。それを元に，その児童・生徒の入学時を開始時（小学部であれば，基本的には基礎的能力の指導から開始），卒業時を終了時とした長期的展望のある長期的個別カリキュラムの作成（個別の教育支援計画），さらに短期的個別カリキュラムの作成（個別の指導計画）が行われる。

（2）指導地域・目的地の選定

カリキュラムの対象となる指導地域は指導対象となるものが適度に含まれている場所で，可能ならば視覚特別支援学校の近隣で選定したい。また，目的地は，その年齢（学齢）にふさわしいものが選択される（第6章参照）。

（3）歩行能力の指導時期

歩行能力は，その児童・生徒の歩行の進度にあわせて，適切な時期に必要な内容の指導をするという環境主導型指導法（第4章参照）によって実施される方が，児童・生徒にとって学習しやすい。

（4）指導時間

自立活動の時間で歩行指導を実施している視覚特別支援学校が多いが，これだけでは時間が十分でない場合がある。そのため，放課後や長期休暇を利用しての指導や，寄宿舎に歩行訓練士を配置して寄宿舎における指導を行っている例がみられる（保科ら，2004；柳原，2007）。

（5）視覚障害者リハビリテーション施設などとの連携

歩行訓練士の数や指導時間に限界がある場合，視覚障害者リハビリテーション施設などの歩行訓練士による歩行指導の連携を行うことができる（安藤・芝田，2007；前川，2002；太幡，2004）。また，多くの視覚特別支援学校では理療を主とする職業教育が実施されており，成人も在籍しているため，その歩行指導では，視覚障害者リハビリテーション施設などからの知見が適用され，必要な連携が実施される場合がある。

3）指導の留意点

（1）地図の学習

地図の学習（触地図の活用）のための指導は必要だが，歩行指導はメンタルマップ（心的地図）が主体である。地図は歩行能力のうちの情報の利用のひとつにすぎない。したがって，既知地図化法（第19章参照）などによって「地図を教える」（地図学習）ことは大切だが，触地図によって歩行指導を実施する「地図で教える」

ことにおける必要性，効率性は高くない。
（2）通学の重要性
　地域にもよるが，通学によって基礎的能力，歩行能力の向上が図れる。そのため，児童・生徒の能力や歩行環境が可能であれば通学を実施するのが望ましい。通学による日々の多様な経験によって，歩行能力だけでなく，基礎的能力にも付加価値的な向上が見込まれる。
（3）単独歩行の判断
　歩行訓練士の責任で，単独歩行が可能かどうかが判断されるとよいが，現状は，歩行訓練士の提案のもとに学校長，担任，保護者らが同意するという形態が取られている視覚特別支援学校が多く，これが適切であろう（山田，2004）。
（4）卒業後の視覚障害者リハビリテーション施設などへの移行
　視覚特別支援学校卒業後，視覚障害者リハビリテーション施設などで歩行指導を受けるケースも多く，そういう意味でも視覚障害者リハビリテーション施設などとの連携は大切である。これらの施設などへの移行のため，視覚特別支援学校では無理にすべての歩行指導カリキュラムを修了させようとせず，能力的に可能となる段階までの指導を心がける。
　たとえば，電車の利用に際して，対象児には能力的にまだ困難性や危険性がある，また卒業までに十分な指導時間がないという判断であれば，その指導には入らないようにする。白杖操作，障害物回避，走行中の自動車回避，道路横断などの基礎的歩行技術（第10章参照）までしか視覚特別支援学校で指導ができていないとしても，その歩行技術が確実に習得されていれば，移行した施設などではその歩行技術を基盤にした歩行指導が展開できる。結果として，その方が児童・生徒にとっては精神的なストレスが少なく，また，施設側も歩行指導を効率的に進めることができる。これは筆者の経験からも言えることである。
（5）指導内容のフィードバック（視覚障害者の現状からのフィードバック）
　視覚特別支援学校卒業生（視覚障害者）のその後の生活における歩行などの現状はどうか，視覚特別支援学校で行った歩行指導はどのように役立っているかなどを調査する。その結果に基づいて，その視覚障害者が視覚特別支援学校在籍時にどのような指導を受けておけばよかったのかを分析・検討する。さらに，それを現在，視覚特別支援学校に在籍している児童・生徒の指導に適用して，今の指導に欠けていることや必要なことはどういう点かなどを検討して指導に反映させ

るのである。このように，卒業生である視覚障害者から得た点を指導にフィードバックさせることは非常に有意義である。それによって指導のさらなる向上を目指したい（第2章参照）。

（6）家族の理解

　家族は視覚障害児の身近な存在であるから障害・視覚障害の理解とその考え方，視覚障害児の心理などについての認識は既得で不要のように考えられがちである。しかし，実際にはその認識が不十分であることが少なくない。家族の適正な理解と認識は，視覚障害児の総合的な人格形成に大きく影響する（第18章参照）。歩行指導においても，その概要・あり方・目的・進め方，休暇中の児童・生徒への対応の方法などについて家族に説明し，理解を得ておくことが大切である。また，家族にも，基礎的能力，手引きによる歩行，補助具を使用しない歩行の指導とファミリアリゼーションの実施は可能であり，それに対する教員との連携・協力も重要である。

　そのために，家族には，適切な疑似障害体験を通した基本的な視覚障害と視覚障害児に関する知識，さらに，歩行訓練士による歩行指導に関する内容についての講習が不可欠である。

6．特別支援学校，通常学校における歩行指導

　現在，視覚特別支援学校以外の特別支援学校（養護学校・ろう学校）や通常学校の特別支援学級（弱視学級）・通常学級には弱視児だけでなく，全盲児も在籍している。また，法的な視覚障害でなくても矯正がうまくいかない目の不自由な児童・生徒も在籍している。これらの児童・生徒にも適切な歩行指導は不可欠である。その他，重複障害児の項で示した網膜色素変性の発見については留意する必要がある。

　基本的には，視覚特別支援学校や視覚障害者リハビリテーション施設などと連携をし，その協力の下に歩行指導を実施する（太幡・芝田，2006）。白杖による歩行は，視覚特別支援学校などの歩行訓練士により通級による指導，巡回・訪問指導などの相談支援を受け，放課後や長期休暇などを利用して行われる（松下，2007）。

　その他の基礎的能力，手引きによる歩行，補助具を使用しない歩行，ファミリアリゼーションなどに関する歩行指導は，特別支援学校や通常学校の教員によっても実施可能である。そのために，歩行訓練士による疑似障害体験を含む研修会の受講が必要である。それとともに，視覚障害の意味，その考え方，視覚障害教育，

視覚障害リハビリテーション，障害者福祉などに関する講義の受講も大切である。

付記：本章で紹介した視覚障害児童生徒の歩行指導における教員の連携に関する研究―歩行訓練士と歩行訓練補助員の連携―の研究は，平成23年度～平成25年度の科学研究費補助金基盤研究 C の助成を受けている（課題番号；23531291，研究代表者；芝田裕一）。

【引用・参考文献】

安藤千代・芝田裕一　2007　特別支援学校における他領域の専門性の有効活用―兵庫県立視覚特別支援学校における障害の多様化に対応するための指導体制充実事業に係る非常勤講師の活用を通して―　日本特殊教育学会第45回大会発表論文集，584.

保科靖宏・青木隆一・布留川修・鈴木智恵子　2004　教育現場における歩行指導の充実を目指して．視覚障害リハビリテーション，60，7-23.

保科靖宏・芝田裕一　2007　視覚障害児に対する屋内歩行指導の取り組み―千葉県立千葉盲学校小学部の実践から―　日本特殊教育学会第45回大会　発表論文集，590.

出井博之・芝田裕一　2009　特別支援教育における北海道の盲学校の現状と課題―道内の盲学校の現状に関する調査から―　日本特殊教育学会第47回大会発表論文集，241.

前川賢一　2002　NPO 法人アイパートナーの設立と生活訓練の現状　視覚障害リハビリテーション，56，19-34.

松下幹夫　2007　巡回相談・指導の弱視児 A 君の歩行指導　視覚障害リハビリテーション，65，5-9.

芝田裕一　2000　視覚障害者のリハビリテーションと生活訓練―指導者養成用テキスト―　日本ライトハウス

芝田裕一　2003　教育研修と盲学校における歩行訓練　視覚障害リハビリテーション，58，55-91.

芝田裕一　2005　視覚障害児・者の歩行における手引き―その考え方・方法及びび歩行訓練としての指導法―　視覚障害リハビリテーション，62，59-84.

芝田裕一　2007　視覚障害児・者の理解と支援　北大路書房

芝田裕一　2012　視覚障害児・者の歩行訓練における課題（1）　兵庫教育大学研究紀要，41，1-13.

芝田裕一　2013　視覚障害児・者の歩行訓練における課題（2）　兵庫教育大学研究紀要，42，11-21.

芝田裕一　2014a　視覚障害児童生徒の歩行指導における教員の連携に関する研究―歩行訓練士と歩行訓練補助員の連携―　平成23～25年度の科学研究費補助金（基盤研究 C 一般，課題番号；23531291，研究代表者：芝田裕一）に基づく研究関連報告書

芝田裕一　2014b　視覚障害児・者の歩行訓練における課題（3）―障害者権利条約における orientation and mobility（定位と移動）と habilitation―　兵庫教育大学研究紀要，45，31-38.

芝田裕一　2015　視覚障害児・者の理解と支援［新版］　北大路書房

芝田裕一・出井博之・正井隆晶・山田秀代・中野純子・千葉康彦・桝岡良啓・井上芳子　2014　視覚障害児童生徒の歩行指導における教員の連携―歩行訓練士と歩行訓練補助員の連携―　兵庫教育大学研究紀要，44，61-72.

芝田裕一・松下幹夫・正井隆晶　2006　盲学校における歩行指導の課題と視覚障害教育歩行指導研究会の意義　日本特殊教育学会第44回大会発表論文集，321.

太幡慶治　2004　盲学校における歩行指導と連携　視覚障害リハビリテーション，59，35-48.

太幡慶治・芝田裕一　2006　一般校に在籍する視覚障害児に対する盲学校と生活訓練施設連携の事例的研究―歩行指導を通して―　日本特殊教育学会第44回大会発表論文集，650.

山田秀代　2004　岐阜盲学校における歩行指導の実践と課題　視覚障害リハビリテーション，60，25-33.

柳原知子　2007　フラッシュライトを利用した歩行指導　視覚障害リハビリテーション，65，11-16.

第21章　弱視児・者の歩行指導

　歩行指導に限らず，弱視児・者(ロービジョン)の指導にはその見え方の確実な把握，および視覚と視覚以外の感覚の有効な活用が欠かせない。なお，弱視児・者の総合的な指導の考え方などについては，拙著『視覚障害児・者の理解と支援』(2007)および『視覚障害児・者の理解と支援[新版]』(2015)で詳述しているので，参考にされたい。

1．指導の基礎となる事項

　弱視児・者の歩行指導を行う上で基礎となる重要な事項には以下がある。
①歩行の条件，基礎的能力，歩行能力の考え方は，これまでに論じてきたものと同様で，これらをその弱視児・者に応じて改変し，適用する。
②弱視児・者の見え方には個人差があり多様である。
③医療機関による視力・視野の評価だけでなく，その実態を把握するための機能的視覚評価を実施する。
④有効な視覚は活用する（Barraga，1964)。そのため，適切な補助具を使用し，必要な視知覚訓練を実施する。
⑤視覚の活用が不十分な場合は，他の感覚で補足，あるいはそれらに依存する。
⑥歩行環境の状況に応じて視覚，聴覚，触覚，運動感覚などの感覚と白杖（白杖を介した感覚）を適切に使い分ける。
⑦視覚が徐々に低下し，全盲となることが予測される進行性の弱視児・者に対して心理的な配慮が必要である。
⑧夜盲への対処として夜間歩行指導を実施する。

2．弱視児・者の視覚と個人差

1）視覚の要素
　視覚には，①明るさ，②コントラスト，③大きさ（距離），④時間（移動か静

止か）の4つの要素がある（Apple & May, 1970；芝田, 2007, 2015）。

これらのうち，歩行にとって物体の認知に必要な適切な明るさ，および段差の認知に必要な適切なコントラストは特に重要である。屋外での明るさは，天候（快晴，晴れ，曇り，雨）や時間帯（昼間，夕方，夜間）によって状態が変化し，各々によって見え方が異なるケースがある。また，比較的多くの弱視児・者に見られる羞明（まぶしさを感じること），周辺視野が欠損しているケースにみられる夜盲がある。時間は，視対象が動体状態か静止状態かに関連するが，一般に，視力・視野とも動体状態は静止状態より低下する。

2）弱視児・者の見え方

弱視児・者の見え方を症候的，知覚的に大別すると次の8つになるが，その状態は単一もあれば合併している場合もある（芝田, 2007, 2015）。

①焦点不適合――焦点が合わず，フォーカスされていない状態，屈折・調節不良
②明るさ不足――明るさが不足し，暗すぎる状態，夜盲
③明るさ過剰――明るすぎてまぶしい状態，グレア，羞明
④視野不良――中心部分しか見えない状態（狭窄），視野に見えない部分がある状態（暗点）
⑤図と地不明瞭――背景（地）と視対象（図）の区別がつきにくい状態，ものの境界線が不明瞭な状態
⑥奥行き不明瞭――段差の存在，その高さが不明瞭な状態
⑦視界不明瞭――視界が混濁しており，霧がかかったような状態，混濁・霧視
⑧視界不安定――視界が安定せず，揺れているような状態，眼振（眼球振盪）

この他，立体的に見にくい，動的なものが見にくいなど，ケースによって多様な状態がある。また，視野と活動制限の関係では，周辺視野が欠損し，中心のみの視覚（求心性視野狭窄）の場合では読み書きよりも歩行が大きな活動制限となり，中心視野が欠損し，周辺のみの視覚（中心暗点）の場合では歩行よりも読み書きが大きな活動制限となる傾向がある。

3）保有視覚の有効性と個人差

視力検査は，明るさ・コントラスト・時間を一定とし，大きさを変化させて測定される。これは，視覚的に多様な環境・状況にある日常生活における一場面での測定である。したがって，この結果だけで弱視児・者の生活における視覚の状態を把握することは難しく，後述する機能的視覚評価によって生活上の視覚の実

態を把握することが必要である。また，その保有視覚は個人差が大きく，非常に多様である。歩行においては，指数弁や手動弁といった重度な状態でも，その視覚が有効となるケースがある。

3．機能的視覚評価

1）意義

指導の基盤となる機能的視覚評価によって，行動，文字認識などにおける見え方の実態把握が必要である（芝田，1984）。これは，明るさ，大きさなどさまざまな状況において，弱視児・者の言動に基づくものであるため，時間をかけた実施となる。ケースによっては容易でないことがある。さらに，現状以上に見えている，視覚の低下に気づかないなど弱視児・者自身でもその視覚（視力・視野）の正確な把握が困難であることも考慮されなければならない。

2）評価の留意点

（1）総合的留意点

歩行指導との関連，その位置づけでは，まず，定められた環境において機能的視覚評価を実施して歩行指導に入る場合と評価のために特に環境を定めず，歩行指導を継続していく中で，その環境に応じてその都度，機能的視覚評価を行う場合がある。後者の方は指導者に高い能力が要求される。効率的な指導が展開でき，特に在宅型の指導（第6章参照）には適している。そのため，指導者は機能的視覚評価の内容を理解しておき，それを念頭に置きながらその環境において適切に評価ができるようにする。さらに，評価内容は適切に更新されることが大切である。

その他の総合的留意点は以下である。

①機能的視覚評価によって，弱視児・者がその人格や能力を評価されていると誤解しないよう，評価は視覚的なものであること，今後の指導の参考にするものであることなど，その目的を実施に際して対象児・者に伝える。

②実施中の対象児・者の安全性の確保に留意する。そのため，屋外など白杖が必要な場合は，白杖による防御の構えで使用する。操作可能であればタッチテクニックやスライド法でもよい。

③眼精疲労など身体的・心理的疲労に留意をする。

④答えられない項目が続いたり，また逆に，簡単に答えられる項目が続けば，途中で評価を打ち切ることを考慮する。

（2）評価対象

機能的視覚評価の対象に関する留意事項を次にあげる。

①歩行のための評価であるので，この後の歩行指導に使用する地域を念頭に置き，その環境に存在する事物を評価対象とする。

②対象児・者が見るもの（図）とその背景（地）とのコントラストを考慮する。

③評価対象は，歩行に関連した環境認知や地図的操作に必要となる手がかり・ランドマーク，安全性確保のために回避が必要となる障害物，認知が必要となる段差や階段などである。

④方角は，機能的視覚と直接的な関係は低いが，今後の歩行指導に関連があるので評価対象とする。

⑤表札・駅にある料金表などの各表示，時刻表，看板の文字などの「読む」という評価は必要最小限とする。

（3）問い方

以下は，機能的視覚評価の問い方など実施に際しての留意事項である。

①「前方に何が見えますか，見えたものを言って下さい」といった，景色など不特定多数の対象を答えてもらう意図の問いは答えにくい場合がある。状況によっては「はい」「いいえ」，「見える」「見えない」，「分かる」「分からない」という答えとなるような問いが答えやすいし，評価も容易である。また，特定の何かをさしての問いであれば，「○○が見えますか」あるいは「何が見えますか」というような問い方もよい。

②その対象の前で「○○が見えますか」と問うだけでなく，歩行しながら「○○が見えたら知らせて下さい」あるいは「○○が見えたら止まって下さい」という問い方もする。

③「走行車が見えますか」という問いでは，答えられても視覚によるものか，聴覚によるものか判断しづらい。こういう質問も評価として不必要ではないが，他の感覚も利用しての答えだということをふまえておく。できれば視覚だけを評価できるものが望ましい。

3）評価内容

機能的視覚評価には，まず，実施日，対象児・者の氏名，視覚（視力・視野）の状態，実施日の天候と時間帯，使用補助具（遮光眼鏡，白杖など），羞明の程度などの基本的事項を記入する。

対象の評価方法と関連する事項には次のようなものがある。
① 「分かる」「見える」など可能（○）・不可能（×）の2段階，あるいは，なんとか可能（△）を付加した3段階程度による評価。
② 可能，あるいは，なんとか可能な場合，その対象までの距離。
③ その時の明るさ，屋内では光量，屋外では天候・時間帯。
④ これらの評価を通して機能的視覚に関する全体的，総合的なコメント。

以下は，機能的視覚評価の内容であるが，評価対象は，弱視児・者と視覚対象との移動状態によって以下のようなグループ別（S は stationary；静的状態，M は moving；動的状態）にする（Shibata, 1975；芝田, 1981a）。なお，「分かる」とは，見えて，どこにあるかが分かり，その対象への指さしができるということも含まれている。

　　a．S-S の状態──静止した人が静止している物を見る状態
　　b．S-M の状態──静止した人が動いている物を見る状態
　　c．M-S の状態──動いている人が静止している物を見る状態
　　d．M-M の状態──動いている人が動いている物を見る状態

（1）屋内；S-S, M-S
① 物体の理解──灰皿・コップなど小さいものが分かる，イス・机など大きいものが分かる，障害物をよけることができる，など
② 空間の理解──扉など開いているのが分かる，廊下の交差点など広がっている所が分かる，など
③ 段差の理解──階段や段差が分かる，階段の昇降ができる，など
④ 文字（読む）や色の理解──新聞など近見での文字が読める，部屋の名前など遠見での文字が読める，色の区別ができる，など
⑤ その他──部屋の位置が分かる，など

（2）屋内；S-M, M-M
① 通行者の理解──歩いている人が分かる，歩いている人について行ける，歩いている人を歩きながら避けることができる，など

（3）屋外；S-S, M-S
① 物体の理解──自動車・バス・自転車などの大きさのものが分かる，木・電柱・バス停留所などの大きさのものが分かる，看板・ポストなどの大きさのものが分かる，障害物を避けることができる，など

②コントラストの理解——地面の変化（質・色）が分かる，道路の白線・横断歩道が分かる，視覚障害者誘導用ブロックが分かる，道路の白線にそって歩くことができる，など
③段差の理解——階段や縁石など段差が見える，階段の昇降ができる，など
④道路横断・信号の理解——横断歩道が利用できる，信号が分かる，信号機なしの道路が横断できる，信号機つきの道路が横断できる，など
⑤文字（読む）の理解——交通標識が読め理解できる，道路の名前が読める，など

（4）屋外；S-M，M-M
①通行者の理解——歩いている人が分かる，歩いている人についていける，歩いている人を歩きながら避けることができる，など
②自動車・自転車の理解——動いている自転車が分かる，自動車の動きを目で追うことができる，など

（5）歩行に関する評価
① SD課題（第11章参照）——目的地を見つけることができる，出発点まで戻ることができる，方角が理解できる，など
②交通機関——バスを利用することができる，電車を利用することができる，など
③その他——エスカレーターを利用することができる，エレベーターを利用することができる，通行者で混雑したところを歩くことができる，など

4）評価の例

屋外での機能的視覚評価は道路を歩行しながらの実施となる．以下に，機能的視覚評価の問い方や評価内容の例を示すが，「　」内は対象児・者に告げた教示である．①，②…は評価内容である．例となる地域には，歩車道の区別のない南北の道路M，その西に歩車道の区別のない南北の道路Nがあり，東西は，北から歩道のある道路X，歩車道の区別のない道路Y，Zがある（図21-1）．

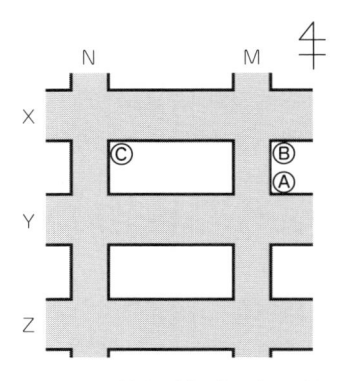

図21-1　機能的視覚評価の例

（1）地点 A で

　地点 A は，道路 M と Y の北東の角である。道路 M には路側帯があり，南行きの一方通行で途中には電柱や放置自転車がある。道路 M の北，約50m 先に交差点（道路 M と道路 X の交差点）があり，その角には視覚障害者誘導用ブロックがある。対象児・者は地点 A で西を向いている。

　問い１：「今は西を向いています。これから北に向かって歩き，途中，視覚障害者誘導用ブロックが見えたら，その場で立ち止まって知らせて下さい。また，交差点が分かったら知らせて下さい。」
　①安全性が確保でき，安定して歩行できるか。
　②路側帯の白線が見えるか，またそれにそって歩けるか。
　③電柱や放置自転車などの障害物があった場合，避けられるか。
　④走行中の自動車（前方から接近），バイク，自転車には安全性が確保された対応ができるか。
　⑤視覚障害者誘導用ブロックが発見できるか。発見できた場合，何 m 程度手前で発見できたか。
　⑥交差点の発見ができるか。
　⑦方角の利用（理解）ができるか。

（2）地点 B で①

　地点 B は，横断歩道と信号のある交差点（M と X）の南東角である。この信号は背景が建物であり，比較的見やすい。また，西の方には信号のある交差点（N と X）ある。

　問い２：「横断歩道の白線が見えますか，また白線の数が分かりますか」
　①横断歩道の白線が見えるか。
　②その白線の数が分かるか。
　問い３：「信号がどこにあるか言って下さい（信号の位置）」
　①信号が見つけられるか。
　問い４：「（見つけられた場合）歩行者用信号はどこにありますか」
　①歩行者用信号が見つけられるか。
　問い５：「信号の色が見分けられますか」
　①信号の色が見分けられるか。

（3）地点Bで②

地点Bから道路Xの南側の歩道をNまで歩行するが，歩道上の途中には北側にバス停留所，南側に看板がある．バス停留所は高さ2m，黄色の屋根と緑色のベンチがあり，大きさ，コントラストとしては発見しやすい．看板は底辺が1辺30cm，高さが1mの立方体で黒色，背景の建物は茶色で，大きさ，コントラストとしてはやや発見しづらい．

問い6：「この道路（M）を横断して下さい．そして，次の交差点（NとX）まで歩きます．途中，右側にあるバス停留所と左側にある看板が見えたら，立ち止まって知らせて下さい．」

①安全性が確保でき，安定して歩行できるか．
②交差点および信号機の発見・横断時に特に利用したのは次のどれか．
　　a．信号，b．走行車（視覚的），c．走行車音（聴覚的）その他（歩行者，自転車など）
③バス停留所の発見はできるか．
④看板の発見はできるか．
⑤障害物があった場合，避けられるか．
⑥通行者を避けられるか．

（4）地点Cで①

地点Cは，横断歩道と信号のある交差点（NとX）の南東角である．この横断歩道は地点Bよりは薄くコントラストがよくない．信号は背景が空であり比較的見づらい．北東角には垣根（緑色）があり，南西角には灰色の3階建ての建物がある．

問い7：「横断歩道の白線が見えますか」
①横断歩道の白線が見えるか，その白線の数が分かるか，ぼんやりなら見えるか．

問い8：「信号がどこにあるか言って下さい（状況の異なる信号で再評価）」
①信号が見つけられるか．

問い9：「（見つけられた場合）歩行者用信号はどこにありますか」
①歩行者用信号が見つけられるか．

問い10：「信号の色が見分けられますか」
①信号の色が見分けられるか．

問い11：「車の走行方向が分かりますか（車音を利用していてもかまわない）」
①車の走行方向が分かる。
問い12：「停車中の車が見えますか」
①停車中の車が見える。
問い13：「交差点の北東角や南西角には何が見えますか」
①北東角にある垣根（緑色）が見える。
②南西角にある灰色の3階建ての建物が見える。
③歩道の縁石が見える。

（5）地点Cで②

道路Nには道路Mより薄くコントラストがよくない路側帯があり，対面通行である。途中には道路Mとは異なった状況の看板，電柱，放置自転車などの障害物がある。

問い14：「西に横断して，南（左）へ行き，2つ目の交差点（NとZ）まで歩いて下さい」
①安全性が確保でき，安定して歩行できるか。
②路側帯の白線が見えるか，またそれにそって歩けるか。
③障害物があった場合，避けられるか。
④走行中の自動車（前方と後方から接近），バイク，自転車への対処で安全性が確保されているか。
⑤途中の交差点（NとY）を発見し，安全性を確保して横断できるか。
⑥交差点（NとZ）を発見し，そこで止まれるか。

4．視覚の有効活用

　機能的視覚評価によって視覚が有効な状況や対象が把握されれば，それを歩行に活用するが，ケースによって適切な補助具の選定とその使用が必要である。

1）補助具

　補助具には，遠見用単眼鏡，フレネルの膜プリズム，遮光眼鏡，白杖などがある。フレネルの膜プリズム（眼鏡に装着して視野を拡大させるもの）は，求心性視野狭窄や半盲（視野のほぼ半分が欠けている状態）に有効であるが，プリズムによる対象の位置にずれがあるため注意が必要である。遮光眼鏡は羞明への対応として効果がある。ただ，まぶしさは上部からの光も否定できないため改良する

か，あるいはサンバイザーなどでのカバーが必要となることがある。また，通常の眼鏡に装着するクリップオン式のものもある。

2）補助具と歩行指導

歩行時では，単眼鏡などの補助具は，時刻表，値段表，信号などを見る際に使用されるが，コミュニケーションに比してその使用頻度は低い。さらに，補助具が必要な場面でも援助依頼で解決できることがあるため，ニーズに応じて使用を検討することが必要である。

単眼鏡を使用する場合は静止した状態で使用し，歩行中での使用は安全性が低下するため控えなければならない。単眼鏡で見たい対象の見つけ方は，まず発見しやすいランドマークを前もって選定しておき，それを発見してそれを辿っていくという方法が有効である。信号の場合では，まず，歩道の縁石をたどり，そこでポール状の物（信号機のポール）を発見し，それにそって上昇して発見するという方法もある。状況に応じて遮光眼鏡が必要となる。

3）視知覚の向上

有効な眼球運動の方法を学習し，効率的な探索によってその視野を拡大させることができる。また，基礎的能力として，探索，注視，トラッキング，目と手足の協応動作など視知覚を向上させる指導（視知覚訓練）も大切である（Shibata, 1975；芝田，1981a, 2003）。

5．感覚の適切な使い分け

歩行指導の主体となるのは，歩行環境の状況に応じて弱視児・者が自身の視覚，聴覚，触覚，運動感覚などの感覚と白杖を適切に使い分けることである（芝田，1986, 1990）。

1）視覚の優位性と注意のメカニズム

弱視児・者の指導を考える前に，視覚の優位性と注意のメカニズムを踏まえておく必要がある。

人は視覚優位であるが，それは多くの情報を視覚から得ているとともに視覚が他の感覚よりも機能的，心理的に優位であることを示している。それはまた，キャロル（Carroll, 1961）が視覚障害となると保有感覚に対する自信が喪失すると述べていることからも分かる。つまり，人は視覚に大きく依存し，視覚に多くの注意を集中して生活している。

その注意には，人は多様な情報を受容してもフィルターによって注意を向けることのできるのは一度にひとつに限定された情報だけであるという性質がある。このことは，意識の覚醒水準の程度が脳幹網様体によって制御されており，視覚に注意を集中しすぎると他の刺激が大脳まで伝達されず，途中で遮断されるというブロードベント（Broadbent）の注意におけるフィルター理論で示めされている（安西ら，1994）。したがって，意識化されるのはフィルターを通ったひとつの情報だけなのである。

　これらの視覚の優位性と注意のメカニズムから，人は視覚に必要以上に注意を集中しがちであること，視覚に注意を集中すると他の感覚へ注意を向けるは難しいことを，弱視児・者がしっかり認識することが指導の前提として必要となる（芝田，1990）。

2）感覚の適切な使い分けの留意点

　環境・状況と歩行に応じた感覚を適切に使い分けるには，前述の視覚の優位性と注意のメカニズムの理解が大切となる。視覚に注意することで見たい対象が認知できる環境はよいが，そうでない環境では視覚以外の聴覚，触覚，運動感覚などの感覚と白杖に依存し，それらにうまく注意を向けなければならない。これは分かっていても遂行が難しいことがある。そのため，「ここは目で見ずに耳でよく聞こう」「この場面は白杖だけに注意しよう」などと自己に言いきかせて行動しなければ，気がつくと一生懸命，目で見ようとし，安全性の低下を招いてしまう場合がある。このことについて弱視児・者の認識と理解を促すことが重要である。

　この感覚の適切な使い分けについて，弱視児・者が認識しておく事項と指導の進め方に分けてまとめると次のようになる。

（1）弱視児・者が認識しておく事項

①一般的に視覚への依存度は高いこと。
②ひとつの刺激に注意を集中すると他の刺激には反応しにくいこと。
③視覚以外の感覚へ注意を向けるために自ら意識する必要があること。
④以上のことから，指導の時間で視覚以外の感覚を使用した行動を学習しても，日常生活でそれを実践しなければ習得が難しいこと。
⑤学習した内容を日常的にくり返して実践し，それを習慣化すること。

（2）指導の進め方

①弱視児・者に視覚の優位性と注意のメカニズムについて解説し，理解を求める。弱視児・者がこれらを理解することから指導が始まる。言い替えれば，理解が十分でないと指導に時間をかけても目立った成果がみられないことが多い。

②状況に応じた視覚，聴覚，触覚，運動感覚などの感覚と白杖を使い分ける方法を具体的に示し，それを基礎とした歩行指導を行う。

③習得した感覚の使い分け方，歩行方法を日常生活で行うことでそれを習慣化するよう弱視児・者に働きかける。

6．感覚の適切な使い分けの実際

身体障害者障害程度等級の1～2級程度の視覚を保有する，いわゆる重度といわれる弱視児・者は，ケース・バイ・ケースではあるが，状況によって感覚を適切に使い分けることが常態となることが多い。以下にその感覚の適切な使い分けに関する代表例をあげる。

ほとんど視覚によって安全性が確保できる弱視児・者であっても白杖は，安心感の確保，援助依頼時に有効など視覚障害児・者としてのシンボルという目的で携帯が必要である（第8章参照）。しかし，弱視児・者の中には，社会の障害者観に起因する理由などから携帯を望まない場合があるため，指導者は白杖の携帯については対象児・者の心情や考えに耳を傾け，了解を得ることを念頭に置いた指導が大切である（芝田，2007，2015）。

1）視覚を使用する状況

対象の大きさやコントラストなど視覚の要素が十分な状態であれば，次のような状況では視覚が有効となることがある。

①路側帯——それにそうことで道路端を歩行でき，走行中の自動車への対応に対する安全性が確保される。

②視覚障害者誘導用ブロック——歩行方向，曲がり角や交差点などが発見できる。ただし，路面の色に同化してコントラストが不明確な場合は難しい。

③駐車中の車，看板などの発見と回避——ただし，回避の際に足下は白杖によって溝などがないか確認する必要がある。

④走行中の自動車の発見と回避——発見には聴覚の使用か聴覚と併用という場

合もある。また，回避の際に足下は白杖によって溝などがないか確認する必要がある。
⑤交差点や横断歩道の白線の発見――ただし，横断は聴覚による場合が多い。
⑥階段の発見――ただし，昇降は白杖による場合が多い。
⑦目的地となる建物（駅舎，マーケット，商店，郵便局，銀行，バス停留所など）

2）白杖を利用する状況
（1）白杖による確認と視知覚訓練
　視覚によって知覚した事物を白杖，あるいは手によって確認し，自分が知覚した物であったかどうかを同定する，つまり，視知覚訓練である。たとえば，駐車している黒っぽい車を何かの影と思ったり，また，影を水たまりと勘違いしたりなど，誤って認識していることが多い。ふだんは有効な視覚でも光の加減やコントラストによっては誤認することもある。このような時，白杖によって確認するとともに，視覚刺激の微妙な差異を知覚し，「このような見え方の時は車だ」というように自身で視覚的再学習（視知覚訓練）をするよう働きかけておくことが大事である。

（2）白杖操作と障害物の回避（確認）
　視覚によって常に障害物や段差などが確認できれば，白杖は保持しても常時操作する必要はない。しかし，電柱・ポール，駐輪などの障害物にあたる，段差で躓く，溝に足を落とすなどの可能性が多少でもあれば，タッチテクニックかスライド法によって歩行する。あるいは，環境の状況によっては部分的に白杖を操作する場合もある。

（3）階段昇降
　階段は，コントラストが不明瞭，駅や屋内などでは光量が不十分，奥行きがわかりづらいという理由から多くの弱視児・者が困難を感じる環境である。この階段では白杖を主体にした操作によって昇降する。さらに，かえって白杖操作の集中度を阻害する結果を招きやすい視覚刺激には反応しないように努めるとよい。したがって，階段では視覚は使わず，白杖に注意することによって安全性を確保する練習の場と考える（事例9-4，第9章参照）。

（4）電車の利用
　電車の利用は，ホームの歩行も含めて安全性の確保が要求される非常に重要な

指導課題である。ホームの歩行時、乗降時には白杖を使用し、適切に操作することで確認を怠らないようにしなければならない。危険性が高い状況であるため、保有視覚があっても油断せず、白杖に注意する練習の場と考える。

3）聴覚を使用する状況

（1）道路横断

道路を横断する時、前を横切る車はある程度近づかないと視覚で確認できないため、道路横断は耳で聞いて安全性を確保する。道路横断は視覚を使わず、聴覚に注意する練習の場と考える。

（2）信号の利用

信号の利用も聴覚を使用する場であるが、ただ夜間は、羞明のある昼間と違ってヘッドライトや信号の色が見えるため視覚によって行える弱視児・者もある。

4）触覚・運動感覚を使用する状況

触覚は、足底により、アスファルト、地道、砂利道などの路面の状態、コントラストが不明確な視覚障害者誘導用ブロックの判断などに使用される。一方、運動感覚は、上り下りによる坂道の判断などに使用される。

7．視覚が徐々に低下する弱視児・者の指導

網膜色素変性など、視覚が徐々に低下する進行性の場合、保有視覚を主体とする指導とともに全盲となった後を考えての指導が必要となる。それには障害受容を含めて心理的な配慮が不可欠である（芝田，2007，2015）。

1）アイマスク装着の留意点

全盲となった時に備えてアイマスク（blindfold）を装着した指導の導入が考えられる。しかし、そこにはこの指導に対して配慮されなければならない留意点がある。

感覚・知覚の向上はくり返し（習慣化）による方法が効果的である。しかし、アイマスクによる指導を長時間継続することは難しく、それによって視覚以外の感覚・知覚の向上を目指すのは容易ではない。たとえば、1週間に数時間をアイマスク装着による歩行指導に充当して毎週実施したとしても、その弱視児・者の意欲、意識の持ち方にもよるが、全盲に近い感覚の状態を求めるのには限界があるだろう。

弱視児・者の意思に関係なく、指導者側からアイマスク導入を働きかけると、

それによって心理的に保有視覚が有効でないことを暗示してしまうことがある。しかし，弱視児・者の意識の持ち方によってはアイマスク装着による指導は以下のように有効な場合がある（McDonald, 1966）。
　①全盲状態の行動的，心理的な経験をする。
　②視覚以外の感覚・知覚の向上へ向けて，視覚を遮蔽しなくても他の感覚を使っていくように習慣化する。

　総合すると全盲後を考えてアイマスクを導入することに関しては，その目的と弱視児・者の希望・意思が考慮されなければならない。適切な状態で，また，弱視児・者が意欲をもって取り組み，それによって全盲状態を経験して今後に活用しようとする意識があればアイマスクの導入は効果があるだろう（芝田，1981a）。

2）指導の留意点

　弱視児・者の指導の主体である，場面による感覚の適切な使い分けの指導を進めていくことにより，全盲となっても十分，能力が発揮できる可能性がある。また，保有視覚の良好なうちに多くの歩行環境での歩行経験を重ね，歩行環境に関する事項や歩行環境の形状（第18章参照）など多くのタイプの環境を視覚的に経験・記憶するなど，視覚による基礎的能力の習得を考える。つまり，認知的に概念駆動型処理（第18章参照）ができる部分を増加させる。その他，全盲になった後，必要に応じて視覚障害者リハビリテーション施設などで再び指導を受けることを考慮しておくとよい。

8．夜間歩行指導

　昼間の歩行には大きな問題のない弱視児・者でも網膜色素変性など，求心狭窄で周辺視野に欠損があると夜間歩行指導が必要となる場合が多い（芝田，1981b）。

1）基本的な考え方

　夜間歩行指導の基本的な考え方には次のようなものがある。
　①夜間歩行指導の基本は，弱視児・者の指導の主体である感覚の適切な使い分けである。
　②夜間歩行指導は，昼間で行われる指導がある程度進み，歩行能力の基礎が習得された後に実施されるのが望ましい。
　③夜間歩行の状態を把握するために，指導者が横について単独の歩行，あるいは手引きによる歩行によってチェックを行う。その対象となるのは，夜間歩

行に対する不安，光源の位置や明るさの程度に伴う保有視覚の有効性（機能的視覚評価），総合的な歩行の能力である。
④夜間にのみ全盲に近い状態になるため夜間歩行に不安がある。夜間歩行指導はこの不安の軽減から開始する。

2）アイマスク装着による昼間の指導

夜間に歩行指導を実施するのは時間的な制約が大きく，長期的な指導が困難なことがある。そのため，昼間に行われる一般的な歩行指導とは別に，夜間歩行指導の準備のためにアイマスク装着により昼間で補える部分の指導を実施する。

（1）昼間の指導の目的

これは夜間歩行指導のためのアイマスク装着による指導であるから，視覚が徐々に低下する進行性の場合で導入に慎重さが求められるものとは目的が異なっている。以下はその目的である。
①アイマスク装着による全盲状態に対する不安の軽減
②白杖操作技術の習得——タッチテクニック，スライド法，白杖による伝い歩きが対象である。
③基礎的歩行技術の習得——障害物の回避，走行中の自転車回避，走行中の自動車回避（回避行動とその回復行動が主となる），白杖による階段昇降などであるが，この指導では交差点の発見・横断はあえて実施しない。
④視覚以外の保有感覚，特に聴覚への注意力の高揚

（2）昼間の指導の留意点

指導は，すぐに白杖操作の指導には入らず，手引きによる歩行によってアイマスクに十分慣れるようにする。これは，わずかの視覚しか保有しない弱視児・者でもアイマスク装着による歩行に不安を訴えるためである。アイマスクに慣れ，緊張と不安が軽減されれば白杖操作技術や基礎的歩行技術の指導に入る。その指導方法は，第8〜11章を参照のこと。

弱視児・者によっては，交差点の発見・横断の習得に時間がかかる場合がある。そのため，あえてアイマスク装着による昼間では指導せず，夜間指導で行うようにする。これは夜間の保有視覚によって，昼間のアイマスク装着状態よりは容易に習得できる可能性があるからである。

3）夜間の指導

夜間の指導は，当初は昼間同様，アイマスクを装着しての指導が有効である。

これにより，昼間の指導で習得した歩行能力を基礎とし，昼間とは相違した音量・音質などの状況下で，白杖や聴覚などへ注意を向けやすくする。当初のルートは，対象児・者自身にまだ夜間歩行に対する不安がある場合が多いので，昼間の指導で使用したところを使用する。

その後，アイマスクは装着せずに，昼間で実施した課題に加えて交差点の発見・横断，目的地発見などを指導する。対象児・者にはアイマスクを装着している時と同様の状態で白杖や聴覚など，状況によって感覚を適切に使い分けるよう働きかける。白杖はスライド法の方が側溝や段差の発見などに有効な時があるが，状況によってはタッチテクニックでもかまわない。

次に，街灯などの光に頼れないような暗い道路，明るい場所と暗い場所が混在している道路，一方通行で車（ヘッドライト）と同方向，あるいは反対方向など，明度がさまざまに変化している道路などで指導する。その後，信号の利用の指導を行うが，視覚による信号の判別は昼間は羞明のため不可能でも，夜間にはコントラストが明確で可能となる対象児・者がある。応用として，昼間でも歩行経験のない未知地域の歩行指導を実施するのもよい。その他，必要に応じて雨天時の歩行，交通機関の利用などの指導も考えられるであろう。

4）一般的なカリキュラム

（1）単元Ⅰ 昼間の指導（すべてアイマスク装着）

①第1～2課——a．目的：アイマスク装着に対する慣れ，b．方法：手引きによる歩行，屋内歩行

②第3課——a．目的：白杖操作技術，b．方法：静止しての白杖の振り，リズム歩行，直進歩行

③第4～5課——a．目的：障害物回避，走行中の自転車および自動車回避，b．方法：歩車道の区別のない道路歩行，第5課ではルートを延長する，c．留意点：交差点の発見・横断は指導者の指示あるいは手引きによる歩行で行う。

（2）単元Ⅱ 夜間の指導

①第1課——a．目的：昼間の指導の復習，b．方法：単元Ⅰ第5課のルートをアイマスク装着により歩行，c．留意点：交差点の発見・横断は指導者の指示あるいは手引きによる歩行で行う。

②第2～5課——a．目的：障害物回避，走行中の自転車および自動車回避，交差点の発見・横断など，b．方法：第1課と同ルート，c．留意点：必要

以上に視覚に依存せず，アイマスク装着時の状態を意識・維持する，第3課は第2課と異なり，これまでに歩行経験のあるルート，第4課は少し暗い道路を含むルート，第5課は明るさの異なる箇所を含むルート
③第6課——ａ．目的：歩道のある道路歩行，信号の利用，ｂ．方法：歩行経験のある地域で2車線程度の道路（対面通行）歩行
④第7課——ａ．目的：SD課題，ｂ．方法：これまでに使用した地域

【引用・参考文献】
安西祐一郎・苧阪直行・前田敏博・彦坂興秀　1994　注意と意識（岩波講座認知科学9）岩波書店
Apple, L., & May, M.　1970　*Distance vision and perceptual training.* American Foundation for the Blind, New York.
Barraga, N.　1964　*Increased visual behavior in low vision children.* American Foundation for the Blind, New York.
Carroll, T. J.　1961　*Blindness: What it is, what it does and how to live with it.* Little, Brown and Company, Boston.
McDonald, E. H.　1966　Mobility-occlusion versus low vision aids. *The New Outlook for the Blind*, **60**, 157-158.
Shibata, H.　1975　*Visual training and mobility training for the person with low vision.* Unpublished Master's thesis, Western Michigan University.
芝田裕一　1981a　弱視児・者の歩行訓練—その基本的概念—　視覚障害研究，**13**，1-25.
芝田裕一　1981b　歩行訓練セミナー（2）弱視児・者のための夜の歩行訓練　視覚障害研究，**14**，47-51.
芝田裕一　1984　視覚障害者のためのリハビリテーション1歩行訓練第2版　日本ライトハウス
芝田裕一　1986　弱視児・者に対するカウンセリング的指導　視覚障害研究，**24**，41-48.
芝田裕一（編）　1990　視覚障害者の社会適応訓練　日本ライトハウス
芝田裕一　2003　視覚障害者のリハビリテーションと生活訓練第2版—指導者養成用テキスト—　日本ライトハウス（自費出版）
芝田裕一　2007　視覚障害児・者の理解と支援　北大路書房
芝田裕一　2015　視覚障害児・者の理解と支援［新版］　北大路書房

歩行技術等に関する専門用語集 （）内は英語の原語

　本文で述べたように，日本の歩行指導はアメリカから伝えられたが，その体系は日本の環境等に適応したものに改変されている。したがって，日本にしかない歩行技術が案出され，また，英語の歩行技術の専門用語を日本語で使用しやすいように変換している。以下は，関連する英語の専門用語と対応させた日本の歩行技術等の専門用語である。

視覚障害児・者の歩行（定位と移動）（orientation and mobility）　4
　　定位（orientation）　4
　　移動（mobility）　4
手引き（sighted guide, human guide）　64
手による伝い歩き（trailing technique）　80
手による防御（hand and forearm technique）　81
　　上部防御（upper hand and forearm technique）　81
　　下部防御（lower hand and forearm technique）　82
直角の方向の取り方（squaring off）　83
平行の方向の取り方（direction taking）　85
白杖の置き方（placement of cane）　97
白杖による防御（diagonal technique）　99
　　白杖による防御で白杖の石突きを壁等に触れて伝い歩きする方法（trailing a wall while using the diagonal technique, diagonal technique-trailing）　101，115
タッチテクニック（touch technique, touch cane technique）　101
スライド法（constant-contact cane technique）　106
白杖による伝い歩き（該当する用語はない）　108，114，116
　　ガイドラインのタイプA（側溝のように落ち込んでいるもの）に対する操作法（touch and drag）　109，114，115
　　ガイドラインのタイプB（側溝蓋のような路面より少し高いもの）に対する操作法（該当する用語はない）　109，114，115
　　ガイドラインのタイプC（建物や壁のように高いもの）に対する操作法（locating openings with touch technique, touch technique-trailing）　109，114，115
　　ガイドラインのタイプD（アスファルトと砂利，アスファルトと芝生のような路面に両方の高さは同じで白杖で認識できる質的な差のあるもの）に対する操作法（shoreline technique, locating intersecting sidewalks, shoreline method, shorelining）　110，115
　　3点法（three-point touch）　110，115
白杖による階段昇降（ascending and descending stairs with white cane）　116
白杖による既知の段差の発見（touch and slide）　117
障害物回避（該当する用語はない）　124
走行中の自転車回避（該当する用語はない）　128
走行中の自動車回避（該当する用語はない）　129
騒音時の歩行（該当する用語はない）　132

歩車道の区別のない交差点横断（該当する用語はない）　133
歩道のある交差点横断（該当する用語はない）　138
一旦入り込む交差点横断（SOC）（該当する用語はない）　143
踏切横断（railroad crossing）　145
混雑地の歩行（congested area travel）　145
信号の利用（信号を利用しての横断；crossing with traffic lights）　147
SD課題（該当する用語はない）　152
ドロップオフ（drop-offs）　162
ドロップオフⅡ（該当する用語はない）　162
ハインズブレイク（Hines break）　193

人名索引

あ
アイゼンバーグ（Eisenberg,R.A.） 247
アップル（Apple,L.） 295
安西祐一郎 304

い
五十嵐信敬 254, 261
板倉聖宣 37
今田寛 33, 250, 267
岩橋英行 28

う
ウーラコット（Woolacott,M.H.） 261

え
エイカーン（Eichorn,J.） 249

お
大塚達雄 45
大山正 49

か
香川邦生 261, 268
カッツフォース（Cutsforth,T.D.） 267

き
木下和三郎 22
ギフォード（Gifford,R.） 158
キャロル（Carroll,T.J.） 23, 24, 262, 303

く
グッドウィン（Goodwin,G.M.） 261
クラウスマイヤー（Klausmeier,H.J.） 239
クラティー（Cratty,B.J.） 254

け
ケラー（Keller,H.） 241, 251

こ
ゴレッジ（Golledge, R.G.） 271

さ
佐藤親雄 23, 27
佐藤泰正 28, 262

し
ジェイコブソン（Jacobson,W.H.） 27, 114
芝田裕一 ⅱ, 5, 27, 45, 68, 111, 114, 124, 131, 143, 144, 156, 162, 181, 203, 218, 239, 248, 261, 271, 273, 280, 298
ジマーマン（Zimmerman,A.） ⅰ
シムヤキン（Syemyakin, F. N.） 275
シャムウェイークック（Shumway-Cook,A.） 261

す
鈴木鎮一 33
スターコ（Suterko,S.） 24, 278
スタイナー（Steiner,G.） 277

た
武井麻子 45
武田健 32
ダレンバック（Dallenbach,K.M.） 231

て
ディドロ（Diderot,D.） 231

な
中村貴志 261

の
ノーマン（Norman,D.A.） 243

は
ハイン（Hein,A.） 250
バラガ（Barraga,N.） 294
原田悦子 49

ひ
東山紘久 45
ヴィゴローソ（Vigoroso,H.） 249
ヒル（Hill,E.） 27, 103, 114

ふ

フィッシュバック（Feshbach,N.D.）　45
フーバー（Hoover,R.E.）　23, 95, 106
ブライユ（Braille,L.）　196
ブラッシュ（Blash,D.）　24
古河太四郎　22
ブレッドソー（Bledsoe,C.W.）　23, 106
ブロードベント（Broadbent,D.E.）　304
フロスティッグ（Frostig,M.）　254

へ

ヘッブ（Hebb,D.O.）　267
ヘルド（Held,R.）　250

ほ

ポンダー（Ponder,P.）　27, 103, 114

ま

マクドナルド（McDonald,E.H.）　308
マッグロー（McGraw,M.L.）　239
マラメイジアン（Malamazian,J.D.）　24
丸山康則　49

み

三浦利章　49

め

メイ（May,M.）　295

や

矢野忠　262
山梨正雄　106

ゆ

ユースティス（Eustis,D.H.）　94

り

リドン（Lydon,W.T.）　239
リンゼイ（Lindsay,P.H.）　243
リンチ（Lynch,K.）　158

ろ

ローウェンフェルド（Lowenfeld,B.）　263

事項索引

あ
ICF（国際生活機能分類） 2, 262
アイマスク 307
アクション・スリップ 49
アッシャー症候群 286
アメリカ 16, 23, 27, 89, 106, 107, 113, 116, 118, 124, 141, 193
安心感の確保 6
安全性の確保 6, 46, 47, 146, 147, 164, 182, 282
安全性の基準 50

い
石突き 92
石突きによる伝い歩き 101, 115
一旦入り込む交差点横断（SOC） 143
移動 4
意図的指導法 37
インターロッキング 164
インテーク 68

う
ウエスタンミシガン大学 24, 114, 115
運動 8, 234, 261
運動学習 33, 34
運動感覚 233, 261

え
AFOB ⅰ, 24
エコー知覚 229, 259
SOC 46, 143, 144, 165
エスカレーターの利用 119
SD 課題 134, 152, 299
エッジ（縁） 158
エプロン 220, 221
エレベーターの利用 120
演習（歩行実技） 25, 112
援助依頼 145, 161, 189

お
OJT 18
横断前の位置と方向 133, 139, 141
屋内歩行 85
落とし物の拾い方 83
オリエンテーション 4, 52
オリエンテーション・アンド・モビリティー 4, 24
おりたたみ式の杖 92
オルデンブルク 94
音源定位 228, 258

か
ガードレール 154
ガイドライン 108, 164
ガイドラインのタイプ 109, 145
概念 238
概念化（概念習得） 239, 243
概念駆動型処理 243, 308
仮説実験授業 37
家族 77, 240, 242, 249, 263, 284, 292
角と歩道の形状のタイプ 153
下部防御 82, 87
カリキュラム 59, 74, 132, 155, 179, 310
感覚・知覚 8, 218, 258
感覚の適切な使い分け 303, 305
環境 8, 44, 220
環境主導型指導法 36, 60, 117, 132, 194, 242, 276
環境整備 86
環境認知 10, 55, 152, 157
間接的指導法 38

き
基礎的能力 5, 7, 28, 49, 53, 152, 175, 183, 218, 280, 283
基礎的歩行技術 122, 309
既知地図化法 273, 275
機能性を主体とする指導 242, 250
機能的視覚評価 296
基本となる標準的な指導内容・方法 ⅱ, 14, 46, 48, 287
逆向的指導法 39
QOL 2, 15, 286
求心性視野狭窄 295

強化　32
境界線　108
共感　45
教授型指導法　37
恐怖感　44
緊張感　44

く

区画　224
グリップ　91
車乗り入れ口　221
クロックポジション　227, 267

け

継時的把握　197
傾聴　45, 47
言語指示優先型指導法　38
現地ファミリアリゼーション　153, 179, 203

こ

交差点　224
厚生省委託歩行指導者養成課程　24
行動計画　9, 55, 159, 161
行動指示優先型指導法　38
行動主体指導法　34, 35, 287
口頭ファミリアリゼーション　180, 203
コケイン症候群　286
固定的参照系　219
言葉・用語　8
個別性の検討　7, 47, 283
個別の教育支援計画　61
個別の指導計画　61
コミュニケーション　266
コミュニケーション訓練　3
混雑地の歩行　145
コンセプト　238
コントラスト　295, 305

さ

サーベイマップ　275
在宅型　58, 62, 74
サウンド・シャドウ　148, 230, 259
左右　219
左右と方角　8

さわる絵本　268
3点法　110, 115

し

シーイングアイ　94
シェーピング　32, 123
視覚　294
視覚障害児・者の活動能力の向上　3
視覚障害児・者の歩行を可能とする要因　2, 49
『視覚障害児・者の理解と支援』　iii, 64, 203, 284, 294
『視覚障害児・者の理解と支援［新版］』　iii, 64, 203, 284, 294
視覚特別支援学校　3, 57, 62, 73, 289
視覚障害児の防衛姿勢　261, 277
視覚障害者誘導用ブロック　67, 110, 154, 165, 305, 307
視覚障害者リハビリテーション施設　57, 62, 68, 73
視覚障害生活訓練等指導者養成課程　25
視覚障害リハビリテーション　3
視覚優位　303
事故　48, 89, 148
自己決定　16
自己中心的参照系　219
指示型指導法　37
姿勢　235, 261
視知覚訓練　303
室内ファミリアリゼーション　205
指導項目主導型指導法　36
自動車（の）乗降　97, 215
指導者の心得　16
指導者のつく位置　71
自動車ファミリアリゼーション　214
指導地域　58, 74
社会性　9, 235, 262
社会性の検討　6, 283
社会の障害理解の向上　2, 49, 169
弱視　ii
弱視児・者　81, 192, 294
弱視児・者の見え方　295
遮光眼鏡　302
シャフト　91
習慣化　33

習慣的指導法　34
住宅街　59
集中学習　32
羞明　295, 310
受動的な距離感覚　234
受動的な曲がり　133, 143, 233
順向的指導法　39
準繁華街　59
ショアライン・テクニック　113
障害物　154
障害物回避　124, 184
障害物回避における5つの要因　126
状況の提示と必要に応じた機能の説明（語りかけ）　241, 248, 258
上部防御　81, 87
情報の利用　11, 189, 196
触察　232
触察力　271
触地図　196, 271, 290
触覚　232, 260
触覚的地図　196
触覚的文字　196
自立　286
自立活動　3, 11, 263
視力検査　295
信号の利用　147
身体行動の制御　10, 55, 85, 155
心理的課題　9, 43, 187, 236, 262

す

鈴木メソッド　33
スライド法　46, 106, 136, 146
すりつけ　224

せ

生活訓練　3
生活地域でない地域での指導　57, 62, 153, 205, 289
生活地域での指導　57, 62, 74, 153, 184, 205, 288
静止しての白杖の振り　103
セルフファミリアリゼーション　205
セレクティブ・リスニング　231, 260
全習法　32
線状ファミリアリゼーション　203

選択能力　43, 288
全盲　ii

そ

騒音時の歩行　132
走行中の自転車回避　128
走行中の自動車回避　129
即時的把握　197
その他の補助具による歩行　67

た

退役軍人省附属病院　23, 106, 193
対社会への配慮　72, 123, 128, 131, 136
タッチ・アンド・スライド　107, 113, 117
タッチ・アンド・ドラッグ　109
タッチテクニック　23, 31, 46, 47, 101, 106
単眼鏡　303
短期的個別カリキュラム　61
単独歩行　41, 281, 291

ち

地域ファミリアリゼーション　212
知識　7, 153, 158, 218
地図的操作　9, 55, 158
注意　304
抽象的参照系　219
中心暗点　295
聴覚　258, 307
長期的個別カリキュラム　61
チョークアップ　146
重複障害児　285
直杖　92
直進歩行　105
直接的指導法　38
直角の方向の取り方　83, 87, 143
直角方向　139

つ

通所型　57, 62
つまずき　46, 127, 135, 139, 148, 155, 165, 169, 181, 245
つまずきの修正　185
つまずきの防止を主体とする指導法（SH法）　181, 183

て

定位　4
データ駆動型処理　243
手がかり　10, 158
手による伝い歩き　80, 86
手による防御　81, 82, 86, 102
手引き　89
手引き時の白杖の持ち方　96
手引きによる歩行　64, 145, 266, 283
手引きの種類　64, 284
点字ブロック　67
電車の利用　169, 174

と

道路交通法　49, 88, 89
道路交通法施行令　88, 89
道路における歩行技術　122
道路における歩行指導　152
道路端　158, 184, 220
特殊環境　145, 153
特別支援学級　292
特別支援学校　292
特別支援教育　3
凸字　196
ドライブウェイ　221
ドロップオフⅡ課題　163
ドロップオフ課題　162

な

ナッシュビル　95

に

ニーズ　40
日常生活動作　3, 267
日常生活動作訓練　3
日本ライトハウス　24
入所型　57, 62, 73

の

脳幹網様体　304
ノースアップ　272
能動的な距離感覚　234
能動的な曲がり　233
能率生の検討　6, 46, 147, 164, 283

は

バーバリズム　251, 265
ハインズ　23, 106, 193
ハインズブレイク　46, 193
白杖　9, 88, 90, 94, 146, 192, 284, 306
白杖操作技術　96, 152, 183, 280, 309
白杖による既知の段差　117
白杖による伝い歩き　108, 113, 133, 134, 135, 138, 139, 145, 164
白杖による伝い歩きの過誤　111, 165
白杖による防御　96, 99
白杖による歩行　66, 284
白杖の置き方　97
白杖の構え方　101
白杖の携帯　90, 305
白杖の条件　90
白杖の長さ　93
白杖の握り方　101, 103
白杖の振り方　101
白杖の振り幅　101, 146
白杖の変遷　94
白杖を振っての歩き方　102
バスの利用　176
パピーウォーカー　67
ヴァレー・フォージ　106
繁華街　59, 167
反射テープ　92
半盲　302

ひ

ビアリング　135, 155, 183
ビアリング後の修正法　127, 129, 137, 156, 183
ビアリングの原因　155
非意図的指導法　37
非教授型指導法　37
ピグマリオン効果　33
非指示型指導法　37
非順序的指導法　39
非専門の指導者　13, 289
ヒューマンエラー　49, 50
評価　69, 70
標準カリキュラム　60, 289

ふ

ファミリアリゼーション　46, 50, 74, 86, 145, 155, 162, 172, 178, 185, 203, 261, 266, 277
不安感　44, 63
フィルター理論　68, 304
フーバーテクニック　106
物体知覚（障害物知覚）　231, 260
ブラインディズム　267
プリマックの原理　33
フレネルの膜プリズム　302
分散学習　32
分習法　32

へ

平衡感覚　234
平行の方向の取り方　85, 87
平行方向　139
ペオリア　95
ヘディングアップ　272
ペリパトロジー　24

ほ

方角　219
方向の取り方　83, 85
ホーム　184
ホームの歩行　171, 184
歩行運動　234, 261
歩行環境など物理的環境・用具の整備・開発　2, 49, 169
歩行技術　53, 55
歩行技術の習得と駆使　9, 155, 280
歩行訓練　3
歩行訓練士　2, 13, 24, 288, 292
歩行訓練士の資格化　15
歩行訓練士の専門性　14
歩行訓練士の養成　13, 23, 24, 25
歩行指導者養成課程　25
歩行指導の定義　5, 27
歩行速度　6, 146
歩行の安定性　71
歩行能力　5, 9, 28, 49, 52, 53, 152, 175, 183, 280, 285
歩行の条件　5, 6, 27, 46, 93, 102, 106, 152, 155, 177, 282
歩行補助具　68
歩行を可能とする要因　146, 169
歩車道の区別のない交差点横断　133, 184
補助具　94, 302
補助具を使用しない歩行　66, 80, 284
ボストン大学　24
ボディ・イメージ　245, 254
歩道のある交差点横断　138, 184
歩道の歩行　136

み

ミシガン盲学校　253
水勾配　224
ミステイク　49
未知地域　63, 154

む

ムーブメント教育　254

め

面状ファミリアリゼーション　203
メンタルナビゲーション　226
メンタルローテーション　226

も

盲導犬　9, 13, 67, 89, 94
盲導犬による歩行　53, 67, 285
網膜色素変性　285
『盲目歩行に就いて』　22, 95
目的地　63, 154
モビリティー　4, 52
文部省　262, 275

や

夜間歩行指導　308
夜盲　286, 295

ゆ

遊脚期　235

ら

ラポート　45, 124
ランドマーク　10, 143, 158

り

リズム歩行　103
立脚期　235
リハビリテーション指導者養成課程　25
リハビリテーション・ティーチャー　24
理論的解説主体の指導法　34

る

ルート　159, 161, 271
ルート作成　9, 158
ルートファミリアリゼーション　211
ルートマップ　197

れ

連携　13, 77, 286, 289, 290, 292

ろ

廊下ファミリアリゼーション　208
ローレンス－ムーン－ビードル症候群　286
路地　154
路面電車　172

■著者紹介

芝田裕一（しばた・ひろかず）

1950年　大阪に生まれる
1973年　関西学院大学文学部心理学科卒業
1975年　ウエスタンミシガン大学大学院教育学部修了，Orientation and Mobility Specialist
現　在　博士（学術），国立大学法人兵庫教育大学大学院教授（学校教育研究科特別支援教育専攻障害科学コース），京都教育大学，神戸大学，他非常勤講師等，元社会福祉法人日本ライトハウス理事・視覚障害リハビリテーションセンター所長・養成部長（厚生労働省委託視覚障害生活訓練等指導者養成課程主任教官）

〈主著・論文〉

『歩行指導の手引』（共著）文部省　1985年
『はじめての特別支援教育［改訂版］─教職を目指す大学生のために』（共著）　有斐閣　2014年
『視覚障害児・者の理解と支援［新版］』（単著）　北大路書房　2015年
「わが国の視覚障害児・者に対する歩行指導の理念・内容における変遷と現状─昭和40年代と現代との比較を通して─」　特殊教育学研究，43（2），93-100.2005年
「障害理解教育及び社会啓発のための障害に関する考察」　兵庫教育大学研究紀要，37，25-34.2010年
「視覚障害児・者の歩行訓練における課題（1）」　兵庫教育大学研究紀要，41，1-13.2012年
「視覚障害児・者の歩行訓練における課題（2）」　兵庫教育大学研究紀要，42，11-21.2013年
「人間理解を基礎とする障害理解教育のあり方」　兵庫教育大学研究紀要，43，25-36.2013年
「視覚障害児童生徒の歩行指導における教員の連携─歩行訓練士と歩行訓練補助員の連携─」（共著）　兵庫教育大学研究紀要，44，61-72.2014年
「視覚障害児・者の歩行訓練における課題（3）─障害者権利条約における orientation and mobility（定位と移動）と habilitation─」　兵庫教育大学研究紀要，45，31-38.2014年

視覚障害児・者の歩行指導
特別支援教育からリハビリテーションまで

2010年3月31日	初版第1刷発行
2011年1月20日	初版第2刷発行
2015年5月20日	再版第1刷発行

定価はカバーに表示してあります。

著　者　　芝　田　裕　一
発　行　所　　㈱北大路書房

〒603-8303　京都市北区紫野十二坊町12-8
電　話　(075) 431-0361㈹
ＦＡＸ　(075) 431-9393
振　替　01050-4-2083

Ⓒ2010　　　　　　　　　　　　印刷・製本／亜細亜印刷㈱
検印省略　落丁・乱丁本はお取り替えいたします。
ISBN978-4-7628-2711-2　　　Printed in Japan

・ JCOPY 〈㈳出版者著作権管理機構 委託出版物〉
本書の無断複写は著作権法上での例外を除き禁じられています。
複写される場合は，そのつど事前に，㈳出版者著作権管理機構
(電話 03-3513-6969, FAX 03-3513-6979, e-mail: info@jcopy.or.jp)
の許諾を得てください。